宋代农业地理

韩茂莉　著

山西出版传媒集团

山西人民出版社

图书在版编目（CIP）数据

宋代农业地理 / 韩茂莉著. — 太原：山西人民出
版社，2024.11. — ISBN 978-7-203-13538-8

Ⅰ. F329.9

中国国家版本馆 CIP 数据核字第 2024US5653 号

宋代农业地理

著　　者：韩茂莉

责任编辑：崔人杰　张志杰

复　　审：魏美荣

终　　审：梁晋华

装帧设计：陈　婷

出 版 者：山西出版传媒集团·山西人民出版社

地　　址：太原市建设南路 21 号

邮　　编：030012

发行营销：0351-4922220　4955996　4956039　4922127（传真）

天猫官网：https://sxrmcbs.tmall.com　电话：0351-4922159

E - m a i l：sxskcb@163.com　发行部

　　　　　　sxskcb@126.com　总编室

网　　址：www.sxskcb.com

经 销 者：山西出版传媒集团·山西人民出版社

承 印 厂：山西出版传媒集团·山西人民印刷有限责任公司

开　　本：720mm×1020mm　1/16

印　　张：19

字　　数：282 千字

版　　次：2024 年 11 月　第 1 版

印　　次：2024 年 11 月　第 1 次印刷

书　　号：ISBN 978-7-203-13538-8

定　　价：98.00 元

如有印装质量问题请与本社联系调换

目　录

第一章　绪论

《宋代农业地理》是三十多年前我的博士毕业论文，1993年由山西古籍出版社出版，此次为再版。

三十多年前，史念海师将《宋代农业地理》的题目布置在我面前，成为我面临的重大挑战。那时研究全国性的农业地理问题，尚属首次，随后几年中在沉浸宋代文献的同时，思考最多的就是历史农业地理的内容体系与研究框架。那时中国科学院地理研究所经济地理研究室撰写的《中国农业地理总论》已经出版，这部专著虽属当代农业地理研究，却框定了农业地理科学内涵与研究范畴，并为相关研究建构了基本模式。然而，历史农业地理与当代农业地理最大的不同在于研究依据的差异，当代农业地理研究建立在国家统计数据与农业普查的基础上，历史文献不仅没有系统记载，且事关农业的只言片语分散在庞杂浩瀚的古人著述中，爬疏整理仅是全部工作的第一步，如何在毫无关联的古人记述中，围绕问题建构出科学体系，是完成研究的关键。然而，古人对于农业的关注与后世的着眼点完全不同，且几乎没有量化数据，因此历史农业地理的内容体系与研究框架与当代农业地理必然不一致，但两者集中在土地利用与农作物这一核心问题，应是共同的。

农业地理，主要研究农业生产的地域差异特征，及其表现形式、形成条件与发展变化规律，其中地域差异包括土地利用差异、农作物种类以及种植制度差异。尽管，在中国各统一王朝中，宋代疆土最为蹙缩，却仍然是一个大国，农业生产所表现的地域差异，不仅存在南北、东西之别，平原与山地、边疆与腹里同样有所不同。在我完成《宋代农业地理》的那些年，涉及宋代经济问题研究，漆侠《宋代经济史》、傅筑夫《中国封建社会经济史》五、全汉昇《唐宋帝国与运河》、日本学者周藤吉之《宋代经济史研究》等著作已经出版，中国传统社会经济中农业居于首要地位，因此这些著作均以大篇幅将农业作为研究对象。其中漆侠《宋代经济史》是将农业纳入研究篇幅最大的一部著作，且涉及垦田、水利、农业经营方式、商品性农作物等主要内容，文中将方田均税法清丈出来的土地与宋代文献记载土地数额进行对比，进而获得北宋中期实际垦田值的真实数据，这一研究成果成为讨论宋代农业问题的基础。傅筑夫《中国封建社会经济史》在农业问题的研究中侧重于开垦荒地、造田运动、兴修水利等事关农业生产的基础建设。全汉昇《唐宋帝国与运河》以运河为核心，将研究重点放在区域间的物资流动。日本学者周藤吉之《宋代经济史研究》关注的是南宋时期的稻作与圩田。无疑，这些研究涉及宋代经济与农业最根本的问题，其中讨论的核心在农业地理研究中同样不可忽略。

无论着眼于经济史，还是农业地理，土地与农作物都是讨论的核心，但地理学习惯于立足空间思考问题，这一点不仅是建构《宋代农业地理》内容体系与研究框架的关键，也是在前人拓展的研究之路上，继续探求问题的可行之处。本着地域差异这一农业地理的核心问题，《宋代农业地理》注意到在东部季风区的地理环境下，当社会因素叠加之后，不仅增添了各地农业综合体的复杂性，而且加剧了地域差异。传统农业社会总体特征具有相似性，但落实在每块土地上，赋予它们的自然与社会环境几乎没有一处是一样的，正因如此，《宋代农业地理》分黄河中下游地区、东南地区、荆湖地区、川峡地区、岭南地区五个区域展开讨论，每个区域内拥有属于自己的农业生产特征，区域间却存在明显的区别，区域内部的一致与区域间的差异，是农业地理将要表现的关键问题，而这一切是在自然环境、社会因素的基础上，将人口、土地、水利、农业技术整合为一体的综合结果。

在中国历史的长河中，宋代距离今天并不远，但社会已经发生了翻天覆地的变化，农业也经历了不同的发展阶段。那么将宋代农业置放在中国历史中，突出的特征是什么？一句话概括——承上启下，上承传统农业的精华，下启元代以及明代地理大发现后新物种的进入，在承上启下的过程中，最终完成了中国古代经济重心的南移，从而改变了中国农业与经济的地域格局。

《宋代农业地理》对两宋三百余年农业地理的整体讨论，其中最具学术意义的问题在于，中国古代经济重心南移与一年两熟稻麦轮作制的关系。对于这一问题，本书论述了稻麦轮作与水稻秧播的技术沿承，同时指出基于水稻早、晚两个品种的生长周期，冬小麦收获后与之轮作的水稻品种只能是晚稻，由于晚稻的环境选择，稻麦轮作的地区应以太湖平原以及毗邻地区为主，这就是宋代的浙西一带。因为中国古代经济重心南移是讨论中国历史的重要命题，完成《宋代农业地理》以后，我并没有停止对于这一问题的思考，与之相关联的另一个问题就是北方人历次南下，究竟为南方水乡环境带来什么技术贡献？经过反复思考，最终的结论在2013年发表于《中国史研究》[1]，文中结论将问题的核心锁定在经济重心即农业重心、粮食生产重心，在这一前提下指出，正是稻麦轮作将太湖平原所在的浙西一带土地利用率，从50%提高到100%，乃至200%，形成全国复种指数最高的地区，这正是经济重心具有的实力基础。

从三十多年前《宋代农业地理》成稿，到今天再版，内容基本没有改动，其中增添了几处后来的研究成果。尽管当年的研究，尽显青涩，却在探索中完成了对于宋代农业地理的认识。

---

[1]　韩茂莉：《论北方移民所携农业技术与中国古代经济重心南移》，《中国史研究》，2013年第4期。

第二章　国之疆土与民之本业

——宋代国土与农业资源禀赋

我们讨论的是中国历史上一个时代的农业地理，农业是什么？落入当代人的视野的是长在地里的庄稼，但无论古今，地里的庄稼均不会从天而降，因此就农业生产的本质而言，这是生物体、自然环境及人类社会劳动三方面相互结合的产物。在这三位一体的相互作用中，自然条件是决定农业生产发展的重要因素，脚下的这片土地不仅是农作物的立足之地，且为作物提供了生长必需的水、热、肥，俗话说"万物生长靠太阳，雨露滋润禾苗壮"，讲的就是这样的道理。正是如此，自然环境的优劣，不但决定着农业生产的发展方向，而且影响着农业生产的部门结构、耕作制度以及区域分异，所有这一切正是我们今天看到的一地与另一地农业物产的差异以及农业风貌的不同。我们研究的历史时代是宋代，这是中国历史上从960年至1279年持续三百多年的一个王朝，但宋代以1127年为界，分为北宋、南宋前后两个时代，固然两宋帝王世系均来自太祖、太宗，但疆土已有很大不同。决定疆域版图四至八到的根本来自于政治，农业不是政治，却立足在疆域版图圈构之下的大地，因此讨论宋代农业地理，起步之处首谈两宋国土。

地理学告诉我们，中国大地上有条隐形的界线，这就是年降水量400毫米等值线经行之处——从大兴安岭起沿明长城经甘肃南部至青藏高原边缘，此线不仅界分东西，且成为中国东部季风区、西北干旱区与青藏高原区三大自然区的划分基础。年降水量400毫米等值线以东、以南属于东部季风区，以西、以北则为青藏高原区与西北干旱区。年降水量400毫米是满足农业生产用水的底线，因此无论古今，中国农业主要集中在东部季风区，西北干旱区与青藏高原区只在能够灌溉的河谷与绿洲上发展农业，大部分地区以草原游牧业为主。在中国的地理基础之上，两宋王朝又将国土安放在什么位置呢？

　　国土的疆域与位置是决定一个国家自然地理面貌的基础，宋代是中国历史上统一王朝中辖境最小的一朝。以南北为一的北宋时期而论，其北面为辽所有，西面与西夏为邻，今黑龙江、吉林、辽宁、内蒙古、新疆的全部及河北、山西、陕西、甘肃、青海的大部分或一部分均为辽、夏等政权控制。西南地区的云贵高原与青藏高原，自唐迄宋则分别为大理政权与吐蕃政权的领地，均不为宋所有。南宋时期宋土更为蹙缩，除西北、西南地区仍为西夏、大理、吐蕃政权的控制区外，黄河流域则属金人统治区。宋

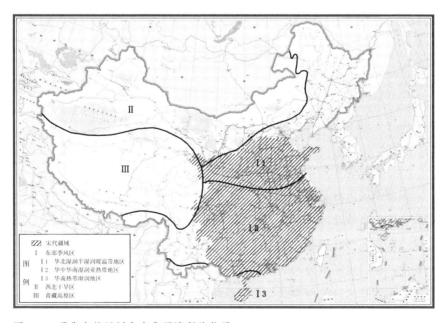

图2-1　现代自然区划中宋代疆域所处位置

金之间的边境线，虽然随着战事的起落时有推移，但基本保持在秦岭—淮河一线，宋王朝的境域仅剩长江、珠江两大流域。宋代疆域的变化，使两宋三百余年的统治时期内，境土始终限于中国东部地区（见图2-1）。若从年降水量400毫米等值线——这一影响中国东西之分的地理界线着眼，两宋时期的国土全部位于东部季风区内。这一地理空间将宋代农业地理讨论的问题，全部锁定在以种植业为主的生产领域之内，并在此基础上探讨农作物种类的地域差异、种植制度、农业技术的地区特征与区域经济。

第一节　宋代农业生产环境的地域差异

宋代疆域版图与中国历史上任何一个统一王朝相比都是最小的，利用GIS技术计算大约284万平方公里，不足今天中国国土面积的三分之一，尽管如此，仍然是一个幅员辽阔的大国。北宋时期从华北平原北部向南直抵海南岛，南宋时期从淮河流域至海南岛，南北之间跨越了暖温带、北亚热带、中亚热带、南亚热带、热带五个热量带，东西之间横贯湿润、半湿润、半干旱三个干湿地区，无论冷暖干湿，从一地到另一地变化中显示的都是地理差异。因此，当一粒种子在泥土之中生根、发芽，这一生长过程就带有鲜明的地理信息，一方水土不仅养一方人，且拥有一方的物种。

尽管宋代国土全部位于东部季风区之内，但南北东西之间的广大，决定农业生产根基的自然环境仍然具有差异。

一、农牧交错带的自然环境与生产方式

东部季风区既是中国现今主要的农耕区，也是古代主要的农耕区，决定农耕业与畜牧业区域分异的关键因素是水分条件。受季风控制，中国的气候自东南向西北逐渐由湿润区、半湿润区向半干旱、干旱区过渡，主要农业生产部门也随水分的变化由种植业逐渐过渡到半农半牧，以至草原畜牧业。东部季风区的西界既是水分条件由湿转干的临界区，也是农牧业交错地带，这一地带就是年降水量400毫米等值线经行之处，这条界线以西

主要生产部门为草原畜牧业，界线以东以农耕业占主导地位。宋代的气候条件与现今相比，虽略有冷暖、干湿差异，但受大气环流及地貌形态等宏观因素的控制，三大自然区的基本格局与今无异。受自然条件影响，农业生产部门亦呈东农西牧的分布状态，从自然环境差异到政治地理归属，农牧交错带基本位于宋夏交界处。

农牧交错带地处由降水量决定的农、牧两种生产方式的临界地带，这一地带的东西各自属于农耕区与畜牧业区，而农牧交错带自身则具有兼业特征，生活在这里的人们既是农民，也是牧民，利用农牧交错带的环境特点，持农牧双重生产活动，利用自然环境，宜农则农，宜牧则牧。

农牧交错带两侧以及自身的环境属性与兼业特征在宋代文献中记载得十分清楚，宋代各类地理总志中载有全国贡赋，由于各地自然环境与生产方式不同，作为地方特产的纳贡物品自然有所区别，因而来自各地的贡品不仅可以看出农牧交错、农牧兼业的特征，也能显示农耕区与畜牧区的分布大势。为了说明问题，现将宋代地理总志中有关记载及各地贡物列为一表（见表2-1），各类物产中虽不包括粮食作物，但仍能看出农耕区与畜牧区的物产差别。

表2-1中，东部各州、府麻、布、绢等类种植业产品占主要地位，具有明显的农耕区物产特征，向西种植业产品的比重逐渐减少，取而代之的则是毡、胡女布、羊、马等畜牧业产品，由农耕区逐渐进入农牧混杂区，以至草原畜牧业区。表2-1中所列各州，我们选择物产特征不同的几个州作为事例，并给以说明。其中丰州，不仅物产多羚羊、野马，衣以驼毛、褐布，且尤宜畜牧，属于主要从事畜牧业的区域，北宋时期隶属河东路，位于麟州、府州以北，今内蒙古准格尔旗境内。考古学界在内蒙古准格尔旗纳日松镇二长渠村的山梁上发现丰州古城。古城依山势而筑，东西平均长640米，南北宽250米，北宋时期与麟州、府州构成北边重镇，宋夏双方为争夺麟、府、丰三州之地，有过多次交战。宁州位于今甘肃省宁县，物产为麻、布、羊、马，其中麻为种植业的物产，羊、马则属于畜牧业产品，就物产而言具有半农半牧特征。鄜州位于今陕西省富县，物产为麻、

布，均属于农耕区产品。以上三州物产分别出自畜牧、农耕为主以及半农半牧区域，物产特征十分鲜明。

表2-1　宋代农牧交错地带主要州、府、军物产表①

州府军	物产	州府军	物产
岚州	熊布、麻、松柏木	隰州	胡女布,不产丝蚕
石州	胡女布、麝香、松木、麻布	丰州	多羚羊、野马,衣以驼毛、褐布,尤宜畜牧
宪州	牧马之地,无所出	府州	羊、马
忻州	麻布、麝香	通远军	蕃汉相杂
代州	麻、布	胜州	鹿角
陇州	羊、马	丹州	麝香
庆州	胡女布、牛酥	文州	布、羚羊角
会州	覆鞍毡、褐、靴	金州	麝香
宥州	酥、驼、马	商州	麝香、麻布
保安军	羊,地寒霜早不宜五谷,不宜桑麻	秦州	麝香
绥州	胡女布	鄯州	羊、马
宁州	麻、布、羊、马	凉州	野马皮
邠州	麻、布、羊、马	甘州	野马皮、布
原州	覆鞍毡、白毡、麻、布	阶州	马
泾州	羊、马、驼毛、麻、布、毡	岷州	麝香
夏州	毡、麻、布、羊、马、驼、酥	叠州	羊、马
银州	麻、布,逐水草畜牧	宕州	麝香

① 本表所用资料出自《太平寰宇记》《元丰九域志》《宋史·地理志》有关记载,为了节省篇幅,仅列出部分东部州府。

续表

州府军	物产	州府军	物产
同州	皱文靴	茂州	马
华州	绵、绢	松州	麝香、羌活
凤翔府	麻布、松布	雍州	隔纱、靴毡
忻州	麻、布	鄜州	麻、布
晋州	麻、布	绛州	羊、马、布
潞州	麻、布	慈州	麻、布
蒲州	毡毯、麻、布、绵、绢	怀州	丝、绢、绵
定州	罗绮、纹绫	邢州	丝、布、绵
赵州	丝布		

根据表2-1，各州、府、军的物产属性以及地理位置，不难看到位于北宋国土西北的农牧交错带大致由雁门关经今岢岚、河曲，西渡黄河至无定河谷地，循横山、陇山一线，沿青藏高原的东缘南下。理论上此线以东为农耕区，以西为畜牧区，但事实上农、牧以及半农半牧生产地相距并不远，整体具有你中有我、我中有你的分布格局（见图2-2）。

宋代政权的西北地处农牧交错带，对于认识地区间物资流动具有重要意义。北宋时期出于对西夏作战的需要，大量部队集结在宋夏边境地带，这一地带处于农牧交错带所在位置，自然环境的制约导致驻边部队粮饷需要从内地转运，由此构成物资流动的重要特点。

宋代农牧交错带的位置，也是政治版图的边界。宋王朝的农业与农业物产都建立在种植业的基础上。

二、农业生产环境的地域差异

由于宋王朝辖域全部位于东部季风区内，因此在宋代农业地理的研究中，由对农耕业与畜牧业两大农业生产部门的区域性研究，变为单一的农

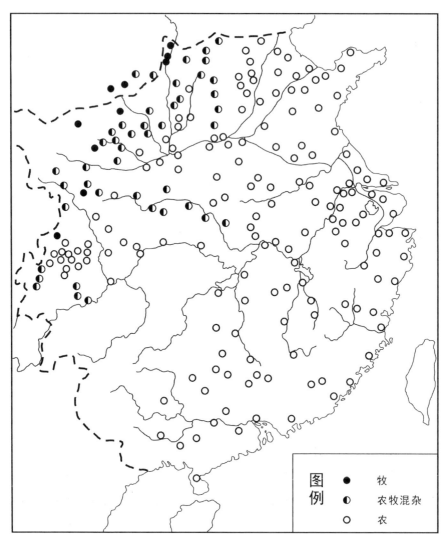

图 2-2 宋代农牧交错带物产与空间分布图（底图为《中国历史地图集》）

耕业区域研究。而农作物因地而异，在种植业占主导地位的农耕区内，农业生产对自然条件的依赖性更为突出。受自然条件制约，农作物与农业技术表现出复杂多样的地域性变化，其中受气候因子控制的地带性因素与受地形因子控制的非地带性因素，是影响农业生产地域性差异的重要因素。

（一）地带性因素影响下的农业生产地域差异

地带性是地理学概念，指自然环境各要素在地表近于带状延伸分布，并呈现沿一定方向递变的规律性。营造地带性特征的因素来自气候与地形，由此塑造出来的地带性现象，有东西向延伸、南北向递变的纬度地带性；有与经线平行、东西递变的经度地带性；以及循垂直方向，上下递变的垂直地带性。无论在哪一种因素控制下，水热条件经过组合，都表现出地带性的环境特征，这样的特征就是古人理念中的"一方水土"。宋代国土处于东部季风区内，受季风环流控制，水热条件的空间分布均呈自东南向西北递变的趋势。秦岭—淮河一线以南为亚热带湿润区，此线以北，自沿海向内陆降水量逐渐减少，由暖温带湿润区逐渐过渡到半湿润区、半干旱区。而时间分布上，雨热同期是季风气候区的典型特征，受水热条件支配，东部季风区的农业生产在时间上表现出明显的季节性，这就是春种、夏锄、秋收、冬储。空间与时间的结合，决定了各地的耕作制度与农作物类型分布的基本格局，这种依水热条件而呈现的规律性变化，在宋代农业地理中显示得十分清楚：

1.黄河流域与长江流域，是南北方水热条件完全不同的两大耕作区。受自然条件制约，黄河流域年降水量400—600毫米，以旱作农业为主，主要的农作物为小麦、粟、黍、菽等旱地作物，只在水分条件较好的河湖附近，种有一定数量的水稻，但其并不属于北方土地上的代表性作物。长江流域气候湿润、降雨充沛，以水田为主，优势作物为水稻，并形成一套完整的水田耕作体系。由于长江流域丘陵山区面积广大，各种旱地作物也形成一定的区域优势，但就总体而言，经济地位与社会意义都在水稻之下。

2.南北各地的热量状况不同，农作物种植制度也不同。如果说农作物种类主要服从于自然，那么农作物种植制度则是自然条件与农业技术的结合体。宋代农业技术已经十分成熟，中国现今实行的各种种植制度，那时基本都已存在。一年一熟春小麦、粟、黍类作物种植区，位于宋夏交界处的无定河流域至河东路北部，这一分布地带比现今略向南移，造成这一现象的原因，一方面局限于当时的农耕技艺与品种类型；另一方面与宋代的气候波动也有关。来自郑斯中等学者的研究认为，北宋时期我国东部地区的气温略低于现今[①]，气温波动对农业生产造成的影响在农牧交错地带表现最敏感，这就在一定程度上构成了一年一熟种植区南移的原因之一。在春小麦种植区以南，秦岭—淮河一线以北，属于两年三熟冬小麦、粟、菽类作物种植区，黄河中下游大多数地区都实行这一种植制度。淮河以南，长江流域部分地区实行一年两熟水稻、小麦轮作，丘陵山地仍以粟、菽类作物种植为主。岭南地区气候条件虽然能满足农作物一年两熟、三熟的热量要求，但因地广人稀，劳动力不足，绝大多数地区仍实行一年一熟制，仅在个别地区出现农作物一年再熟现象。

3.各类经济作物虽然没有形成像粮食作物那样，拥有普遍意义的分布地带，但也依水热条件不同，形成了各自的适应范围。宋代文献中，对许多经济作物的分布都留下记载，其中柑橘、茶树是典型的亚热带作物，甘蔗、荔枝的适宜区则在南亚热带和热带。

（二）非地带性因素增加了农作物地域分布的复杂性

农业生产空间特征的复杂性，不仅来自于具有规律性特征的地带性因素，也因非地带性因素影响下的水热条件重组，而呈现地域性的变化。

非地带性因素中，地形变化对农业生产的影响最大，地形通过海拔高度、坡度、坡向影响气候，造成农业生产环境的不连续性或非均一性，从而影响农作物结构和布局的空间变化。宋代北方以太行山为界，山脉以东为黄淮海平原，山脉以西即黄土高原，东西两侧虽处于同样的纬度地带，但因地貌形态不同，两处的热量状况也不一样。黄土高原为海拔1000米以上的高原，气温比黄淮海平原要低。年积温是判定农业生产条件的指标之一[②]，现今黄淮海平原日平均气温≥10℃持续期间的积

---

① 郑斯中等：《我国东南地区近两千年气候湿润状况的变化》，载《气候变迁和超长期预报文集》，科学出版社，1977年。

② 积温指某一段时间内逐日平均气温≥10℃持续期间日平均气温的总和，这是研究温度与生物有机体发育速度之间关系的一种指标。

温为 3 500℃—5 000℃，而黄土高原则在 3 000℃—3 500℃之间[①]。固然当代气候观测数据不能代替古代气候状况，但对于讨论历史问题可以成为参照。正是热量条件的差异，宋代河北路北部纬度虽比宋夏交界地带略高，但农作物仍能做到二年三熟，小麦亦以冬小麦为主；而陕西路北部的气温却无法保证冬小麦越冬的热量要求，主要种植春小麦。

在种植业因地形变化而出现种植制度差异的同时，畜养业同样因地而异。宋代失去农牧交错带以西、以北畜牧业区域，但国家对于畜产品的需要却不会因此而中断。其中军马饲养地即官牧监的择地颇费周折。马属于喜温凉气候的牲畜，具有战斗力的战马尤其如此，而宋代国土缺乏这样的环境。北宋官府一度将官牧监设在河北路、河东路两地，河东路由于地处黄土高原，气温较低，饲养在这里的马匹强壮雄健，而设置在河北路的官牧监，大量马匹因气候条件不适宜致死，存者亦瘠弱不堪。

地形因素对农业生产的影响不仅限于热量条件，也能导致水分条件的变化。秦岭山脉是中国境内重要的自然地理分界线，秦岭南侧的汉中为迎风坡，年降水量达800毫米以上，农作物以水稻为主，宋人称这里"桑、麻、粳稻之富，引望不及"[②]，而岭北的关中平原就不同了，降水量明显减少，仅600毫米左右，主要农作物为麦、粟等旱地作物，水稻仅在灌溉条件好的南山脚下种植。不仅大地形变化为山南岭北带来不一样的农作物，一地起伏的地形，也能在农舍附近感受到"高田二麦接山青，傍水低田绿未耕"的景观变化[③]，高田种麦，低田栽稻，田园寻常小景，却透视出地形与农作物的关系。

地形的差异，导致了水热条件的重新分配，打乱了农业地理的地带性分布，增加了各地农作物组合与农业技术的复杂性，进而形成各地独具特色的农业生产特征与土地利用方式。

"一方水土"是古人对农业生产环境最精准的体会，尽管处于传统农

---

① 李世奎等：《中国农业气候资源和农业气候区划》，科学出版社，1988年。

② [宋]文同：《丹渊集》卷三四《奏为乞修兴元府城及添兵状》。

③ [宋]范成大：《石湖诗集》卷三四《四时田园杂兴六十首并引》。

业阶段，"日出而作，日入而息"的农民既不离乡，也不离土，但他们深知自己家乡的土地上撒什么种子，种什么庄稼。这种长期的农业生产与环境对应形成的适应关系，从宏观上不仅体现了地理环境地带性与非地带性特征，也建立了人与地的运作系统。

三、自然灾害与农业生产

天灾人祸，这是我们形容无法抗拒的灾难时常用的词语，而天灾指纯自然因素导致的灾祸，这是农业生产面临的最大威胁。

宋代国土位于东部季风区内，雨热同期是季风区的优势，为农业生产带来便利条件的同时，也往往因季风强弱、迟早以及大气环流的年际变化，甚至短期强烈天气的发生，形成气象灾害，给农业生产带来损失。其中对农业生产影响最大的是旱、涝、蝗、低温以及在气象灾害诱发下而产生的河湖水患。

风调雨顺是农家的期盼，但自然灾害总会发生，《宋史·五行志》记载了两宋三百年间各类灾情出现的年份与地点，根据这些记载结合其他宋代文献，获得黄河中下游与长江两大流域重大自然灾害的信息，并从中可以看到自然灾害对农业生产的影响。

（一）黄河中下游地区的水旱灾害

宋代文献记载告诉我们，在北宋167年中，黄河中下游地区有55个年份出现过水灾，79个年份出现过旱灾，共计134年，其中水旱并存的年份有37年，其余97年非水即旱。水旱之外，蝗灾同样对农业生产造成巨大损失，旱灾与蝗灾往往前后相接，这样计算黄河中下游地区农业灾害的频率就更大了。北宋时期黄河中下游地区曾在52个年份发生了较严重的蝗灾，其中31个年份与大旱年相选，3个年份与水涝年同步，故宋人说："虫蝝因旱乃生。"[①]将这34个有蝗灾又有水旱的年份除去，剩下的18个年份只闹蝗灾，将其与97个非水即旱、37个水旱并存的年份加在一起，共

---

① 《续资治通鉴长编》卷三三，淳化三年六月庚申。

为152年，也就是说在北宋167年中，仅有15年算得上风调雨顺。当然，古人的记载缺乏全局性，一地有灾，即纳入记载，而黄河中下游地区是一片广大的土地，一旦有灾，未必整体沦陷，但我们看到的数据也从一定层面反映了频繁的灾害对农业生产带来的威胁。

北宋时期历史文献记载黄河中下游水灾虽然仅在55个年份出现过，但水涝之灾的强度却是历朝历代中最大的，这就是黄河下游第三次重大改道的那个时代。一百多年内，每两三年黄河即发生一次决口，每三四十年就有一次重大改道。宋初黄河基本循京东故道而行，庆历八年（1048年）商胡决口，水流冲泻向北，形成黄河北流，北流存在不到三十年，即于熙宁十年（1077年）再一次冲开曹村埽南下夺淮。自此黄河水流大致以澶州、濮州一带为顶点，在北起太行，南至淮河，方圆千里内往返摆动，频频而至的水灾对这一地区的农业生产造成严重的威胁，仅熙宁十年一次决口就冲毁民田三十万顷①。尽管在频繁的水患之中，黄河下游两岸人民摸索出黄河淤泥肥田，但水灾给农业生产和人民生活所带来的巨大灾害，仍是不言而喻的。

北宋时期黄河中下游地区79个旱年中，有37年为春旱，15年为冬旱，其余27年为夏秋旱。不同季节的旱灾对各种作物造成的损害程度并不一致，冬小麦是黄河中下游地区的主要农作物，秋播夏收，生育期处在少雨季节，干旱是主要灾害，冬旱常造成麦苗死亡；春旱影响小麦返青、拔节、抽穗、开花，最终影响冬小麦的产量。春旱不仅威胁冬小麦的生产，对春种秋收的庄稼也同样造成危害，春季正值各类秋稼的播种时期，需要土壤保持适量水分，这时的旱情严重影响了种子出芽率，进而造成大量减产。

北宋时期黄河中下游地区蝗灾具有出现频率高、范围大的特点。每三四年中就有一次大的蝗灾，影响范围遍及黄河中下游各州，史籍常以"蔽天"来形容蝗群之大。蝗灾对农业生产的威胁极大，如宋人诗文中所述

---

① 《宋史》卷六一《五行志一上》。

"万口飒飒如雨风，稻粱黍稷复何有"[①]，就是飞蝗过境，禾稼俱尽的场面。面对遮天蔽日的蝗虫蚕食庄稼，朝野上下很难采取得力的措施，除了祈告上苍，鼓励各地百姓挖掘飞蝗遗子则是主要的办法。为了防止蝗过之后，来年再生，朝廷不断下诏令民挖掘蝗子，并以粟、豆相易。景祐元年（1034年）仁宗皇帝诏曰："去岁飞蝗所至遗种，恐春夏滋长。其令民掘蝗子，每一升给菽、米五斗。"[②]康定元年（1040年）再次诏令天下："凡掘飞蝗遗子一升者，官给米、豆三升。"[③]捕蝗掘子虽对制止蝗灾的进一步泛滥起到一定的作用，但并不能治本，因而蝗灾始终是威胁农业生产的严重灾害，特别是旱蝗叠加的年份，农业生产更是雪上加霜。

（二）长江流域的水旱灾害

《宋史·五行志》的记载中，北宋时期长江流域水旱蝗灾的发生年份，都远远低于北方，如水灾仅在38个年份出现过，旱灾出现在20个年份，蝗灾仅出现在9个年份。表面看似乎这一时期南方风调雨顺，独享丰年，其实这一现象与史料记载的失真有关。史料的翔实程度往往与距都畿的远近有关，对于都畿附近地区，不但史官记载倍加用心，各级官吏传报也很方便，故内容往往翔实、具体；相反，远离政治心脏的地方，记载的史实就显得不足，《宋史·五行志》中对长江流域北宋时期农业灾害的记载，就属这种情况。

与北宋时期相比，南宋长江流域农业灾害的出现频率突然增大，显然并非此时灾害增多，而是朝廷将行在设在杭州，江南成为整个国家的政治中心与经济命脉，因此史官也就更多地留意周围地区的灾异饥荒。从《宋史·五行志》记载来看，南宋时期长江流域的水灾占79个年份，旱灾占67个年份。与北方不同，南方遍地江湖泽泊，兴灾为害的不限于一条河流，一个水系，因而各地水患出现频度与影响范围也不一样。其中出现在春末夏初的梅雨季，是各地降水量较集中的时期，正如宋人所言："二浙

---

① ［宋］郭祥正：《青山续集》卷四《长芦咏蝗》。
② 《续资治通鉴长编》卷一一四，景祐元年五月己卯。
③ 《续资治通鉴长编》卷一二九，康定元年十二月癸巳。

……春多大雷雨，霖霪不已。至夏为梅雨。"①正常的梅雨20天左右即可结束，一旦延续时间过长，往往造成洪涝，而这时正值水稻插秧，也是冬小麦收割的季节，对农业生产的影响极大。苏轼在浙西为官时，曾亲见"春夏之交"庄稼"指日待熟"，而"霪雨风涛，一举害之"，"举家田苗没在深水底，父子聚哭"的惨状②。

梅雨过后，南方各地往往出现旱情，与北方相比，春旱比例大为降低，在67个旱灾年份中，仅有14个年份出现春旱，3个年份出现冬旱，剩余50个年份，旱季出现在夏秋。南方农作物的耕作制度与北方不同，许多地区实行作物一年两熟制，夏季缺水对水稻的生长十分不利；秋旱则影响晚稻的成熟与产量，故宋人庄绰十分担忧地讲道："迨秋，稻欲秀熟，田畦须水，乃反亢旱。"由于秋旱对农业生产影响极大，出现频度又繁，朝野上下将祈雨视为扭转旱情的举措，"自南渡十数年间，未尝见至秋不祈雨"③，年年旱暵，年年祈雨。

农业生产对于环境有完全的依赖性，而各类灾害的出现，对于依托环境而存在的农业是重大打击，不仅导致区域性的减产，甚至使生产中断。

（三）气温波动与农业生产

中国历史上多次出现气温波动，自竺可桢《中国近五千年来气候变迁初步研究》一文问世，中国历史时期气候波动周期与波动幅度成为学术界关注的问题，本文无意就这一问题展开讨论，并确定宋代究竟处于气候波动冷期还是暖期，仅从宋人留下的气温波动记载，观察与农业生产之间的关联。

农作物立足在大地，与当地常年气温状况相适应，一旦气温出现冷暖突变，对农业生产的影响往往是致命的。

从《宋史·五行志》的记载来看，两宋319年中气温波动较大，有49个年份冬季严寒，并出现异常低温，其中18个年份属于北宋，31个年份

① ［宋］庄绰：《鸡肋编》卷中。
② 《续资治通鉴长编》卷四五一，元祐五年十一月。
③ ［宋］庄绰：《鸡肋编》卷中。

属南宋。异常低温对农业生产与百姓的生活都造成严重威胁，"霜雪害桑稼"，"风雪伤麦"，"大雪杀苗稼"，"民多冻死"，"路有僵尸"，这仅是《宋史·五行志》中的部分记载。

宋代异常低温年份，不但在北方造成农作物大量损伤，而且常常波及南方。秦岭—淮河一线是中国冬季气温0℃等温线所经之处，此线以南冬季气温很少出现0℃以下现象，但在宋代，寒潮所经东南沿海及两湖中部地带都发生过江湖封冻的现象。"太平兴国七年三月，宣州霜雪害桑稼"。"雍熙二年冬，南康军大雨雪，江水冰，胜重载"。"〔天禧〕二年正月，永州大雪，六昼夜方止，江、溪鱼皆冻死"。"淳熙十二年……台州雪深丈余，冻死者甚众"。"〔绍熙元年〕十二月，建宁府大雪深数尺"。"〔绍熙〕二年正月，行都大雪积泛，河冰厚尺余，寒甚。"①出自《宋史·五行志》的这些低温记载，分别属于自北宋初期太宗雍熙二年（985年）至南宋光宗绍熙二年（1191年），其中南康军即今江西省庐山市、宣州为今安徽省宣城市、永州即今湖南省永州市、台州即今浙江省台州市、建宁府即今福建省建瓯市、行在即杭州市。宋代低温现象并不专属于某一个时代，两宋时期均有发生。低温地点从长江沿岸的南康军、宣州一带不断向南，永州、建宁府均在北纬27度一带，这样严重降雪封冻的低温现象，在南方是少有的。农作物生长在南方，长期适应暖湿的亚热带气候，抗寒能力很差，突然的异常低温，对农业生产造成的损失更甚过北方。

异常低温外，两宋时期有29个异常高温年份，其中17个属于北宋，12个出现在南宋。异常高温的年份虽然出现不多，但对农业生产同样不利，它使农作物内部生理机能紊乱，进而影响产量。特别是发生在夏秋季节的高温酷暑，常造成"草木皆枯"、苗稼俱损的现象。

农业是一个脆弱的生产领域，尤其在传统农业时期更是如此。农作物立足在大地上，自然环境是农业存在的基础，农业灾害打破了正常的作物生长环境，使农作物难以适应突然的环境要素变化，或减产，或中断生

---

① 《宋史》卷六二《五行志一下》。

长，对农业生产造成致命威胁。长期的农业实践中，人们期盼风调雨顺，也摸索出对付自然灾害的应对措施。几乎在宋代所有农业地理进程中，我们都能看到抗拒自然灾害的各类措施，抗灾与生产进程的一体性，是农业进程中应有的特征。

第二节　宋代人口、土地与农业生产的关系

大自然中的物种自生自灭，农作物的种与收均掌握在生产者的劳动中，正是如此，农业不仅存在农作物与自然环境的关系，同样离不开人类社会的影响，而影响农业的社会因素之中，人口与土地则占首位。

一、宋代人口分布空间特征与农业生产

农业生产是一个劳动力密集型的生产部门，尤其在传统农业阶段。劳动力的多少是生产力高低的直接标志，对农业生产的发展进程起着关键性作用。

所谓劳动力是指全部人口中老幼病残外，具有劳动能力的那部分，因此人口数额的高低就是劳动力状况的反映。人口作为与农业生产有重要相关作用的因素，主要从数量增减与地理分布两方面影响农业生产。人口数额的增减反映了农业生产发展的稳定状况及发展规模，地区间人口密度的变化则是生产集约化程度的标志。宋代是中国历史上人口数额变化幅度较大的时期，《宋会要辑稿》较完整地记载了宋代各年的户额，从中可以看出人户的基本变化特点。为了便于分析，这里只列出宋代部分年份的户额，并将其按北宋、南宋各列一表（见表2-2、表2-3）。由于宋代人口记载严重失实，这里只通过户额变化说明问题。表2-2中北宋时期的户口数，从开宝九年（976年）至崇宁元年（1102年），中间间隔126年，户额增加了1 700多万，户额增长率为1.3‰[①]。表2-3中南宋时期从绍兴二十

[①] 　户额增长率采取计算公式：户额增长率=（终端户额数−初始户额数）/年平均户额×1000‰。

九年（1159年）至嘉定十六年（1223年），中间间隔64年，户额增加了近158万，户额增长率为0.13‰，无论北宋，还是南宋，户额基本呈上升趋势，但南宋增长率偏低。

表2-2　北宋时期部分年份户额①

年代	户额
开宝九年(976年)	3 090 504
至道三年(997年)	4 132 576
天禧五年(1021年)	8 677 677
庆历二年(1042年)	10 307 640
嘉祐三年(1058年)	10 825 580
治平三年(1066年)	12 917 221
熙宁二年(1069年)	14 414 043
熙宁八年(1075年)	15 684 529
元丰元年(1078年)	16 402 631
元丰六年(1083年)	17 211 713
元祐三年(1088年)	18 289 375
绍圣四年(1097年)	19 435 570
崇宁元年(1102年)	20 264 307

---

① 除崇宁元年户额出自《宋史·地理志》，其余均出自《宋会要辑稿·食货一一之二六》。

表2-3 南宋时期部分年份户口数①

年代	户额
绍兴二十九年(1159年)	11 091 885
绍兴三十二年(1162年)	11 139 854
乾道元年(1165年)	11 705 662
乾道七年(1171年)	11 852 580
淳熙二年(1175年)	12 501 400
淳熙八年(1181年)	11 567 413
淳熙十四年(1187年)	12 376 522
嘉定十六年(1223年)	12 670 801

这样的现象与统计中初始年代的户额关系很大,北宋在五代十国基础上立国,这一时期政权比肩而列,政治军事冲突不断,尤其北方五代政权更迭频繁,屡经战乱,人口损失严重,因此留在史书中的北宋初始户额很低,并与终端户额形成较大反差。固然北宋时期1.3‰的户额增长率与五代十国时期的社会基础相关,但户额增长也意味着人口增加以及劳动力的提升,这一切对于全国,无论南北方的农业生产发展均成为推动力。相对于北宋时期,南宋0.13‰的户额增长率就显得低了很多。这一计算结果仍然与南宋户额初始数据与终端数据并不悬殊相关,而这一现象使我们想到南宋时期与金对峙,尽管战事不断,但南北交战之处均位于淮河流域,整个南方腹地尚保太平,且在建炎、绍兴年间北方南渡人口不在少数,进而形成初始数据与终端数据差距不大的现象。南宋时期通过户额反映的人口增长状态,在与北宋相比中并不见优势。同属于南方,两宋之间却有明显不同,下面的讨论即可看到这一点。

---

① 除嘉定十六年户额出自《文献通考》,其余均出自《宋会要辑稿·食货一一之二六》。

人口的增长是农业生产发展的前提，但自然条件的复杂多样与开发进程的差异，却使各地人口增长速率与人口分布状况形成各自的变化特征，因此单纯分析全国人口数额的增减，并不能全面认识宋代人口变化对农业生产的影响，只有同时考察各地人口密度变化，才有助于揭示农业生产集约化速度与自然环境的互动关系及其表现出的区域特征。总的来看，宋代人口分布与农业生产关系，主要表现为如下特征：

（一）南北间依三大流域呈带状分布

黄河、长江、珠江三大流域是宋土内的主要自然带，其中黄河流域人口占全国总人口的41.5%，平均人口密度为40人/平方千米；长江流域人口占全国总人口的53.2%，平均人口密度为47.5人/平方千米；珠江流域占全国总人口的4.8%，平均人口密度为13.6人/平方千米。三大流域中，长江流域人口密度最高，黄河流域次之，珠江流域最低。这样的人口分布特征，直接反映了三大流域的农业集约化程度与开发进程。

黄河流域是中国最古老的农耕区，至宋代已经有数千年的农耕史。几千年来，这里不但是历代王朝的政治中心，而且也是国家赖之以存的经济中心，唐中期以后这里的经济地位虽然有所下降，但数千年的农耕历史，使这里仍保持着雄厚的基础与农耕技艺优势。与黄河流域相比，长江流域的开发虽然落后，但自东晋南朝以来，几次大规模人口南迁浪潮，对这里的农业开发起了很大的推动作用。这一时期长江流域不但摆脱了"火耕水耨，饭稻羹鱼"、山伐渔猎的原始生产和生活方式，而且逐步由粗耕阶段向集约经营转变，农业发展进程发生了巨大的转变，特别是唐中期以后，随着北方的战乱与南方人口增加，长江下游太湖平原一带经济实力不断加强，逐渐取代了黄河流域的经济地位，至宋代成为全国的经济中心。

入宋以后，南北人口数额的变化显示了两地的发展进程，从《新唐书·地理志》与《元丰九域志》所记载的唐宋两代户口数额来看，北方人口变化并不大，唐天宝年间北方各道人口总额为2988万，北宋元丰年间北方诸路人口总额则为2 919万①。从数字上看，宋代北方人口似乎低于唐代，但实际上，宋代北方国土比唐代缩小了不少，如果以同等面积进行比较，宋代北方人口比前代应有一定数量的增长。宋代人口大幅度增长的地区在南方，唐代南方各道有人口2 000万，北宋时期则为4 773万，增加了大约154%。"靖康之难"宋室南渡以后，中原人口大量涌向南方，南方人口又增加了许多。绍兴二十九年（1159年），南方人口为5 123万②，比元丰年间增加了近350万。嘉定十六年（1223年）南方人口为5 848万③，比绍兴二十九年又增加了700多万。随着人口不断增长，农业生产技术与集约化程度都不断提高，农业生产水平也在此基础上不断提升。

三大流域之中，珠江流域农业开发最晚，虽然东晋南朝以后的几次人口南迁中，也有部分人口辗转流入岭南，对珠江流域的开发起了一定作用，但对于整个流域，并没有促成农业生产的根本改观。

（二）东西间依自然形势人口呈梯状分布

宋代人口分布的又一明显特点，是东西间依自然形势人口数额的梯状变化。若以太行山、三峡一线为界，将黄河、长江两大流域分为东西两部，那么依《元丰九域志》所载户额而计，北宋中期东部人口占全国总人口78.1%，平均人口密度为48.8人/平方公里；西部人口仅占全国总人口的21.9%，除成都平原外，平均人口密度为26.8人/平方公里。

东西部之间悬殊的人口差额，与自然环境密切相关。西部地区除成都平原外，多为丘陵山区，平原谷地主要集中于东部地区。受自然环境影响，农业生产条件优越的平原谷地，往往形成人口密集区，而自然环境恶劣的丘陵山区，人口都很稀疏。人口与自然条件这种选择性的结合，导致了东西部人口分布的不平衡，除成都平原外，人口高密度州几乎都位于东部地区，西部各州一般人口密度都在30人/平方公里以下，东西之间人口分布呈明显的梯状变化（图2-3）。

---

① 依《元丰九域志》所载户额，以每户五口而计，下文中人口数额均如此。
② 《宋会要辑稿·食货一一之二六》。
③ 《文献通考》卷一一《户口考》。

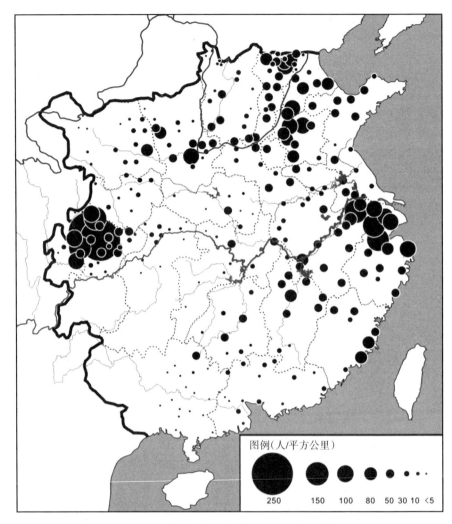

图 2-3　北宋中期全国人口密度图（底图为《中国历史地图集》）

（三）狭乡与宽乡人口流动与农业生产

　　人口分布不平衡，使全国形成人口密集区与人口稀疏区。吴越、川蜀及京东、河北一带是全国人口密度最大的地区，为人口密集区。人口稀疏区分布很广，不但广大丘陵山区人口密度低，就是开发程度较低的平原谷地人口也显得不足，有明显的地旷人稀的特点。人口密集区与人口稀疏区的差异不仅在于人口数量，对农业生产的影响的差异也很明显。如前述人口密集区不但人口众多，而且人口绝对增长量也大。人口不断增长，随之带来的问题是人口与耕地之间的矛盾越来越激化，尤其南方，土狭人稠，矛盾更为突出。如何解决这一问题，不仅成为朝政中的一件大事，在土地上劳作的农民更是竭力改变处境，一方面注重提高现有土地的利用率，另一方面加强了对落后地区的开发。为了提高土地利用率与单位面积的粮食产量，人稠地少的狭乡，人们尤其注重提高耕作技艺。水田是南方的主要耕作形式，为了提高产量，人们重视水稻播种前的准备工作，如翻地、选种、育秧等一系列环节，同时也注重插秧后的田间管理。加强对水田管理属于农业技术，耕作制度的变化则为土地利用带来新的机遇。宋代南方水田耕作区，随着稻麦两熟制的发展，与水旱轮作相适应的耕作体系也逐渐形成，原本南方平原地带很少种植的麦类作物得以推广，并在丘陵山区形成"高田种早，低田种晚，燥处宜麦，湿处宜禾，田硬宜豆，山畲宜粟"①，这样合理的土地利用形式。

　　解决人口与土地的矛盾，扩大耕地面积、开发落后地区素来是最有效的途径。历史上依人口与土地之间的比例关系，存在狭乡与宽乡之分由来已久。当狭乡人口高度集中，已有耕地无法解决人们温饱问题时，除了官府有组织的倡导之外，狭乡人民也往往形成自发的人口迁移，向宽乡谋求生路。宋代北方由狭乡向宽乡的移民主要在河北、京东与京西唐、邓等州之间进行，在战乱与饥荒年月河东与陕西民户也曾大量移向京西路南部。南方人口迁移方向比较复杂，太湖平原与成都平原是两个人口高度集中的狭乡，地处长江中游的荆湖地区以及南宋时的淮南都是有名的宽乡，地广人稀，因此无论是官方组织的移民，还是民间自发的迁徙，往往都是由太湖平原及成都平原迁往荆湖、淮汉一带。此外岭南地区也是移民主要徙入地，宋代岭南人口稀少，林木郁闭，存在着大片待垦旷土。从北宋时期，福建等地百姓就开始向岭南移徙，南宋时期进入岭南垦辟的人更多。此外，

---

① [宋]真德秀：《西山文集》卷四〇《再守泉州劝农文》。

前往其他方向的小规模移民同样不在少数。这些由狭乡进入宽乡的移民，最初垦辟的总是自然条件较好、易于开垦的平原地带，随着人口增加，平原已不再能满足人们的需要，人们又将眼光转向山地丘陵，于是人们循着由狭乡至宽乡、由平原至山地的开发程序，逐渐将山林旷土辟为耕地。

狭乡往往是自然条件优越、农耕历史悠久的平原地带，宽乡则多为生产方式落后的丘陵山区或湖沼。由狭乡向宽乡移民，实际上也就是由经济发达的先进地区向落后地区移民，因而在移民的同时，也将先进的生产方式带到了那里。如夔州是一个以刀耕火种为主要生产方式的落后地区，熙宁年间由李复等人募往川峡垦荒的农民，就将水田耕作技艺带到了那里[1]，类似这样的事例很多。

宋代随着移民的增加，农业生产落后地区不但耕地有所增加，而且农业生产经营方式也发生了变化。对山区发展具有划时代意义的是梯田，梯田出现在宋代，这项土地垦辟形式本身并不一定是由移民所创，但由于人口增多，亟需耕垦坡度较大的山地，这应是梯田这种新的丘陵山地土地形态产生的直接原因。

自然经济状态下，人口数量直接反映农业生产水平。在简单的生产工具与传统的耕作技艺条件下，人类征服自然、改造自然的效率体现在群体规模上。人口数量增加，意味着农业生产水平提高与农业经济发展。日本学者斯波义信曾对唐中期至北宋中期，中国各地的人口增长状况作过统计，在他的统计中，人口增长幅度大于1 000%的有潮、泉、漳、汀、建、循州；400%—999%有商、贺、绵、岳、潭、衡、吉、袁、凤、渝、靖、福、渭、邵、万、忠、峡、密州及梁山军；300%—399%的有洪、江、衢、信、饶、婺、黄、莱、安、鄂、鼎、开、蕲、苏州及南康军；200%—299%有登、柳、贵、容、金、虔、寿、永、郴、庐、雷、楚、濠、泗、滁、宿、成州及无为军；100%—199%有澧、颍、歙、荣、温、泸、处、均、昭、秦、邠、浔、广、韶、康、端、新、彭、棣、滨、雅、

---

① 《续资治通鉴长编》卷二四七，熙宁六年冬十月丁丑："诏布衣李复、王谌听往川峡募人分耕畿县荒地，以为稻田。"

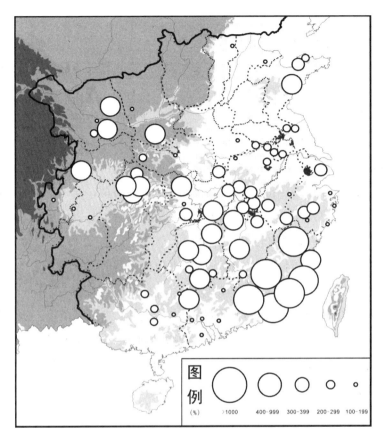

图 2-4　唐中期至北宋中期人口增长超过 100% 的州府分布区（底图为《中国历史地图集》）

辰、光、明、台、宾州[①]（见图2-4）。上述84个人口增长幅度大的州军，除苏州等少数几州，绝大多数属于经济落后地区，在人口的推动下，宋代农业生产水平提高最明显的也应在这些州军。而由狭乡迁往落后地区的移民，为那里的农业开发作出相应贡献的同时，也带动了整个社会农业生产的进步。

---

① 见于〔美〕彼得·丁·戈雷斯，李辅斌译：《宋代乡村的面貌》引，载《中国历史地理论丛》1991年第2期。

二、宋代土地资源及地区利用差异

土地资源是农业生产的基础，宋代疆域范围虽较汉唐盛世蹙缩，但农业生产的有效空间并没有减少，疆土全部位于自然条件适宜、农耕传统悠久的东部季风区内，正是如此，宋代国家治理的视角都在农耕区内。

中国各个历史时期的土地垦殖率并不一样，宋代是中国封建经济高度发展时期，以人口因素对土地垦殖率的影响而论，可以将唐宋两代人口数据进行比较。唐天宝年间是唐代经济发展的鼎盛时期，据《新唐书·地理志》记载，当时全国有987万余户，5 000多万人口。与唐代相比，同样处于宋代经济发展盛期的北宋元丰年间，全国有1 657万户，8 200多万人口[①]，人口数量是唐代的1.63倍，而国土面积仅是唐代的三分之一，人口密度比唐代有大幅度提高，劳动力充裕有力地推动了土地开发的进程。

土地垦殖率为已开垦土地与全部国土的比值，它既是衡量土地开发程度的重要依据，也是农业生产水平的反映。表2-4为《文献通考》所载北宋时期全国垦田数据，尽管从开宝末年至元丰八年数据存在起伏，但总的趋势呈上升状态。在获得这一信息的同时，历史学界也在发问，古人留下的这些数据能够真实反映那时的垦田状况吗？

表2-4　北宋时期全国垦田数额[②]

年代	垦田数额
开宝末年	2 953 320顷60亩
至道二年	3 125 251顷25亩
天禧五年	5 247 584顷32亩
皇祐年间	2 280 000顷
治平中	4 400 000顷
元丰六年	4 616 556顷

① 据《元丰九域志》所载各地数据统计。
② 《文献通考》卷四《田赋考四》。

　　探讨历史时期的土地垦殖率与现代有所不同，现代土地垦殖率有政府做出的调查与统计，而历史文献中记载的数据却有失真的现象，宋代田地隐漏现象更是严重，实际的土地开垦额与登录在册的数据有很大差距。对此，漆侠根据熙丰年间政府在开封、河北等五路实行方田均税法，清丈出的隐田与登录在册垦田数额之比例，对《文献通考》所载元丰六年全国已开垦土地数额461 655 600亩进行了订正，得出当时全国实际垦田数近8亿亩，合今亩为7.2亿亩以上[①]。北宋时期国土面积大约为284万平方公里，土地垦殖率为16.9%，这是一个不小的比例，甚至超过当代。面对这个数据，我们很容易意识到其中的原因，这就是北宋国土全部位于东部季风区内，没有寒荒之地，由此才形成如此高的土地垦殖率。同时，北宋中期的土地垦殖率，也告诉我们一个事实，在当时的农业生产条件下，东部季风区能够垦殖的地带基本均已成为农田，人们对于土地的开垦已经尽到最大努力。

　　8亿亩反映的是宋代全国总体土地开发状况，实际受自然条件与人口分布的影响，各地的垦田数额与土地垦殖率相差很悬殊。表2-5列出了北宋元丰年间各地土地垦殖率以及与之相关的人口密度，从中可以看到，宋代农田分布极不平衡。其中开封府路土地垦殖率居于全国首位，显然这一优势来自开封首都政治地位的作用，受都城吸引，大量人口聚集在这里，人口密度居于全国首位，所辖区域内土地开垦达到极限，但开封府辖境有限，所垦土地在全国总额中所占的比例并不足道，仅为2.5%。各路中土地垦殖率最低的是广南西路，仅0.01%，人口密度与垦田的绝对数额都处于全国最低，广南西路远在岭南，是农业开发程度最低的区域。透过表2-5的数据，我们不但看到了最高与最低这样的极端数据，其中同样显示出区域性的差异：

---

　　①　漆侠：《宋代经济史》，上海人民出版社，1987年，第61—62页。

表2-5 北宋元丰年间各地土地垦殖率及其他^①

路	各路垦田数额	人口密度（人/平方公里）	土地垦殖率（%）	地区垦田数/全国垦田数（%）
开封府	11 333 167 亩	66.1	66.9	2.5
京东	25 828 460 亩	54.9	19.4	5.6
京西	20 562 638 亩	27.9	11.5	4.5
河北	26 956 008 亩	57.3	24.0	5.8
陕西	44 529 838 亩	27.4	17.8	9.6
河东	10 226 730 亩	25.9	9.6	2.2
淮南	96 868 420 亩	36.6	29.1	21.0
两浙	36 247 756 亩	72.5	31.0	7.9
江南东	42 160 447 亩	69.0	47.5	9.1
江南西	45 046 689 亩	50.0	30.8	9.8
荆湖南	32 426 796 亩	28.1	24.5	7.0
荆湖北	25 898 129 亩	20.3	15.7	5.6
福建	11 091 455 亩	45.4	8.8	2.4
成都	21 606 258 亩	111.5	47.3	4.7
梓州	田以山崖	39.2		
利州	1 178 105 亩	25.5	1.7	0.3
夔州	224 497 亩	16.2	0.25	0.05
广南东	3 118 518 亩	18.4	2.3	0.7
广南西	12 452 亩	8.7	0.01	0.003

① 各路垦田数额来自《文献通考·田赋考四》，计算土地垦殖率采取的耕地数额为订正后所得的8亿亩。人口密度为《元丰九域志》所载户额，按每户五口计算而得。

（一）东部与西部的土地垦殖差异

宋代东西部之间自然条件的差异，不但影响了人口分布，也导致了土地开垦状况的不平衡。太行山—三峡一线以东地区，土地开垦量占全国总额的83.1%，此线以西地区仅占16.9%，土地垦殖率高于30%的路，除成都府路外，其余开封、两浙、江东、江西等路全部集中在东部地区，明显地构成了东西部之间土地分布差异。

（二）三大流域之间的土地垦殖差异

黄河、长江、珠江三大流域中，黄河中下游地区所垦土地约占全国总额的30.2%，平均土地垦殖率为21%；长江流域垦地约占全国总额的69%，平均土地垦殖率为23.7%；珠江流域垦地仅占全国总额的0.68%，平均土地垦殖率为1.1%。三大流域之中，长江流域的土地开发在全国占有优势。

无论东西地区，还是三大流域，无疑地形条件对于土地垦殖率具有关键性的影响，全国农田大部分集中在平原地带，丘陵山区农田很少，其中川峡四路的土地开发就是一个典型事例。川峡四路即指成都府路、梓州路、利州路以及夔州路，四路之中除成都府路以平原为主，其余三路均为丘陵山区。这样的地形特点使整个地区的土地主要集中在成都府路，虽然成都府路的面积仅占整个地区面积的16.7%，但分布在这里的农田却占整个地区农田总额的90%，平原与丘陵山区的土地开垦形成悬殊的差距。

平原与丘陵山区之间，不但垦地面积对比悬殊，生产方式也出现了明显的差异。从宋代全国各地人口密度的变化，就可以看出，丘陵山区开发进程远落后于平原地带。大多数山区人口稀疏，劳动力缺乏，虽然入宋以来，一部分人口移入山区，为推动这些地区的农业发展起了重要作用，但全国丘陵山区约占整个国土的三分之二，有限的移民与无尽的山区相比显得微不足道，因此大多数山区仍处于粗耕阶段，一部分山区甚至保持着刀耕火种的原始生产方式，与平原地区的精耕细作、集约经营形成了明显的对比。由于生产方式的差异，山区与平原之间的土地生产能力也完全不同，如两浙地区平原地带，粮食亩产一般在2—5石，而邻近的山区粮食亩产都明显低于此值，个别自然条件较好的地段可维持到每亩2石，大多数地区亩产在1—1.5石。由于山区粮食产量低，有的地方入不敷出，粮食短缺，往往需要从太湖平原等地调入粮食。我们在两浙地区看到的并非特例，几乎在各地都能体会到这样的差异。

与农田分布并行，我们在历史文献中已经看到，土地垦殖率高的地方不但人口形成集聚，耕作技艺与生产工具先进，也是农业生产发达的地区。如南方各地人口密度与土地垦殖均居于前列的两浙、江南东、成都府等路，均为粮食高产区，特别是平原地带粮食亩产可达2—5石，复种指数一般都为200%。其中两浙、江东一带不但粮食产量高，而且也是国家财税的重要源地，如宋人所言"东南上游，财赋攸出，乃国家仰足之源，

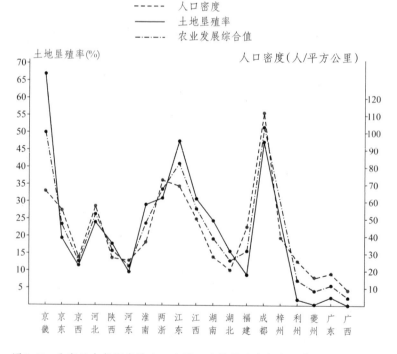

图2-5　北宋元丰年间各路人口密度、土地垦殖率与农业发展综合值

而调度之所出也"①。北方各路中，人口密度与土地垦殖率居于前列的为河北、京东两路，两路粮食产量虽不能与南方吴、蜀等地相比，但在北方却居于前列，粮食亩产一般为1.5—2石，复种指数可达150%。农田分布以及与之相应的人口密度对农业生产的发展影响极大，这些指标不仅是农业生产发展程度的标志，而且直接显示出地区经济实力。

本节讨论的问题是宋代人口、土地与农业生产的关系，作为最后的总结，我们将北宋元丰年间各路人口密度、土地垦殖率绘为一图，两者形成的中值可以代表农业发展水平。成都府、开封府、江南东、两浙、江南西、河北六路农业生产发展程度居高，京东、淮南、荆湖南、陕西、福建、荆湖北次之，京西、河东、利州、广东再次之，夔州、广西最为滞后（图2-5）。

国有疆，民有业，为立国根本。围绕国土、农田、人口，讨论宋代农业生产的资源禀赋与社会基础，这是本章讨论的核心，也是随后关注的要点，围绕着这一核心，我们在对宋代涉农问题进行复盘的同时，也在探寻其中地理因素的作用。

---

① ［宋］包拯:《包拯集》卷二《请令江淮发运使满任》。

第三章　民生与国运
——宋代农业地理的基本格局

无论古今，农业生产的产品都是国之根本、民之命脉，正是如此，古人留下一句话"民以食为天，国以民为本"，仔细推敲，这是对历史何等精辟的概括。民生与国运之间存在的共同支撑体是农业，凭借农业，历史舞台上上演了无数的文武大戏，不仅成为后人观看的亮点，也成为学术界乃至市井乡里的话题，其结果自然是本末倒置，成就历史的支撑体——农业，却在后人话语中是陌生的。因此重温"根本"，也许会看到不一样的历史。

宋代只是中国传统农业进程中的一个阶段。对于地里的庄稼，皇帝是谁，土地的主人是谁，几乎没有任何意义，但历史舞台上这些主角拥有操纵农业生产与农产品的权力，进而不同王朝有着不一样的农业乃至农业地理。那么，宋代有着怎样的"自己"呢？

第一节　承上启下的宋代农业技术

政治将历史划分为系列王朝，但农业生产则无论周秦汉晋，始终呈连续性发展，正是如此，任何一个王朝的农业都不是凭空而生，而是在历史中具有承上启下的发展特征，宋代如此，其他王朝也是如此。

记载农业，讲述农业，在中国有久远的历史，也许农业成为一个生产部门之初，系统的耕作技术并未形成，而人们的探索却已经在路上。先秦文献《周礼》《吕氏春秋》屡屡提到耕作技术，此后西汉《氾胜之书》、东汉崔寔《四民月令》、北魏贾思勰《齐民要术》、唐代韩鄂《四时纂要》、南宋陈旉《农书》、元王祯《农书》、明徐光启《农政全书》将耕作的各个环节逐次呈现在我们面前。透过这些农书以及儒家经典中的相关记载，我们不仅看到传统农业在中国大地上走过的历程，也关注到宋代农业拥有的地位。

一、宋代对于传统农业技术的继承

将宋代作为一个独立的时段讨论农业地理，其中一个关键性的问题是，这只是一个王朝，一个政治时代，而不是农业历程的开端或终结，因此属于这个王朝的农业不是凭空产生的，其农业生产技术是承上启下的。

宋代留下的农书只有南宋陈旉《农书》，整部著作专意南方水田农事，因此探讨宋代全国南北形成的农业技术，不仅需要从宋以前的农书以及相关记载中追寻脉络，而且其后元代王祯《农书》也具有重要的参考价值。王祯《农书》成为讨论宋代农业技术的重要参照，其因有三：第一，元代农业技术同样不是凭空产生的，王祯《农书》的记载既着眼于元代，同样也包含了元以前农业技术的成就。第二，王祯出生于南宋末年，《农书》成书于元代初期，这是距离宋代最近的一部完整记载中国南北农业技术的著作，其中涉及的技术与工具，既是元代的，也是宋代的。第三，王祯《农书》涵括南北方农业技术，王祯家乡在山东，却在安徽、江西等地做官，不仅熟悉北方农事，对于南方也不陌生。王祯《农书》对宋代农业的秉承性与时代的相近性，成为本文讨论宋代农业技术的重要参照。

我们讨论宋代农业技术的承上启下，将从历代农书与儒家经典的记载入手，并从中建立沿承系列。先秦文献《周礼》《吕氏春秋》屡屡提到耕作技术，其中《吕氏春秋》托农神后稷之语，提出如下问题："子能以洼为突乎？子能藏其恶而揖之以阴乎？子能使吾土靖而晰浴土乎？子能使保湿安地而处乎？子能使雚夷毋淫乎？子能使子之野尽为泠风乎？子能使藳数节而茎坚乎？子能使穗大而坚均乎？子能使粟圆而薄糠乎？子能使米多沃而食之强乎？"先秦的文句并不易懂，将这段话译成白话，我们看到这样的问题：你能把洼地改造成高垄地吗？你能将劣土改造为湿润的土壤吗？你能在盐碱地用垄沟排水洗土吗？你能使种子播得深浅适度并保持土壤墒情吗？你能使田里的杂草不滋长蔓延吗？你能使田地里的庄稼通风吗？你能使庄稼强壮，节多而茎坚吗？你能使庄稼穗大、籽粒饱满，麸皮又薄吗？你能使谷米有油性，吃起来劲道吗？这一连串的问题，几乎包括了农耕生产的所有环节，从整地、作物田间管理到谷物的品质。回顾中国农史，《吕氏春秋》提出的不仅仅是问题，也是这一时期农夫早已思考且正在进行的实践。

《吕氏春秋》成书于先秦时代，上距宋代一千多年，时间固然久远，但那时形成的农业技术与经营理念，必然会被宋代沿承。于是，我们不妨继续关注《吕氏春秋》强调的耕作技术举措。其中"上田弃亩，下田弃畎；五耕五耨，必审以尽"，这是说对于高地旱田，要把庄稼种在凹下之处；低下的农田，要把庄稼种在垄上，不要种在凹下的畎里。播种之前，要耕五次；既种之后，要锄五次，而且耕、锄一定要精细。此外，"其深殖之度，阴土必得，大草不生，又无螟蜮；今兹美禾，来兹美麦"。翻耕深度以见到湿土为宜，这样地不生杂草，也鲜有害虫，禾、麦都有好收成。"既种而无行，耕而不长，则苗相窃也。"地里的庄稼若没有适当的行距，是不易生长的，间苗与除草是相伴的举措。"是以六尺之耜，所以成亩也，其博八寸，所以成畎也。"耒耜是用于翻土的农具，耒为柄，长六尺，也用来测定田垄的宽窄；耜为铲土部分，刃宽八寸，可挖出标准的垄沟。而除草工具为锄，锄头锄柄长一尺，是作物行距的标准，刃宽六寸，便于间苗。若对这些记载作出总结，择地、深耕、除草、行距，涉及农耕生产的主要环节都在其中。

自《吕氏春秋》之后，西汉《氾胜之书》、北魏贾思勰《齐民要术》将耕作的各个环节更清楚地呈现在我们面前，至元代王祯《农书》成书的时代，农业生产技术已然形成完整的体系，本文依农时以王祯《农书》作为参照，展开对于宋代农业技术的探讨①。

（一）耕地

耕地是以年为周期的农业耕作的开端，耕地就是翻土，将耕作层上面的土壤翻到下面，将下面的土壤带到表层，根据犁铧大小与时节的变化，翻土深度一般在18—22厘米。耕地一翻一带的目的大概有二：其一，将前茬农作物留下的根茬以及田间杂草翻入土中，既可沤烂成为肥料，又避免因残茬的存在影响新一期作物播种、出苗。其二，消灭害虫与虫卵。

耕地改变了土壤的物理性状，为种子创造了水分、空气比较协调的苗床，但耕地不是简单的翻下带上，其中涉及传统农学最根本的技术与思想。继《氾胜之书》《四民月令》《齐民要术》以及陈旉《农书》之后，王祯《农书》总结前人之法，首先强调垦荒与耕熟之间的耕作差异：

荒地未经人类触动，不仅耕翻土地需要"深而猛"，且在不同季节垦荒要领各自不同，"春曰燎荒"，通过烧荒获取肥料；"夏曰菴青"，翻耕茂草，当作草肥；"秋曰芟夷"，草木丛密，须用铍刀割倒再放火烧荒。垦荒措施在增加土壤肥力的同时，去掉土壤中妨碍播种的植物根茎也很重要。

已经成为熟田的土地，不必深耕，但需使用锋利的犁铧。对于熟田的耕作，从《齐民要术》至王祯《农书》，都十分关注土壤含水量，"若水旱不调，宁燥无湿"，这样的话语在《齐民要术》中出现过，这是说燥耕虽然会形成土坷垃，若经雨润，即可分解；湿耕后的土坷垃却很坚硬，甚至几年都不易破碎。若必须湿耕，也要等表土晒干，用铁齿耙破碎，方可无伤。中国农民这些耕地理念，在当代耕作学中获得了解释。土壤中直径大于5厘米的土块，被视作土坷垃，土坷垃内部土粒密集，毛细管多，土坷垃之间非毛细管孔隙加大，水分不能渗入内部，却通过土坷垃之间的孔隙流失，使土壤保水很困难。而大土坷垃的存在，必然导致播种深浅不一、作物根系发育不良。

耕地不仅需要关注土壤干湿，也需要"趣时"。耕地的时间一般选在

---

① 第一节但凡未加出处的引文，均来自王祯《农书》。

前茬农作物收获之后，后茬农作物播种之前，这段时间可秋耕，也需要春耕。这就是当代耕作学所提倡的：作物收获后立即耕地，可以及时将作物残茬、杂草翻下沤烂，并减少病虫害。历代农书固然提及秋耕、夏耕、春耕三个季节的耕作，但"凡地除种麦外，并宜秋耕"成为"趣时"的要旨，秋耕后，经冬至春，庄稼残茬几乎完全沤烂，既可成肥，又梳理了土壤。此外，气候变化施加给土壤的影响，使每个季节耕地需要关注的要点皆不同。"秋耕宜早，春耕宜迟"，古人提出这样的理念，在于秋耕乘天气未寒，将阳气掩盖于土壤之内，对于作物生长有利，若耕地拖到天气转寒，将寒气掩在土中，必定影响来年的作物收成。春耕宜迟是等春气通和、土壤和解方可耕地，但亦不可过晚，否则土壤水分将流失。气温与土温，是耕地迟与早的关键。

秋耕在前，春耕在后，但两者意义不同，故在技术上古人耕地讲究"秋耕欲深，春夏欲浅"，"初耕欲深，转地欲浅"。一般农户往往将初耕放在秋季，深耕的意图是将农作物残茬与杂草翻入土中，秋季收获的农作物中，高粱就拥有粗大根茬，只有深耕才能翻入土中。浅耕一般用在二次耕作的春耕中，古人所说的"转地"即指二次耕作，秋耕后，春季再次耕地，浅耕是保持土壤水分的重要措施。

华北一带的"九九歌"唱道："九九加一九，耕牛遍地走。"这个时节一般在清明前后。但传统农业中的"耕"，从头茬庄稼收获的秋天就已经开始，春耕固然在其后，但直接决定整地结果的却是这一次耕作。

从《齐民要术》至王祯《农书》关于耕作的一致记载，告诉我们中国古代耕作技术不仅早已形成，且在历史进程中被继承下来。

中国南北方环境截然不同，王祯《农书》提到"中原地皆平旷，旱田陆地"，南方农田不仅水旱兼具，且耕作方式也不一样。江南一带水乡，"水田泥耕"。岗地、丘陵因高田、下田农作物的差异，耕地方式各不相同。一般高田八月燥耕，随后将翻起的土块筑起田垄，垄下开辟成沟，以便排水，完成这一切后即可种小麦。小麦收后，"平沟畎，蓄水深耕"，为麦后种稻做准备。下田前作成熟晚，十月收获后，田中蓄水的深浅并不随

图 3-1　耕（元·程棨临摹《耕织图》），是耕作的一个环节，起步时间很早，程棨《耕织图》描绘的是南方水田犁耕的场面。

意，以保证耕后土块半出水面为准，半出露的土块经"日暴雪冻"即酥碎。次年初春再次耕翻土地，以备插秧。关于南方水田耕作，宋人诗文中留下这样的记述："我耕常及时，破块当初晴。坟垆土性异，勤怠人力并。泥涂淤手足，雾露沾裳缨。"① （见图 3-1）

　　耕地是一年耕作的开始，若这一环节没有做好，一年的收成很难保证，故古人不断强调"耕而卤莽之，其实亦卤莽而报予"的因果关系，告诫人们耕翻土地才是一年之本。

———————————
　　① ［宋］方夔：《富山遗稿》卷一《田家四事·耕》。

（二）耙地、耢地与镇压地

耕地只是传统农业耕作的第一个环节，耕后的土壤仍布满大小土坷垃，当代耕作学认为这样的土壤性状既不利于保墒，也影响作物根系生长。保墒是涉及农业技术时常提及的词汇，土壤中的土坷垃，就是保墒的关键。土坷垃的间隙使水分蒸发过快，难以保持土壤中适合种子发芽和作物生长的湿度，而土坷垃的存在也使土壤不够沉实，种子难以吸水，发芽后土壤下沉容易断根。耕后耙地即补充了耕地留下的这种不足。耙地的作用是疏松表土、平整地面、破碎土块、去除杂草，最重要的是可以去掉表层大孔隙，使土壤更加紧实（见图3-2）。

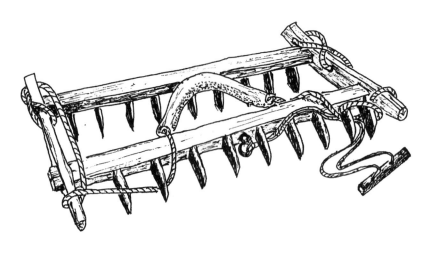

图3-2 耙（谭竹钧绘）

对照当代耕作学，古代农学的珍贵之处令后人惊叹，几乎涵盖了当代耕作学涉及的所有科学理念。王祯《农书》指出："耙有渠疏之义"，"大块之间无美苗"，若"只知犁深为功，不知耙熟为全功。耙功不到，土粗不实，下种后，虽见苗，立根在粗土，根土不相著，不耐旱，有悬死、虫咬、干死等诸病"。而"耙功到则土细实，而立根在细实土中，又碾过，根土相著，自然耐旱，不生诸病"。耙地是耕作中重要的一环，一般除种小麦的土地外，都要秋耕，耕后用铁齿耙纵横耙地，随耕随将土地磨平，至表土层晒干，再耙两遍。来年春初，还要继续耙四五遍。经过这样整治的土壤不仅爽润，且会呈现油土。

　　耙地后，衔接的耕作流程是劳地，也称耢地。农民几乎将耙、耢看作同一措施的两个环节，耙地后地面留有耙沟，耢地可以掩平耙沟，减少水分蒸发，并使表土形成一层紧密而疏松的覆盖层。王祯《农书》认为"劳

图3-3　耖（元·程棨临摹《耕织图》）

有盖磨之功"，这是北方干旱地区减少土壤水分蒸发的耕作措施。传统农业讲究每耕一遍，盖两遍，后再盖三遍，盖磨之功不止一遍，不仅"耕欲廉，劳欲再，凡已耕耙欲受种之地，非劳不可"。而且讲究"春耕随手劳，秋耕待白背劳"，其中的道理在于北方春季多风，不及时耢地会加快土壤水分蒸发；而秋天土壤湿润，需待表层土晒干后方可耢地，否则容易结成硬土块。

至于"南方水田，转毕则耙，耙毕则耖，故不用劳"，转，是古人所说的二次耕地，耕后耙地，耙后耖地，整个过程与旱地并无二致，但耖多用于耕后水田，耖后土壤会更细（见图3-3）。

耙地、耖地等整地技术不仅见于王祯《农书》，宋人同样留下记述，南宋人黄震在江南西路抚州做官，反复劝诫当地人"田须秋耕，土脉虚松，免得闲草抽了地力……尔农如何不秋耕，田须熟耙，牛牵耙，索人立耙上，一耙便平。"[1]农田不但要春耕，还要秋耕，耕后耙地同样不可缺少。朱熹在江南西路南康军任上将耕与耙的作用作为劝农的要点："大凡秋间收成之后，须趁冬月以前，便将户下所有田段一例犁翻，冻令酥脆。至正月以后，更多著遍数，节次犁耙，然后布种。自然田泥深熟，土肉肥厚，种禾易长，盛水难干。"[2]

整理好土地，就要进行播种了。无论北方旱地，还是南方水田，除冬小麦外，播种的时节都在春季。

（三）播种

播种是农作物生长的开端，"好种长好苗"，这是人人都懂得的道理，因此播种之前，先要选种。农民若逢"好穗，纯色者"，便会割下悬挂起来留作种子，如果种子是颗粒则放入竹筐藏在窖中。选好的种子，在播种前20日取出晾晒。为了保证种子出苗肥力，传统讲究粪种，即将马骨煮过，并同蚕矢、羊矢搅成糊状，与种子相拌。用此法播种的种子成苗后不生虫，且耐旱。

---

① [宋]黄震：《黄氏日抄》卷七八《咸淳九年春劝农文》。
② [宋]朱熹：《晦庵集》卷九九《劝农文》。

　　春天，大地上的植物有的刚刚吐芽，有的早已含苞待放，野生植物生长期各不相同，人工培育的农作物也是如此，如王祯《农书》所载华北一带"正月种麻枲，二月种粟，脂麻有早晚二种，三月种早麻，四月种豆，五月中旬种晚麻，七夕以后，种莱菔、菘、芥，八月社前，即可种麦"，各月都有播种入土的作物。何时播种，取决于农作物的生理属性与自然环境的对应关系，由于地理环境的差异，即使同一种作物，因地势高低，土质良薄，山泽之异，播种时间也不同。一般"良田宜种晚，薄田宜种早"，原因很明显，良田种早种晚并无大碍，但晚熟品种生长期长，良田可以保证肥力；薄田肥力不足，若种晚，必定不能成实。此外"山田宜种强苗，以避风霜；泽田种弱苗，以求华实"，也在强调品种与农田环境的关系。

　　南方水乡，主要庄稼自然是水稻。水稻大概有三类："早熟而紧细者

图3-4　浸种（元·程棨临摹《耕织图》）

曰籼，晚熟而香润者曰粳，早晚适中，米白而黏者曰糯。"①无论籼、粳、糯稻，都会选取上好、坚实、无秕的籽粒做种子，晒干，藏于筐中，置放于高爽处。清明取出，浸三日过滤，放入竹筐，用水润湿，待发芽后下种，植入肥田中育秧（图3-4）。这就是《嘉泰会稽志》中所记述的："谷浸近兼旬，芽而后撒，此一种。但浸一夕，遽撒之也。"②同类的记载在陆游诗中还可以看到："浸种二月初，插秧四月中。"③朱熹也有同类的劝诫："今来春气已中，土膏脉起，正是耕农时节，不可迟缓。仰诸父老教训子弟，递相劝率，浸种下秧，深耕浅种。"④

育秧与稻田整理几乎同步进行，插秧前要做的事很多，宋代江南一带已经出现一年两熟稻麦轮作制，插秧前需要收割小麦、豆子，制作堆肥，为稻田施肥、灌溉、犁耕并平整土地。待秧苗长大，一切准备就绪，插秧就开始了。从唐代开始，水稻放弃撒种稻田的直播法，先在苗圃育秧，一个多月后稻秧长成，以插秧的方式移栽到稻田中。水稻实行秧播之后，播种经两个阶段完成。关于选种、育秧、插秧过程，朱熹有完整记述："耕田之后，春间须是捡选肥好田段，多用粪壤拌和种子，种出秧苗。其造粪壤，亦须秋冬无事之时，预先划取土面草根，晒曝烧灰，旋用大粪拌和，入种子在内，然后撒种。秧苗既长，便须及时趁早栽插。"⑤美国人 F.H. King 在广东一带考察，目睹插秧的实况，在《四千年农夫——中国、朝鲜和日本的永续农业》一书中写道，稻田中每人负责6列，列与列之间大约1尺，一列中每隔6至8株会置放几小捆稻秧，人们一手握一小捆稻秧，另一只手捏住几棵稻秧根部，并迅速插入田里。

（四）锄治

"锄禾日当午，汗滴禾下土"，这是我们熟悉的诗句，农业耕作的千辛万苦，就是凭借这句诗为人所知，而锄地仅是农耕生产的一个环节。"锄

---

① ［元］王祯：《农书》卷二《农桑通诀二》。
② ［宋］施宿：《嘉泰会稽志》卷十七《草部》。
③ ［宋］陆游：《剑南诗稿》卷二九《夏四月渴雨恐害布种代乡邻作插秧歌》。
④ ［宋］朱熹：《晦庵集》卷一〇〇《劝农文》。
⑤ ［宋］朱熹：《晦庵集》卷九九《劝农文》。

禾"就是中耕除草，除草的同时还伴随松土、间苗、培土，正是如此，王祯《农书》引古人之语，强调"农夫之务去草也"，"种苗者，不可无锄芸之功也"。

锄地属于庄稼出苗后，针对表层土壤的耕作措施，但除草要把握时候，《齐民要术》认为待苗长到"如马耳"状可以小锄，此后再进行大锄，小锄、大锄的区别在于锄头的大小。王祯《农书》强调："苗出陇则深锄，锄不厌数，周而复始，勿以无草而暂停。"传统农学提倡多锄，且不同季节的除草各有讲究。春季苗小的时候，根没扎稳，中耕过深容易动苗，也容易埋苗，需要浅锄，这就是"春锄不触湿"的道理。夏季苗已长大，根向深处逐渐伸展，深锄不仅必要且无害。一般黍、粟等旱地作物苗未与垄齐时锄第一遍，这一遍锄要浅，且伴有选苗；五七日后锄第二遍，此次锄地求深，并同时平整田垄；此后还应锄第三、第四遍，第三遍浅于第二遍，第四遍又浅于第三遍。锄地去草的同时，第三次培根壅土，第四次等于再次添土。多锄多获，这是锄功所得。中耕去除的杂草，往往深埋于禾苗根下，腐烂成肥。不同的庄稼，锄地的次数不同，芝麻、大豆锄两遍即可。

中耕不仅除草，也能增加通气、提高地温、保蓄水分，并使湿润地区或灌水过多的土地加强蒸发。

水田中除草也称耘田，插秧后，苗与草俱长，故宋人诗中写道："良苗已入土，田间水沄沄。昨夜苗根发，翳叶如烟云。草生害我苗，匝月一再耘。"①朱熹在南康军《劝农文》中对于耘田的作用讲得十分透彻："禾苗既长，秆草亦生，须是放干田水，仔细辨认，逐一拔出，踏在泥里以培禾根，其塍畔斜生茅草之属，亦须节次芟削，取令净尽，免得分耗土力，侵害田苗，将来谷实必须繁盛坚好。"②

耘田是个苦活，农夫"耘，则以两膝跪于污泥，两手于稻科左右，扒去泥之高下不匀者，并去杂草"（见图3-5）③。耘田一般在插秧后十余天

① ［宋］方夔：《富山遗稿》卷一《田家四事·耘》。
② ［宋］朱熹：《晦庵集》卷九九《劝农文》。
③ 光绪《松江府续志》卷五《风俗》。

图 3-5 一耘（元·程棨临摹《耕织图》）。水稻插秧之后，各个生长阶段都需要人工去除杂草，《耕织图》中的"一耘"就是水稻生长初期的除草场景。"一耘"图中农夫一边除草，一边为田中戽水。

开始，排干稻田水，农夫一边除草，一边用脚翻起泥土，壅至苗根之下，"则泥沃而苗兴"，一举两得。锄后再生草，这时庄稼茎叶渐长，往往采取人工薅拔去除杂草。关于耘田，宋人高斯得的记述十分具体："布种既毕，四月草生，同阡共陌之人通力合作，耘而去之。置漏以定其期，击鼓以为之节，怠者有罚，趋者有赏。及至盛夏烈日如火，田水如汤，薅耨之苦尤甚。"[1]宋人曹勋诗中"农人作田务，耘者最辛苦。肘膝伏泥涂，拔莠连茹取。所拔随已多，悉酿所伏处。惟觊禾稻肥，岂问正炎暑"，讲的也是耘

---

① ［宋］高斯得：《耻堂存稿》卷五《宁国府劝农文》。

田之苦①。

耘是除草，锄头是锄地的基本工具，大约春秋战国时期即广泛用于农耕之中，并在以后的农业生产中不断改造以适应不同需求。

（五）积肥与用肥

当中国农业开始土地连年耕种之后，人工施肥就进入农耕生产之中，"粪壤者，所以变薄田为良田，化硗土为肥土也"，"耕农之事，粪壤为急"逐渐成为农事活动的重要理念。土壤在于施肥，用肥关系庄稼。

"凡苗之长，全在粪壤"②，这是古今对于地力维护形成的共识。通过施肥改变土壤性状，土质不同，用粪的种类也必须区别对待。正因如此，粪的种类并不单一。各种肥源中，除陈旉《农书》提及的牲畜粪肥以及"烧燃之灰，簸扬之糠秕，断藁落叶"外，河泥可为上乘，宋人有诗咏道："竹罾两两夹河泥，近郭沟渠此最肥。载得满船归插种，胜如贾贩岭南归。"③将施过河泥之田与经商所得巨利相比，可见其肥效之高。各种农家肥外，宋人也认识到石灰之类碱性矿物质对改造酸性土壤的作用。

无论哪种肥源，不加以搜积，必然无法获得其价值。江浙各地习于积肥，勤于肥田，已然成为惯常之俗，陈旉告诉我们，江南农家"凡农居之侧必置粪屋，低为檐楹以避风雨飘浸，且粪露星月亦不肥矣。粪屋之中凿为深池，甃以砖甓，勿使渗漏。凡扫除之土，烧燃之灰，簸扬之糠秕，断藁落叶，积而焚之，沃以粪汁积之"。备好肥料，"凡欲播种，筛去瓦石，取其细者和匀种子，疏把撮之。待其苗长，又撒以壅之，何患收成不倍厚也？"经常施肥，不但不至于"田土种三五年，其力已乏"，而且"益精熟肥美，其力当常新壮矣"。同在江南，宋人程珌"每见衢、婺之人，收蓄粪壤，家家山积，市井之间，扫拾无遗"。这样的情景令他非常感叹，正是勤于积肥的原因，这里"土膏肥美，稻根耐旱，米粒精壮"④。

---

① ［宋］曹勋：《松隐集》卷二二《山居杂诗》。
② ［宋］罗愿：《鄂州小集》卷一《鄂州劝农》。
③ ［宋］陈起：《江湖小集》卷一二，毛珝《吴门田家十咏》。
④ ［宋］程珌：《洺水集》卷一九《壬申富阳劝农文》。

宋人陈旉《农书》的记述对象重在江南，元人王祯《农书》则将全国纳入观察的范围，同样是肥田、粪壤，他是这样记述的："田有良薄，土有肥硗，耕农之事，粪壤为急。粪壤者所以变薄田为良田，化硗土为肥土也……所有之田，岁岁种之，土敝气衰，生物不遂，为农者必储粪朽以粪之，则地力常新壮，而收获不减。"

（六）灌溉

任何生物都离不开水，农作物也是如此。每一种农作物生长期内都有最需要水的时节，每一块农作物植根的土地都在一年四季中经历着干湿冷暖之变。维系土地与农作物对应关系的纽带，是作物生长需要的水热条件与当地的环境属性。庄稼在哪儿扎根，那里就有庄稼需要的一切，但这并不意味着种子播入土地，就可以靠天吃饭了。正常年份尚不能获得保障，况且"天有不测风云"，正是如此，人力灌溉几乎从农业起步时期，就成为农业生产的组成部分。

无论南北，平原地带实行灌溉，渠道都是主要的引水设施。丘陵山区地形复杂，农田大小不一，高低错落，几乎没有修建水渠的条件。若田在高处，水源在低处，则修塘设堰蓄水，并依靠工具引水灌溉。元人王祯《农书》记载了许多灌溉工具，其中包括：大水栅、陂塘、翻车、筒车、牛转翻车、高转筒车、水转高车、连筒、戽斗、刮车、桔槔。这些灌溉工具与各类蓄水设施结合起来，发挥着各自的功能。

南方多山、多丘陵，灌溉方式也因地形而多变。宋人胡寅诗中写道："作㙟辛勤雨更迟，桔槔谁语汉阴知。不嫌机事侵纯白，一日何妨灌百畦。"①"㙟"为蓄水设施，通行于南方各地。"里人以草木投溪涧中，压以沙土，绝流为堰，凿渠引水以灌田，谓之㙟。"②堰设在溪涧所经之处，㙟属于凿池蓄水设施，两者均广泛出现在丘陵山区。黄震在抚州为官，提倡"田近溪水，须逐段作坝捺水，田不近水，须各自凿井贮水"③。其中

① [宋]胡寅：《斐然集》卷四《和叔夏田舍三绝》。
② [元]郑玉：《师山集》卷四《小母㙟记》。
③ [宋]黄震：《黄氏日抄》卷七八《咸淳九年春劝农文》。

作坝、凿井，都是在蓄水的前提下，施以灌溉的举措。

关于灌溉，宋代文献留下许多记载，我们在王祯《农书》中看到的灌溉工具，宋代均已存在。"象龙唤不应，竹龙起行雨。联绵十车辐，伊轧百舟橹。转此大法轮，救汝旱岁苦。"[①]这是宋人张孝祥在湖湘一带看到的灌溉场景，诗中"竹车"应是王祯提到的水转高车。赵蕃在潭州（今长沙）附近看到"两岸多为激水轮，创由人力用如神。山田枯旱湖田涝，惟此丰凶岁岁均。"[②]其中"水轮"也属于水转高车之类汲水工具。各类水车是重要的灌溉工具，"两岸皆车出积水，妇人儿童竭作，亦或用牛，妇人足踏水车，手犹绩麻不置"[③]。这是陆游溯江而上在江南东路一带看到的灌溉场面，妇女、儿童均加入踏水车灌溉的行列中。车水与其他劳动不同，往往需要众人协力，范成大诗中也有这样的描述："下田戽水出江流，高垄翻江逆上沟。地势不齐人力尽，丁男长在踏车头。"[④]诗中提及两类灌溉工具，"戽水"用戽斗，戽斗类似水桶，两端有绳，一人拽一绳，两人用戽斗将水送入田中。此外，南方有时也将车水灌溉称为戽水。"踏车头"记述的则是脚踏水车灌溉的情景。利用水车车水是灌溉常用的方法，虞俦在乌程一带见"田家两岸车水，其声如雷"，不禁将场景写在诗中："惭愧田家趁好晴，鸦鸦两岸水车鸣。"[⑤]方岳诗中"龙骨翻翻水倒流，藕花借与稻花秋"[⑥]，"龙骨"即指龙骨水车。"塘中龙骨高数层，龟坼田中纵复横。青裙箬笠倚车卧，但有空车无水声。"[⑦]黄干诗中也提到龙骨水车，遗憾的是正逢旱年，塘中无水，空有水车无水声。刘宰诗中"地陋山逾峻，人勤俗不奢。时培石上土，更种竹间茶。接畛田成篆，连筒水溅花"[⑧]。其中

① ［宋］张孝祥：《于湖集》卷四《湖湘以竹车激水粳稻如云书此能仁院壁》。
② ［宋］赵蕃：《淳熙稿》卷一九《八月八日发潭州后得绝句四十首》。
③ ［宋］陆游：《入蜀记》卷一。
④ ［宋］范成大：《石湖诗集》卷二七《夏日田园杂兴十二绝》。
⑤ ［宋］虞俦：《尊白堂集》卷二《乌程宰十三日往龙洞祷晴归，言见田家两岸车水，其声如雷，兼刘获甚忙，若得旬日晴，则农事济矣，因作田家叹一首》。
⑥ ［宋］方岳：《秋崖集》卷三《即事十首》。
⑦ ［宋］黄干：《勉斋集》卷四〇《甲子语溪闵雨四首》。
⑧ ［宋］刘宰：《漫塘文集》卷二《冯公岭》。

"连筒"就是王祯提到的连筒水车。黄仲元《灌畦记》中提到"前重后轻，挈水若抽，名为桔槔，俯仰随人"的灌溉工具桔槔[1]。胡寅诗中也注意到桔槔，"作竭辛勤雨更迟，桔槔谁语汉阴知"[2]。

无论平原、山区，开凿水渠，兴修陂塘，制造工具，引水入田，灌溉不属于农耕的环节，却是农业生产不可缺少的组成部分。从耕地起步，完成了这一系列耕作流程，秋天到了，就进入收获的季节。

农作物播种在哪块土地，取决于自然环境。作物的收成如何，却操纵在农夫手中。农作物生长依靠土、肥、水，然而无论土壤肥瘠，几乎没有一块土地完全具备农作物生长需要的一切条件，于是从犁地、耙地、施肥、播种、锄地到灌溉，所有农耕技术都围绕土、肥、水展开，力图用人工措施弥补大自然的不足，以及农作物连续种植带来的土壤肥力的损耗。关于农业技术，古人的探索从没有间断，虽然宋代没有留下一部囊括南北的农书，但王祯《农书》记载的农业技术与生产工具，在宋代文献中都可以一一落实，于是我们在宋代农业中看到的不是一个王朝孤立的生产过程，而是中国数千年农业历史中的一个段落。

二、宋代形成的农业技术对后世的影响

承前启后意味着对传统的继承与新局面的开拓，并将开拓成果延续到后世。本着这样的原则我们将宋代农业地理置于历史长河中进行评判，这一时期不仅成功地继承了传统，也为农业种植制度与土地拓展带来新的成就。

（一）一年两熟稻麦轮作制

一年两熟稻麦轮作制是中国农业种植制度的一项重大突破，这项技术起步于唐代，完成于宋代，延续使用至今。

农业生产为民众生活提供了衣食，而人口也在农业的滋养下不断繁殖。为满足增殖人口对粮食的需求，扩充土地是一种途径；提高土地利用

---

[1] [宋]黄仲元：《四如集》卷二《灌畦记》。
[2] [宋]胡寅：《斐然集》卷四《和叔夏田舍三绝》。

率，实行农作物的多熟制也是一种途径。多熟制也被称为复种，即同一个生长季内重复使用土地，一季作物成熟，继续种植下一季作物。复种轮作关键之处在于掌握前后作物生长期之间的衔接，前后作物多熟满足了人们对粮食的需求，也避免了同一作物连续使用土地带来的不良结果。

复种轮作需要自然条件支撑，以及对农作物生长期前后时间差的利用，准确意识到两者的信息并投入农业实践中，需要长期的摸索与社会需求，这个机遇就在唐宋时代。

《晏子春秋》载"橘逾淮为枳"，这是一个为人熟知的故事，告诉我们淮河南北环境存在差异，淮河以北属于暖温带，渡过淮河就进入亚热带地区。温度带的变化，为农作物的多熟制提供了更充足的热量资源，但资源禀赋的优越并非农业技术进步的绝对条件，纵观历史，唐宋之前南方农业技术不仅没有超越北方，反而滞后于北方。当黄河中下游地区已经拥有几千年中华文明政治中心、经济重心地位的时候，江南一带还处于"地广人稀，饭稻羹鱼"、农耕兼渔猎的时代。至于复种轮作，这项农业技术出现在江南，比北方晚了一千多年。

为什么？难道江南一带，热量条件的优势不够吗？其实，我们都知道农业生产是人类劳动、自然环境与农作物三位一体共同成就的结果，三项要素中农作物属于客体，自然环境的属性限制了农业发展的幅度，人类劳动决定了农业生产的技术取向，而技术取向与人类需求始终捆绑为一体。司马迁《史记》告诉我们江南一带"地广人稀"，人口少，粮食需求少，在北方人大量南下之前，这里几乎没有提高产量、增加收成的需求。农业社会的基本生产资料是土地，换作当代理念，土地属于不动产，依托不动的土地为生，"安土重迁"成为中国农民固守的信条，迫使人们离开家乡，战争是最主要的原因。无论中外，和平与战争始终交替旋转在历史舞台上，中国历史上发生在北方的战争一次又一次推动北方人出离家乡故土，南下逃生，这就是中国历史上的三次大规模人口南迁。三次人口南迁的时间分别是西晋末年"永嘉之难"、唐朝中期"安史之乱"、北宋末年"靖康之难"。人口是生产者，也是消费者，北方人的到来为南方带来各种社会变化，其中直接影响农业生产的是不仅增加了大量劳动力，也加大了粮食需求。为了提高粮食产量，南方，尤其江南地区农业生产技术有了重大改变，而一年两熟复种轮作制就在其中。

历史上江南一带的一年两熟稻麦复种轮作制由几项技术构成，其中关键之处在于插秧。稻麦轮作起始于江南，插秧技术的本源却来自北方。水田技术源自旱地农业盛行的北方，需要探究与讨论之处自然不止一点。

插秧技术出自北方，见载于北魏农书《齐民要术》。水稻固然起源于长江流域，数千年间在北上南下的传播中，北方渭河、汾河、伊洛河、淄水等河谷地带早已栽植了水稻。《齐民要术》载这些"北土高原"植稻区，稻苗长到七八寸时，地里的草也随之长起，农民的除草方式有两种，一种是剪除杂草用水浸泡，令其腐烂；另一种是将水稻、杂草一起拔出，将草捡出浸入水中，稻苗重新栽植。两种除草方式中，第二种"拔而栽之"虽然不是易地插秧，仅是原地复栽，但从技术特征分析，与水稻移栽插秧具有同类性质。

与北方水稻种植技术不同，江淮地区至6世纪一直保持"火耕水耨"易田制。"火耕水耨"，这是我们今日并不熟悉的词汇，司马迁《史记》就是用它描述了江南地区的农业技术。那么"火耕水耨"的含义是什么呢？直白地讲就是将土地上滋生的杂草烧掉，作为肥源，随后灌水入田，播撒稻种，待稻出苗后，若再有杂草，拔掉踏入水中。无疑，"火耕水耨"过程中，杂草滋生，达到肥源标准，需要一段时间，若土地连续使用，几乎无法满足这一需求，因此"火耕水耨"的除草方式建立在轮流使用土地的易田制基础上。

易田制下一部分土地休闲，另一部分种植农作物，土地利用率最多50%，也许比这还低，改变易田制的时代在唐代。发生在755年的"安史之乱"推动一波又一波北方人，一路南下躲避战乱。人多了，需要的土地与粮食自然也多了，单凭一半土地上生产的粮食无法满足需要，人口压力推动土地利用率从50%发展到100%。土地连作后，除草的问题如何解决呢？当然不能继续采取"火耕水耨"，来自北方的农民，但凡操弄过稻田的都了解"拔而栽之"的复栽技术，自然也将这样的除草技术用在南方稻田之中。于是无须"火耕水耨"，北方人带来的技术解决了除草问题。

北方人复栽的目的本是除草，或许北人南渡后也是本着除草的意图实行复栽，但插秧技术却在复栽中诞生了。插秧由两个环节组成，每年三月前后将稻种播在拥有沃土的苗圃之中，苗圃中出土的秧苗几乎没有间距，因而占地很少，大约一个月后移栽到稻田之中。从苗圃中移栽稻秧，本意是将与稻秧同时长起的杂草除掉，无意中成就了插秧技术。唐人高适诗中写道："溪水堪垂钓，江田耐插秧。"[1]岑参诗中写道："水种新插秧，山田正烧畬。"[2]两位诗人都生活在唐中期，诗中告诉我们，这时插秧在长江流域已经成为通行的水田技术了，但这时插秧的目的仍是除草。

插秧本意是除草，却为一年两熟稻麦复种轮作提供了条件。这条件是什么？是时间与空间。如同教室中安排课程，一堂课结束，下一堂课才可继续，若同一间教室，前后课程时间相互重叠，课一定上不成。农业用地也是如此，地还是那块地，需要用时间进行协调。《齐民要术》告诉我们水稻直接撒种于农田中，"三月种者为上时，四月上旬为中时，中旬为下时"，收获期则在八月下旬。而冬小麦的播种期多在八月下旬、九月上旬，收获期却在四、五月。两种作物存在一段相互重叠的用地时间，没有在水稻收获后种植冬小麦的条件。有了水稻插秧技术则一切都不同了，一般三月育秧，这时虽然正是冬小麦的生长期，但育秧在苗圃进行，稻麦不存在用地之争，待四月末、五月初冬小麦收获上场之时，也正是水稻移秧的日子，同一块土地，稻、麦用地时间完美地衔接起来，前者下课，后者上课，用的是同一间教室。这正是宋人陆游《五月一日作》诗中"处处稻分秧，家家麦上场"的情景[3]。水稻五月插秧，八月就可以收获了，宋人称"八月登粳稻"[4]，冬小麦播种正好在水稻收获之后，"八月社前，即可种

---

① [唐]高适：《高常侍集》卷六《广陵别郑处士》。

② [唐]岑参：《与鲜于庶子自梓州成都少尹自褒城同行至利州道中作》，载《全唐诗》卷一九八。

③ [宋]陆游：《剑南诗稿》卷二七《五月一日作》。

④ [宋]周南：《山房集》卷一《偕蹈中过书坞归二十韵》。

麦"①。水稻改为秧播后，水稻在农田中的占地时间为五月至八月，冬小麦为九月至来年五月，稻麦两种作物在时间与空间上，正好填补了彼此的空白，为改变南方平原地区土地利用形式与轮作制度创造了条件。

从插秧到一年两熟稻麦复种轮作制经历了不短的历程，唐代中期插秧普遍应用于水田，而稻麦一年两熟复种轮作大约出现在北宋中晚期，北宋朱长文《吴郡图经续记》中"刈麦种禾，一岁再熟"告诉我们，那时的太湖平原已经将稻麦复种纳入农作物的种植序列之中。从插秧到一年两熟稻麦复种轮作相隔二百多年的时间，这二百多年，既是水田、旱地相互转变的技术探索过程，也是人口与粮食需求推动技术进步的时代。李伯重曾提到成书于唐代中晚期的《蛮书》记载，云南"水田每年一熟，从八月获稻，至十一月、十二月之交，便于稻田种大麦"，并认为这是唐代出现一年两熟稻麦复种轮作的证据②。面对这项记载，我们在肯定唐中晚期云南确实出现一年两熟稻麦复种轮作制的同时，却不能将此结论延展至长江流域。地理常识告诉我们，云南所在的西南季风区与长江流域的东南季风区，有着并不相同的气候特征，四五月间正逢西南季风区的旱季，十一二月则属于少雨的凉季，无雨的天气帮了稻麦轮作一个大忙，整地、排水都变得容易了一些；而东南季风区就不同了，四五月间盛行梅雨，十一二月也不时阴雨连绵，正如元人白珽《过东寺》诗中"江南四月雨凄凄"③，元人王冕《梅花其二》诗中"江南十月天雨霜"④所说，春、秋两季多雨，在多雨的季节完成稻麦轮作，技术探索需要一段时间。由于地理环境的差异，至北宋中晚期江南一带才有了一年两熟稻麦复种轮作制。

"靖康之难"再次将北方人推向江南，无论百姓，还是姓赵的皇帝，此时南下的都是惯于面食的北人，在朝野士庶对于面食的需求的推动下，稻、麦两季收成中，国家只征一季水稻租税，有力地提升了农户种植小麦

---

① 万国鼎：《陈旉农书校注》卷上，农业出版社，1965年。
② 李伯重：《唐代江南农业的发展》，农业出版社，1990年。
③ ［元］白珽：《湛渊集》卷一《过东寺》。
④ ［元］王冕：《竹斋集》卷六《梅花其二》。

的热情。这样一个北人南渡的历史时期，为冬小麦在南方扩展与一年两熟稻麦复种轮作制提供了机遇。我们在南宋时期的诗文中看到许多稻麦轮作、起麦秧稻的场景："却破麦田秧晚稻，未教水牯卧斜晖。"[1]"半月天晴一夜雨，前日麦地皆青秧。"[2]四、五月间，冬小麦收割、水稻插秧都在此时进行，这是农家最忙的季节，乘着梅雨的间隙，抢种、抢收，"双抢"的紧张与繁忙，至今仍留在江南农家的记忆中。

农业并不是政治的产物，政治却将农业推向进步。北方的战乱成为江南农业发展的契机，一年两熟稻麦复种轮作制不仅将江南的土地利用率从100%提升到200%，也将农作物的产量翻了一番。当然，这里所说的江南并非泛指整个长江以南，而是专指太湖平原与长江三角洲地区，将近一千年前，这块土地在一年两熟稻麦复种轮作的支撑下，有着超乎其他地区的富庶，余粮从这里输往各地，民谚"苏湖熟，天下足"包含着人们对这片土地的赞叹。从那时江南的富庶到今天的学术研究，于是"中国古代经济重心南移"这一命题便呈现在论著与课本之中。

（二）宋代新的土地拓展形式

拓展土地的实质，是将未被人类扰动的土地改造为农田。无论未开垦土地的潜力如何，都被视作"荒地"，开垦这些土地的举措自然被称为开荒。宋代的"拓荒"形式却与以往大不相同，将其视作"创造"农田，一点不过分。

唐宋两代是中国南北方人口数额倒转的时期，唐宋以前北方人口多于南方，经历了数次人口南迁，至唐宋时期南方人口逐渐超越北方。南方平原有限，以丘陵山区为主，人口增加带来的最大问题是土地不足，面对人口压力，平原、丘陵山区都在寻找扩展土地的途径，改造与拓新并存于人们的探索中。

无论平原还是山地，成为良田，始终离不开人力改造。改造的动力是需求，环境不同，需求也不同，圩田与梯田就是分属于平原与丘陵山区的

---

[1] [宋]杨万里：《诚斋集》卷一三《江山道中蚕麦大熟》。
[2] [宋]陈造：《江湖长翁集》卷九《田家谣》。

两类改造后的土地。

1. 圩田

江南一带的水乡环境，为农业生产带来的基础条件是水，存在的突出问题也是水，生活在水乡的人们因水而获灾，因水而得益，灾与益的对立在人们的努力下最终得到协调，圩田就是协调后的成果。

圩田创制于唐五代十国时期，那时人口增多，寻找土地的人们开始在江壖湖畔开垦土地，防御水患，修堤筑圩成为必然之举，或许最初人们没有想到，自己的简单举措成就了一种农田利用形式。宋代江南的人口迅速增殖，古人的记载告诉我们这里已经成为全国人口密度最高的区域，人与地的矛盾推动圩田在这一时期走向成熟，并成为这一时代标志性的土地改造形式。

那时的人们将濒江处称为圩田，将临湖地带视作围田。"圩""围"两字同音不同形，功能与形制却是一致的。江南圩田沿长江地带分布最广，围田则以太湖平原最为著名。

滨江地带，拥有江水带来的冲积沃土，也时常受到江水的威胁。宋人杨万里《圩丁词十解》写道："圩田元是一平湖，凭仗儿郎筑作圩。万雉长城倩谁守，两堤杨柳当防夫。"[1]这是说圩田所在原本属于江流湖水聚潴之处，人工修筑的圩堤挡住了江水的冲击，营造了百顷良田。修造圩田，关键在于圩堤以及配套的灌溉措施，杨万里文中进一步说明："江东水乡，堤河两岸，而田其中，谓之圩。农家云：圩者，围也。内以围田，外以围水。盖河高而田反在水下，沿堤通斗门，每门疏港以溉田，故有丰年而无水患。"圩田不仅防水，还要用水，沿江修堤，旨在防护农田；渠道、闸门与河湖相连，属于灌溉系统。经过这样一番改造，不仅使农田成功地避开江湖水患，且旱涝无忧（见图3-6）。

沿江圩田主要分布在由建德经池阳、南陵、宣城、宁国、广德一线，宋代圩田规模很大，宣州化成、惠民二圩，芜湖县万春、陶新、政和、犹

---

[1] ［宋］杨万里：《诚斋集》卷三二《圩丁词十解》。

图3-6 圩田（出自《农政全书》）

山、永兴、保成、咸宝、保胜、保丰、衍惠十圩，以及当涂县广济圩，都是著名的大圩，其中"宣州化成、惠民二圩，相连长八十里。芜湖县万春、陶新、政和三官圩，共长一百四十五里，当涂县广济圩长九十三里"[1]。大圩周围又有许多小圩，并呈现大圩套小圩的局面。"圩田，每一圩方数十里，如大城，中有河渠，外有闸门。旱则开闸引江水之利，涝则闭闸拒江水之害。旱涝无及，为农美利。"[2]圩田带来的回报频频受到人们的赞叹，宋人项安世题为《圩田》的诗中写道："港里高圩圩内田，露苗风影碧芊芊。家家绕屋栽杨柳，处处通渠种芰莲。"[3]杨万里《圩田二首》："周遭圩岸缭金城，一眼圩田翠不分。行到秋苗初熟处，翠茵锦上织黄云。"[4]《过广济圩三首》："圩田岁岁镇逢秋，圩户家家不识愁。夹路垂杨

---

① 《建炎以来朝野杂记》卷一六《圩田》。
② ［宋］范仲淹：《范文正奏议》卷上《答手诏条陈十事》。
③ ［宋］项安世：《平庵悔稿》卷一〇《圩田》。
④ ［宋］杨万里：《诚斋集》卷三二《圩田二首》。

一千里，风流国是太平州。"①圩田、围田趋利避害，不仅为那时的农业生产营造了一片沃土，而且成为古代经济重心南移的地理基础。

2.梯田

中国是个多山的国家，地理学的统计告诉我们，丘陵山地在国土面积中约占43%。如何利用丘陵山区，是今天的课题，更是古人的需求。回顾古代山区开发历史，梯田应是最了不起的贡献。

丘陵山区地形复杂，且难以涵养水分，环境一直制约着人们迈向这里。唐宋以来南方各地人口增殖，无地农民纷纷进入丘陵山区寻求生机，梯田就在这样的背景下出现了。

地形起伏是山区的特点，任何丘陵山地都存在坡度，顺坡耕种，遇到大雨，会造成严重的水土流失，土壤与庄稼均会被顺坡冲走，对环境与农业都是重大损失。梯田与坡耕最大的区别，是将有坡度的山坡修成水平台地，进而有效地防止水土流失。梯田在丘陵山区开发中具有重要意义，这种土地利用方式大约出现在宋代。南宋范成大《骖鸾录》载有："出庙三十里，至仰山，缘山腹乔松之磴，甚危；岭阪之上皆禾田，层层而上至顶，名梯田。"这是范成大游历江西袁州（今宜春）时看到的景象。南宋末年僧人元肇《天台道中》有"片片开田种阶级，家家垒石作门墙"的诗句②，描述的也是梯田。只是，宋代的梯田均处于初创阶段，那个时代是以一家一户为生产单位的社会，无力修建宽阔的梯田，时至元代，王祯看到的梯田仍然"十数级不能为一亩"，以致耕作农民"不可展足，播殖之际人则伛偻，蚁沿而上，耨土而种，蹂坎而耘"。由于田面狭窄，"快牛剡耜不得旋其间"③。狭窄的田面牛耕犁具不能转弯，自然也派不上用场，只能由人力耕垦。梯田初创时期，尽显简陋，但在中国历史中，却是一项重要的创造（见图3-7）。

3.涂田、沙田、葑田

---

① [宋]杨万里:《诚斋集》卷三四《过广济圩三首》。
② [宋]元肇:《淮海挐音》卷下《天台道中》。
③ [元]王祯:《农书·农器图谱一》。

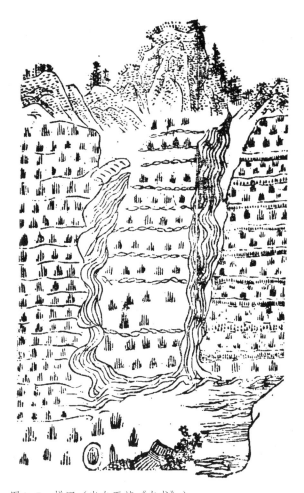

图3-7 梯田（出自王祯《农书》）

唐宋时期，南方各地迫于人口压力，改造土地的同时，人们并没有忽视开辟新的土地资源。那时大片土地早已被辟为农田，人们将寻找土地的视角投向各个角落，江河边角，沿海滩涂，面积不大，却都被称为"田"，涂田、沙田以及葑田都属于这类新型土地资源。关于涂田、沙田，最系统的记载出自王祯《农书》，但宋代这类新型土地资源已经出现，并留在宋人的记载中。

涂田，主要分布在沿海地带，海潮将泥沙带到岸边，日久渐有耐碱杂草生在沙中，包揽淤泥成为滩涂。这些原本无人在意的海滩，宋代开发了新的用途，人们最初在滩涂上种植水稗，逐渐洗净盐碱，随后改种水稻，一处处海滩就这样被辟为农田。这时滩涂不再被忽视，正如王祯《农书》所载，人们沿海岸或修筑堤坝，或树立木桩，防止海潮入侵，构成保护屏障，沿海滩涂改成的农田就这样诞生了。关于涂田，《宝庆四明志》载有当地学人集体捐"缗钱十万，筑海塘创涂田"之事①。《开庆四明续志》则载昌国县有"涂田共六百八十亩三角二十三步，已耕种田五十五亩"②。显然，涂田在沿海地带已经成为一种土地资源，出现在各类用途中。

王祯《农书》还谈到了沙田，沙田分布在江边或江心，属于江水冲积形成的边岸土地，或称江心洲。潮涨潮落，这些沙地或隐或现，大约在宋代，当地农民为了留住这片土地，在周围栽植芦苇护岸，或种水稻，或艺桑麻，最终辟为农田。宋代在缺少土地的地区，沙田同样发挥着作用，对此《续资治通鉴长编》载熙宁年间诏令官员"根括温、台等九县沙涂田千一百余顷"③。《宋史》中也多有提及，"绍兴二十七年，赵子潚奉诏措置镇江府沙田，欲轻立租课"。绍兴"二十八年正月，诏户部员外郎莫濛，同浙西、江东、淮南漕臣赵子潚、邓根、孙蒇视诸路沙田、芦场"。六月"诏浙西、江东沙田、芦场官户十顷、民户二十顷以上并增租"④。国家将沙田纳入税收，其前提只有一个，就是其规模在扩大，并为朝廷带来收益。

宋人陈旉《农书》提到葑田，葑田"以木缚为田坵，浮系水面，以葑泥附木架上而种艺之。其木架田坵，随水高下浮泛，自不淹溺。"这是不同于其他的土地开发形式，但凡田地都是扎根在泥土中，唯有葑田漂浮在

---

① ［宋］罗濬：《宝庆四明志》卷九《叙人中》。
② ［宋］梅应发、刘锡：《开庆四明续志》卷一。
③ 《续资治通鉴长编》卷二四八，神宗熙宁六年十二月辛卯。
④ 《宋史》卷一七三《食货志上一》。

水上。南方湖泊边缘地带，人们利用竹木绑成框架，铺满杂草，附上泥土，就成为一处浮动的农田。葑田面积虽然不大，却对缺地、少地的人家，尤其渔民船家具有价值。葑田不分地点，南方有水之处就会出现，因此宋人诗文也多有记述。"淤泥肥黑稻秧青，阔盖深流旋旋生。"[1]"晴湖水落葑田干，白鸟飞来立晚寒。"[2]"无事时来立葑田，几回惊去为归船。"[3]"凛凛仙风匝葑田，徘徊怀古事茫然。"[4]"春入葑田芦绽笋，雨倾沙岸竹垂鞭。"[5]"不看荄青难护岸，小舟撑取葑田归。"[6]葑田这类土地资源形式，相对于主流农田，地位并不突出，但它的出现却走出了旧有土地资源的套路。

若将两宋共同计算，宋代置身于中国历史舞台三百余年，农业生产承上启下，不但在耕作技术上秉承传统方法、工具，且将一年两熟稻麦轮作制加以提升、完善，使之成为成熟的农业种植制度。而农业技术以自然环境为基础，最终落实在各个地理区域并形成区域间的差异，其中后人关注最多的中国古代经济重心南移，最终定音就在宋代。

第二节 平原与山区、腹里与边郡农业发展的不同步性

一片广大的土地，带给人们最深刻的印象就是一地与另一地的不同，那里的土地，土地上的庄稼以及从事耕作的方式的差异。解读一地与另一地的差异是地理学研究的核心，宋代建立在农业基础上的地理问题，又存在怎样的格局呢？漆侠在《宋代经济史》中就宋代区域农业发展差异，提出在宋代南北、东西之间，"北不如南，是量的差别；而西不如东，则不

---

① [宋]林逋:《林和靖集》卷四《葑田》。
② [宋]陈起:《江湖后集》卷三,周端臣:《早冬湖上》。
③ [宋]陈起:《江湖小集》卷一○,叶绍翁:《鹭》。
④ [宋]陈起:《江湖小集》卷一六,徐集孙:《休日招李山房杜北山访渭滨秋浦于孤山即席用韵》。
⑤ [宋]范成大:《石湖诗集》卷一一《初约邻人至石湖以下辛卯自西掖归吴作》。
⑥ [宋]范成大:《石湖诗集》卷二七《春日田园杂兴十二绝》。

仅是量的差别，而且表现了质的差别"①。漆侠这番讨论当属少数真正从地域视角观察宋代的研究，但我认为宋代农业体现的地域差异不应在于方位，而在于平原与山区、腹里与边郡。形成平原与山区地域差异的根本原因在于自然环境，而腹里与边郡之间的差异，则是在自然环境之上叠加了社会因素，且无论平原与山区、腹里与边郡，差异性都反映在"质"的基点上，农业生产综合因素的差异导致两类地区农业生产发展不同步。

一、宋代平原与山区农业发展的地域差异

南北两宋，国土范围相差悬殊，北宋拥有黄河、长江、珠江三大流域，南宋与金以淮为界，适宜发展农业的平原地带自有不同，北宋拥有三大流域的平原地带，南宋仅限于长江与珠江流域。

（一）江南太湖平原拥有的重要经济地位与精耕细作

平原是农业发展的主流地带，平坦的土地，众多的人口，为农业提供了最基本的基础；丘陵山区地形复杂而多变，多数地带土壤瘠薄，劳动力短缺，成为制约农业生产发展的瓶颈。平原与丘陵山区的地理条件带来的社会差异，反映在农业生产上，从技术到产量，乃至民生。

中国在平原地带发展农业并建构成熟的农业体系历史悠久，北方黄河中下游地区的平原地带有久远的农业开发历史，自新石器时代即已开启了垦殖的脚步，且以后的数千年中持续发展，不断完善精耕细作农业生产技术，至宋代已经拥有了成熟的耕作体系。南方长江流域农业起步的时代依然可以追溯到新石器时代，但在以后的历史中处于滞后状态，唯独长江上游的成都平原战国时期在秦蜀郡太守李冰的率领下，兴建都江堰，完善了水利灌溉系统，不仅旱涝保收，且就此成就了成都平原"天府之国"的美誉，这份农业成就一直沿承至宋代。另一处需要提及的长江流域平原则是位于下游的太湖平原，这片平原在更早的历史中，并不具备与黄河中下游以及成都平原比肩的农业开发实力，但历史上数次人口南迁与技术南传，

---

① 漆侠：《宋代经济史》，上海人民出版社，1987年，第44页。

推动古代经济重心逐渐南移，经唐至宋代最终移入太湖平原及长江下游三角洲一带，自此这里成为中国农业社会经济实力最强的地区。

我们讨论的宋代，正值中国古代经济重心实现南移的时代，也正是这个时代，国家的政治中心位于北方，经济重心位于南方，南北方之间存在以往历史上从未有过的紧密依存关系。需要关注的是，这是一种什么关系？对此，宋人李觏在《寄上富枢密书》中陈述得十分清楚："当今天下根本在于江淮，天下无江淮，不能以足用；江淮无天下，自可以为国。何者？汴口之入，岁常数百万斛，金钱布帛，百物之备，不可胜计。而度支经费，尚闻有阙，是天下无江淮不能以足用也。吴楚之地，方数千里，耕有余食，织有余衣，工有余材，商有余货。铸山煮海，财用何穷？水行陆走，馈运而去，而不闻有一物由北来者，是江淮无天下自可以为国也。万一有变，得不为庙堂之忧而奸雄之幸乎？"[1]李觏看到了南北两地实质性的依存关系，不是南方江淮需要北方，而是北方国家政治中心离不开江淮，出于对国家安危的担忧，指陈"朝廷忧西北，而不忧东南"将会带来祸端。那么，李觏谈到的"当今天下根本在于江淮，天下无江淮，不能以足用"，究竟指的是什么？这就是中国古代经济重心所在地——以太湖平原为主的地区，对于北方政治中心的经济支撑。

经济重心，可以认为就是当代概念中GDP最高的地方，一旦拥有这样的经济实力，其地方物产不仅可满足当地人自身需求，剩余产品输往各地也成为必然。宋代太湖平原一带的粮食，输出量最大的一支北上抵达开封，其他分别输向广东、福建、山东以及海外，"苏湖熟，天下足"的经济地位名副其实。

通过漕运，由太湖平原输往北方的粮食，不仅是江南漕运的主要货物，而且在全国各条运道输向开封的漕粮中高居首位。"宋都大梁，有四河以通漕运，曰汴河，曰黄河，曰惠民河，曰广济河，而汴河所漕为多。""开宝五年，率汴、蔡两河公私船运江淮米数十万石，以给兵食。是时京

---

① ［宋］李觏：《直讲李先生文集》卷二八《寄上富枢密书》。

师岁费有限，漕事尚简。至太平兴国初，两浙既献地，岁运米四百万石。"
"先是，四河所运未有定制，太平兴国六年，汴河岁运江淮米三百万石，
菽一百万石；黄河粟五十万石，菽三十万石；惠民河粟四十万石，菽二十
万石；广济河粟十二万石，凡五百五十万石。非水旱蠲放民租，未尝不及
其数。至道初，汴河运米五百八十万石，大中祥符初，至七百万石。"①出
自《宋史》的这一系列数据，让我们看到北宋开封四河运输的漕粮，通过
汴河运来的江南的粮食由400万石、580万石，增至真宗大中祥符年间的
700万石，而其他三河，黄河80万石，惠民河60万石，广济河12万石，
且从太平兴国六年起并未见增。大中祥符年间四河漕粮总量为852万石，
其中江南漕粮占82.2%。面对江南漕粮占有的重大份额，宋人包拯在奏文
中明确说道："东南上游，财赋攸出，乃国家仰足之源，而调度之所出
也。"②可见，江南是事关国家财源的非同小可之地。

太湖平原的富庶，并非全部来自自然，儒家经典《尚书·禹贡》将天
下土地分为九等，其中处于最下一等的却是扬州，而太湖平原就属于扬州
的境界之内，这样看太湖平原并非从来就是利于农业生产的沃土，但当成
倍的劳动投入这块土地之后，不仅改变了位居下等的土壤状况，而且推动
这里成为全国经济重心。对此，宋人通过亲见亲闻告诉我们，代表中国古
代农业精耕细作典范的太湖平原有着怎样的劳动投入。宋代太湖平原属于
两浙路，《元丰九域志》两浙路下辖有杭州、越州、苏州、润州、湖州、
婺州、明州、常州、温州、台州、处州、衢州、睦州、秀州，其中苏州、
湖州、常州均位于太湖平原的核心地带，故宋人提到浙间、浙人，所指往
往是太湖平原所在府州。宋人黄震曾这样总结浙间的土地利用与劳动投
入："浙间无寸土不耕，田垄之上又种桑、种菜。""浙间才无雨，便车水，
全家大小日夜不歇。""浙间终年备办粪土，春间夏间常常浇壅。""浙间秋
收后便耕田，春二月又再耕，名曰耖田。"③而身为蜀人的高斯得熟知家乡

① 《宋史》卷一七五《食货志上三》。
② ［宋］包拯：《包孝肃奏议》卷四《请令江淮发运使满任》。
③ ［宋］黄震：《黄氏日抄》卷七八《咸淳八年春劝农文》。

对于土地劳动投入之多，但至太湖平原也大感惊叹："见浙人治田比蜀中尤精，土膏既发，地力有余，深耕熟犁，壤细如面，故其种入土，坚致而不疏，苗既茂矣。大暑之时决去其水，使日曝之，固其根，名曰靠田。根既固矣，复车水入田，名曰还水，其劳如此。还水之后，苗日以盛，虽遇旱暵，可保无忧。其熟也，上田一亩收五六石，故谚曰：苏湖熟，天下足。虽其田之膏腴，亦由人力之尽也。"①若对黄震、高斯得看到浙人精耕细作的举措进行概括，大概集中于耕、粪、水这样几个关键环节，而在这些环节之后则是寸土必争、寸时必夺，"人力之尽"的各种努力。

宋代南北各地平原分布广大，讨论平原地区农业生产与精耕细作农耕技术，我们并没有一一历数各处平原，仅以将精耕农业带入顶峰的太湖平原作为事例。透过太湖平原，我们可以看到平原地带农业耕作的基本范式，以及通过大量农业投入而带来的社会效益。

（二）丘陵山区的粗耕农业与刀耕火种

丘陵山区地形复杂，土壤瘠薄，人口稀少，时至宋代，不仅农业生产与平原地带形成巨大反差，甚至很多地方仍然实行刀耕火种这种易田制的原始生产方式。

刀耕火种是与精耕细作完全对立的耕作方式，若从时间上加以追溯，在农业的起点之处，人们采取的生产方式就是刀耕火种。农作物植根在土地上，从土壤中获取营养，但是土中养分不会取之不竭，大约耕种三年之后，土壤已难以支撑农作物生长的需要，人们必须转向新的未垦土地，并在播种前将地表的植物用火烧尽，这层铺在地面的草木灰即拥有植物生长所需要的养分。于是为了获取养分，烧荒成为原始农业必需的举措。而刀耕，代表着工具落后，只有点种，而没有犁耕。刀耕火种起源于原始农业，但随着历史前行并没有淡出历史舞台，平原地区早已精耕细作，丘陵山区依然实行这种原始的生产方式。

刀耕火种，还有另一个说法"畲田"。我们看看宋人如何讲述各地的

---

① ［宋］高斯得：《耻堂存稿》卷五《宁国府劝农文》。

刀耕火种。范成大《劳畲耕》序："畲田，峡中刀耕火种之地也。春初斫山，众木尽蹶，至当种时，伺有雨候，则前一夕火之，藉其灰以粪，明日雨作，乘热土下种，即苗盛倍收，无雨反是。山多硗确，地力薄，则一再斫烧，始可艺。春种麦豆，作饼饵以度夏，秋则粟熟矣。"诗中写道："峡农生甚艰，斫畲大山巅。赤植无土膏，三刀财一田。颇具穴居智，占雨先燎原。雨来亟下种，不尔生不蕃。麦穗黄剪剪，豆苗绿芊芊。饼饵了长夏，更迟秋粟繁。"①这段诗文清楚地记述了刀耕火种的过程，雨前焚烧草木，雨后点种。由于土壤瘠薄，往往一烧再烧。烧畲之后的土地只能种植麦、豆、粟等旱地作物。"夔门为蜀要冲，川陆险绝，刀耕火种，民生甚难。"②"川峡四路与内地不同，刀耕火种，民食常不足，至种芋充饥。"③泸州"地无桑麻，每岁畲田，刀耕火种"④。这些诗文都将刀耕火种之处指向川峡一带，这里丘陵山区的地理环境，交通闭塞，生产落后，属于典型的刀耕火种之地。"沅湘间多山，农家惟植粟，且多在冈皁，每欲布种时，则先伐其林木，纵火焚之，俟其成灰，即布种于其间。"⑤"靖州风物最五溪，畲田岁入人不饥。"⑥蒋之奇《萍乡》诗："耕凿竞畲田，渔樵喧会市。"⑦广南西路邕州（今南宁）"畲田遇雨小溪浑"⑧。元祐年间陈宗为福建漕使，过尤溪县境不入，作诗《题挈洋驿》："畲田高下趁春耕。"⑨若将这些诗文所涉之地梳理归纳，荆湖南路、广南西路、福建路等地山区都存在刀耕火种。

　　南方丘陵山区是实行刀耕火种最典型的地带，但宋代以烧畲为特征的生产方式并不仅限于南方，王禹偁《畲田词序》生动地记述了商洛山区刀

① [宋]范成大：《石湖诗集》卷一六《劳畲耕并序》。
② [宋]楼钥：《攻媿集》卷三九《陈谦夔路运判》。
③ 《续资治通鉴长编》卷二一四，熙宁三年八月辛巳。
④ 《太平寰宇记》卷八八《剑南东道》。
⑤ [宋]张淏：《云谷杂记》卷四。
⑥ [宋]刘宰：《漫塘文集》卷四《送魏华甫侍郎谪靖州》。
⑦ [宋]蒋之奇：《萍乡》，载《宋诗纪事补遗》卷一四。
⑧ [宋]陶弼：《陶邕州小集·题阳朔客舍》，载《两宋名贤小集》。
⑨ [宋]陈宗：《题挈洋驿》，载《宋诗纪事补遗》卷二九。

耕火种的场景："上雒郡南六百里属邑有丰阳、上津，皆深山穷谷，不通辙迹。其民刀耕火种，大底先斫山田，虽悬崖绝岭，树木尽仆，俟其干且燥，乃行火焉。火尚炽，即以种播之，然后酿黍稷，烹鸡豚，先约曰某家某日有事于畬田，虽数百里如期而集，锄斧随焉，至则行酒啖炙，鼓噪而作，盖剧而掩其土也，剧毕则生，不复耘矣。"①商洛一带地处中国南北分界地带，秦巴山地人稀林密，烧畬成为当地农业开发的基本方式，我们在王禹偁《畬田词序》中不仅见到烧畬的场景，也清楚地意识到山区与平原在农业技术上的差异。

砍树焚烧，以灰为肥，不粪不锄，是刀耕火种的基本特点。草木灰肥效一般三年，三年后转至别处，继续新一轮的烧荒。易田制与刀耕火种在山区与边地持续时间很久，时至20世纪中期依然发挥着作用。历史时期易田制与刀耕火种具有鲜明的区域特色，明清以来的地方志留有大量的相关记载，我们不妨看看还有哪些地方仍然保持这种生产方式。广东钦州"耕民皆不粪不耘，撒种于地，仰成于天然，数岁力薄则易其处，又数岁而复之"②。福建惠安县"伐木焚之，以益其肥，不二三年地力耗薄，又易他处"③。湖南乾州"披其榛芜，纵火焚之，煨烬然后开垦，所谓刀耕火种也。其地种三四年则弃而别垦，以垦熟者为硗瘠故也"④。云南"师宗地瘠，居民种荞为业，今年锄犁，明年又徙他处"⑤。广西山区"田而不粪不火耕，耕一二年视地力尽辄徙去"⑥。四川合川"初种盛出谷，二三年后宜易种，田最肥者可种四五年"⑦。湖北"归州，刀耕火种"⑧。明清地方志的有关记载很多，这里的引用可称挂一漏万，尽管如此，仍然可以看出其地理分布大势，几乎在宋代刀耕火种的基础上，并无大异。由此

① ［宋］王禹偁：《小畜集》卷八《畬田词序》。
② 康熙《钦州志》卷一一《奏议志》，［明］林希元：《奏复屯田疏》。
③ 嘉靖《惠安县志》卷五《物产》。
④ 乾隆《乾州志》卷四《红毛风土》。
⑤ 雍正《师宗州志》卷上《物产》，管榆《点荞诗七首》。
⑥ 雍正《广西通志》卷九二《诸蛮》。
⑦ 民国《合川县志》卷一三《土物》。
⑧ 嘉靖《归州全志》卷二《风俗》。

我们可以确定宋代以刀耕火种为生产方式的区域，几乎可以包括荆湖南北路、广南西路、川峡四路、福建路以及秦巴山地等处。

经过平原与丘陵山区的对比，我们看到宋代农业地理从技术层面上表现出的复杂性，既有代表中国传统农业精耕细作最高水平的两浙，也存在广大山区仍然保持刀耕火种的现象。当然在自然环境与社会进程的双向推动下，宋代国土内，并不仅仅只有精耕与畲田这两种生产方式，介于两者之间的是粗耕农业，持这一生产方式的区域仍然广大，不仅半丘陵地带如此，荆湖北路等平原以及珠江流域、北方山区都具有这样的生产特征。

二、宋代腹里与边郡的农业生产与社会联动

腹里与边郡是需要进行解读的两个词汇。腹，一般指人或脊椎动物的躯干的一部分，介于胸和骨盆之间，如果将这一概念投放到大地上，那就是内地的意思。边郡，秦汉时期实行郡县制，处于边疆的郡，往往被视作边郡，我们用在这里同样具有边疆之意。

将宋代的腹里与边郡投放在农业地理的视角，其间需要讨论的核心也许并不在于距离，而是彼此之间在军事需求中，构成的物资联动关系。因此从这一意义上审度腹里与边郡，腹里属于军需物资供应地，而边郡则是需求地，两者之间凭借物资构成联动关系。

两宋时期面对的军事对手与边疆形势并不一致，腹里与边郡也不相同，而无论两者的地理位置怎样转变，物资供需的关系却没有改变。

（一）北宋时期的腹里与边郡

北宋时期面临的边疆威胁分别来自西部与北部，其中西部有党项人建立的西夏政权，北方则是契丹人建立的辽，因此边郡也分布在西部与北部沿边地带，并通过物资联动构成各自的腹里。

西夏位于今宁夏、甘肃西北部、青海东北部、内蒙古中西部以及陕西北部地区，边境线基本从陕西北部横山一线向南经甘肃抵达青海。这一线北宋熙宁五年分属永兴军路、秦凤路两转运使管辖，并在两转运使辖内分别设置安抚使，其中永兴军路设有永兴军路、鄜延路、环庆路三安抚使；

秦凤路内有秦凤、泾原路以及元丰年间王韶开边后又增设的熙河路三安抚使。永兴军路、鄜延路、环庆路、秦凤路、泾原路通常被称为陕西五路，后增加熙河路又有了陕西六路之称。这六路中永兴军路位于关中地区，其他五路不仅自然地理属于黄土高原丘陵地带，地形破碎，难以发展农业生产，且均处边郡。于是自然环境与交通补给线两个因素结合，决定了宋夏交界地带腹里与边郡的基本区域，即永兴军路所在关中平原属于腹里，其他五路则是边郡。

腹里与边郡是通过军事物资建立的联动关系，显然对于宋夏交界地带，永兴军路属于粮食输出区，而其他五路则是粮食需求地带。有关这一问题，程龙《北宋西北战区粮食补给地理》有出色论述[①]，宋夏交界地带受自然环境制约，驻守在这里的军队所需粮食通过就地屯田、异地运输、入中和籴、引兵就粮几种途径解决，其中异地运输是构成腹里与边郡相互联动的主要途径。北宋时期宋夏交战经历几个阶段，随着战事的起落，作为粮食输出地的腹里范围也在变化，除永兴军路以及河东路之外，朝廷甚至一度有意将京师以及汉水上游粮食运往各西北边郡。

辽拥有广阔的土地，宋真宗景德元年（1004 年）宋辽双方签订"澶渊之盟"，形成以今河北白沟向西经雁门关一线的边界。按照边界走向，沿边界一带的雄州、霸州、莫州、广信军等为边郡，河北东西两路中部、南部应属于腹里。但宋代河北自然环境比较复杂，黄河北流流经这一地带，不但造成水患，还形成大片盐碱地，加之官牧监在河北路占有大片农田，以致宋辽交界处诸军所需粮食，往往不易从河北路获得。为驻军筹措粮食，同样存在就地屯田、异地运输、入中和籴、引兵就粮几种形式。而由运粮建立的腹里却不在河北路，越过黄河向南至京西路蔡河一线以及江淮一带，这些地区均是河北边郡所需粮食的输出地。有关这一问题的完整论述见程龙的另一部著作《北宋粮食筹措与边防——以华北战区为例》[②]。

北宋时期宋夏边界、宋辽边界两个方向的腹里与边郡，相互之间通过

---

① 程龙：《北宋西北战区粮食补给地理》，社会科学文献出版社，2006 年。
② 程龙：《北宋粮食筹措与边防——以华北战区为例》，商务印书馆，2012 年。

粮食运输而形成的联动关系始终存在，但腹里所在区域却随战事或自然环境而变化。北宋时期不仅存在腹里范围向内地延伸的迹象，而且最终两条粮食补给线汇聚在京师开封府一带，无形中增加了京畿地区的经济压力，也将边郡与腹里的联动指向京师。

（二）南宋时期的腹里与边郡

南宋与女真人建立的金，南北对峙，双方基本以秦岭—淮河一线构成边界，并逐步形成两淮、荆襄、川蜀三大战区。三大战区中两淮一带地势平坦，背后就是长江防线，若此线失守，则南宋政治中心——行在临安便会直接暴露在敌军兵锋之下，因此南宋集结强兵猛将于此，史称南宋"中兴四将"中的张俊、韩世忠、刘光世所部军队都驻扎于此，这是宋金交界地带重要的军事防区，沿淮河地带均具有边郡特征。

两淮地区，尤其淮南一带素有农业传统，却因宋金交战，主要战场位于这里，大量农户逃避战火，土地荒芜。如此情景不仅有关国家税收，更影响到军队需求，对此朝臣纷纷上言，韩肖胄提出："中原未复，所恃长江之险，淮南实为屏蔽。沃野千里，近多荒废，若广修农事，则转饷可省，兵食可足。""自是置局建康，行屯田于江淮。"①淮南一带，因可屏障长江的军事地位，驻有大量军队，故韩肖胄提倡淮南屯田，关键意义在于"转饷可省，兵食可足"。而无论转饷还是兵食都服务于军队需求，因此淮南屯田与北宋时期西、北边郡屯田的目的具有一致性，都是为了解决军队所需粮食。对于屯田的重要性，朝臣几乎形成共识。"翰林学士汪藻言，古者两敌相持，所贵者机会，此胜负存亡之分也。金师既退，国家非暂都金陵不可，而都金陵非尽得淮南不可，淮南之地，金人决不能守，若刘豫经营，不过留签军数万人而已，盖可驱而去也。淮南近经兵祸，民去本业，十室而九，其不耕之田，千里相望，流移之人，非朝夕可还。国家欲保淮南，势须屯田，则此田皆可耕垦。臣愚以为正二月间，可便遣刘光世或吕颐浩率所招安人马，过江营建寨栅，使之分地而耕，既固行在藩篱，

---

① 《宋史》卷三七九《韩肖胄传》。

且清东西群盗。"[1]淮河与长江在军事地理上具有唇齿关系，守江必守淮，而淮南十室九空，就地屯田以助军粮，是朝臣奏请屯田的缘由。随之，李纲也提出"足食足兵，且耕且战"[2]，并行营田之策。屯田、营田就本质而言都属于招揽民众，在驻扎地区开垦荒土。经这一番奏请，南宋在淮南开启了屯田助军的系列举措。

在我们讨论的问题中，腹里与边郡是以军队粮食供给为关联的两类地区，但在南宋时期区分度并不明显。其原因与南宋军队布防与驻军地理形势有关，对此我们在《宋史》中看到，南宋初韩世忠为"建康镇江府淮南东路宣抚使，置司镇江府"，刘光世为"江东淮西宣抚使，置司池州"[3]。由韩世忠、刘光世两员大将所领地域，一个明显的地理特征，是既有淮南，又有江南，军队驻防并非沿淮河呈东西分布，而是南北延伸跨江而设。如此布防局面的背后，恐怕与朝廷对于武将心存疑虑，通过军队布防，达到既防北方对手，又防自己内部的意图，进而向前是淮河一线宋金边界，向后则可控于朝廷手中。军队布防的本意出于控制军队与将领，但在空间上却将淮南边郡与江南腹里联结为一个军事防区。淮南屯田或许可以解决部分军粮，但江南本是富庶之地，却在驻军所在区域，因此可就近获取粮食，免除了北宋时期远途运粮的麻烦。

腹里与边郡往往在农业生产上具有不同步性，宋代是一个多事的历史时期，两类地区差异表现得更加直白。

民生与国运离不开农业，宋代也是如此，受自然环境与社会因素的影响，各地的民生以及对于国家的贡献都不相同，存在东西南北的不同，也具有腹里与边郡的差异。

---

① 《建炎以来系年要录》卷四〇，建炎四年十二月丁酉。

② ［宋］李纲：《李忠定公奏议》卷四三《论营田札子》。

③ 《宋史》卷三六四《韩世忠传》，卷三六九《刘光世传》。

第四章　重建与发展

——宋代黄河中下游地区的农业生产与土地利用

　　宋代的北方，基本属于黄河中下游地区，这一区域大致包括秦岭—淮河一线以北的全部宋朝领土。就行政区域而言，北宋中期分属于京东东路、京东西路、京西南路、京西北路、河北东路、河北西路、永兴军路、

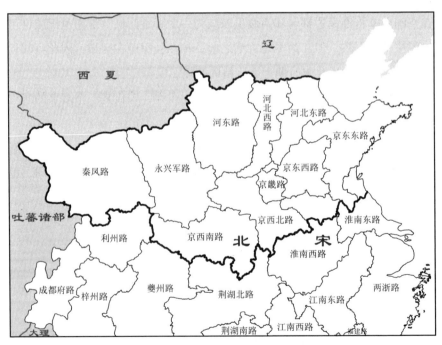

图4-1　宋代黄河中下游地区（出自《中国历史地图集》）

秦凤路、河东路以及淮南东路的宿州、亳州、海州、涟水军，这些辖境均在淮河以北的路、州、军。此外放在本地区讨论的还有京西南路的唐、邓二州，二州虽然都在汉水流域，但自然地理与社会关联更接近北方黄河流域，而且南宋以后大多数时间在金人手中（见图4-1）。

黄河中下游地区是中国耕作历史最悠久的农业区，早在秦汉时期，当南方还处于筚路蓝缕、以启山林的开发初期，这里就已经成为举世闻名的大帝国的都畿要地。农业作为经济的主要生产部门，在耕作制度、生产技术等方面均已达到成熟阶段。由汉迄唐，经过近千年的发展，黄河中下游地区的农业生产又前进了一大步，生产技术有了进一步完善。然而唐中期黄河中下游地区农业生产遇到转折点，引发这次历史变故的事件是"安史之乱"，战乱之下，大量北方人口南迁，推动中国古代经济重心南移的同时，黄河中下游自身农业生产受到了很大的打击，停滞、中断都是与战争相伴出现的结果。

960年，宋王朝建立，重建与发展贯穿北宋时期黄河中下游地区。宋初，朝廷大力推行鼓励农桑、招抚流亡的政策，至北宋中期，这里的农业生产又恢复到较高的水平，数千年农耕历史形成的雄厚基础，使这里仍保持着相当的实力，一经恢复，又显示出蓬蓬勃勃的面貌。

宋代黄河中下游地区的经济地位虽在江浙之下，但这里既是政治中心，又是都畿腹地，农业生产的丰歉不但影响国家的收支用度，甚至关系社稷安危，因此朝廷对这一地区的农业生产格外重视。早在宋初，当国事初定，南北尚未统一之际，宋太祖即不断诏令沿河各州百姓"广植桑枣，垦辟荒田"，务必将农业生产迅速恢复起来[1]。太祖以后各个帝王均将鼓励农桑、发展生产视为基本国策。为了切实督农务本，朝廷除直接下诏劝农外，还不断派官前往各地督农，并在乡间选取经验丰富的老农充当农师，指导生产，这一切措施对黄河流域农业生产的恢复和发展都起了很大作用。

---

① ［宋］王称：《东都事略》卷二。

黄河中下游属半湿润半干旱地区，降水量由东向西递减，山东半岛年水量在600毫米左右，至黄土高原年降水量不足400毫米。东西之间海陆位置的差异，使降水季节分配及降水变率，越向西干旱、半干旱地区的特点越突出。至黄土高原夏季降水占全年总量的60%，且降水强度大，多以暴雨形式集中降落，这一降水特点难以满足农作物生长需要，因此灌溉不足必然严重影响农业生产。无论当代，还是历史时期，农业生产发展都与水利有密切关系。熙宁年间王安石在全国推行农田水利法，黄河沿岸临近都畿，督劝便利，变法条例也落实最到位，仅在熙宁三年至九年的六年中，黄河沿岸诸路共兴修水利1 505处，灌溉田亩达14.4万余顷，占全国水利总灌溉面积的38%，这在北方旱地实在是很了不起的成就。随着生产的发展，耕地与人口也不断增多，至元丰年间，全区耕地面积约占全国31%[1]。地区内人口达3 900多万，为全国人口的35%[2]，仍然是经济实力不凡的重要农业区。

表4-1　熙宁年间黄河中下游地区水利田数[3]

路府	处	面积(亩)
全国	10 793	36 117 888
开封府	25	1 574 929
河北西路	34	4 020 904
河北东路	11	1 945 156
京东东路	71	884 938
京东西路	106	1 709 126
京西南路	729	1 155 879

---

[1] 《文献通考》卷四《田赋考》。
[2] 《元丰九域志》卷一至卷四，以及卷五部分户数统计。
[3] 《宋会要辑稿·食货六一之六八》。

续表

路府	处	面积(亩)
京西北路	283	2 180 206
河东路	114	471 980
永兴军路	19	135 391
秦凤路	113	362 979

第一节　河南农业生产与区域差异

　　河南即北宋京东、京西两路，居于黄淮之间。区内地形平坦，80%属于黄淮冲积平原，20%为丘陵山地。丘陵山地主要分布在本区的东西两侧，西部以伏牛山为主，东部沂州一带是鲁中低山丘陵，唐、邓二州位于桐柏山以西的南阳盆地，也属于平原地区。

　　河南是古老的农耕区，人们通过数千年生产实践形成的传统农耕技艺与尚农思想在这里形成牢固的基础。入宋以来，朝廷虽视江南为国家经济命脉，但河南既是国家政治中心所在地，又是北方唯一远离边疆的地区，政府予以很大的重视。经过宋初的恢复，逐渐成为北方重要的经济区，在黄河中下游地区占有举足轻重的地位，但区内农业生产也因自然环境与社会基础而表现出不平衡。

　　传统农业社会人口数量往往折射出生产水平，这一时期人类征服自然、改造自然的能力体现在群体规模上，人口数量多，意味着人们对自然的利用与改造程度较深，生产发展水平也较高，因此人口密度是反映农业生产水平的一个重要标志。本区人口分布特征与农业生产的地区不平衡性基本一致，即中部地带人口多，东西两侧人口少，东西相比，西部又低于东部。唐、邓二州为全区人口密度最低的地区，北宋初年每平方公里不足3人①，经过近百年的生息繁衍，至元丰年间每平方公里也仅有9—17人，

_____

　　①　根据《太平寰宇记》所载数据计算。

仍不及中部地区宋初的人口密度，地区间人口密度形成明显差异。

一、京西路农业生产的恢复

农业生产能否正常发展，一半在天，一半在地，天即自然环境，地则与社会相关，此两者宋代的京西路都不具备优势。

京西路一半以上属于山区，自然环境远不及平原，居住在这里的人口比平原地区少，经济发展程度也较低。北宋时期这里虽"外无蛮夷疆场之虞，内无兵屯馈饷之劳……然其壤地瘠薄，多旷而不耕，户口寡少，多惰而不力，故租赋之入，于他路为最贫"①。特别是宋初，这里尤其凋敝不堪。仔细推敲，京西路辖境内，除了西部山区，偏东的许、蔡、颍等州以及南阳盆地，自然条件并不算坏，甚至宋人忆及往事，对于这里还时有赞叹："自京以西，近自许、郑而远至唐、邓，凡数千里，列郡数十，土皆膏腴，古之赋输大半出于此。"②而入宋以来，京西路一带的衰落，实缘于上一个历史阶段，即自唐季以来，"农政多废，民率弃本，不务力田，是以家鲜余粮，地有遗利"③。对于这种变化，究其原因，唐末五代战乱的破坏应是首要因素。这一时期整个中原地区饱受摧残，京西路更甚于其他地区，岐汴军阀之间的拉锯战经常发生在京西路北部，南北军阀之间的军事行动又多途经南阳盆地及颍州一带，长期的战乱使这里田庐毁坏、人口离散，历代相沿修建的水利工程也毁于一旦，正如苏辙所说："自五代以来，天下丧乱，驱民为兵，而唐、邓、蔡、汝之间故陂旧堤遂以堙废而不治。"④水利工程属于农田基本建设，并非一日即可恢复，一旦破坏，对于农业生产是一项重大打击。

由于战乱的摧残，劳动力缺乏，直接制约京西地区农业生产发展。宋人对于京西地广人稀的情况屡有述说，如张方平云："淮阳、许昌、汝南

---

① [宋]苏辙：《栾城集》卷二三《京西北路转运使题名记》。
② [宋]苏辙：《栾城应诏集》卷一二《御试制策》。
③ 《续资治通鉴长编》卷三七，至道元年正月戊申。
④ [宋]苏辙：《栾城应诏集》卷一二《御试制策》。

之域，人稀土旷，地力不尽。"①苏辙云："陈、蔡、荆楚之地，地广而人少，土皆公田，而患无以耕之。"而"唐、邓、汝、颍、陈、蔡、许、洛之间，平田万里，农夫逃散，不生五谷，荆棘布野"②。宋人的记载陈述了一个事实，宋初京西一带人口稀少，一度导致农业生产的中断，甚至到神宗时期，苏辙在此任职时，所见仍是凋敝景象。

恢复因战乱而破坏的农业生产，首先需要解决的就是劳动力问题。自北宋初年起，朝廷就在京西一带施行迁徙民户、募民垦荒的政策。太祖开宝二年（969年），朝廷迁河东民户于西京及襄、邓、唐、汝诸州，并"给闲田使自耕种"③。太宗时期又继续实行这一办法，雍熙三年（986年）秋，朝廷又将山后诸州降民8 236户78 262口徙至河南府及许、汝等州④，宋人所说的"山后"应指代北一带。太宗时期，还曾迁"晋、云、朔之民于京西诸州"⑤。宋初这一段时期，潘美还曾将灵、应、寰、朔四州民五万户及吐浑、突厥三部落、安庆等族八百余帐，分置于河南孟、汝、洛、曹等州⑥。宋初朝廷在京西增置人户，主要迁置河东、河北边民及降户，然而京西旷闲土地甚广，迁民一时未能解决根本问题。至道二年（996年），太宗曾派"皇甫选等相度宿、亳、陈、蔡、邓、许、隶等七州荒田"，发现有荒田二十余万顷⑦，这时上距北宋开国已有三十多年，京西各地仍有大量荒田，其开国之初弃地之多也就可以想见了。

北宋与前朝相比，北方国土已日见蹙缩，土地显得分外宝贵。为了扩大耕地，朝廷在京西地区还推行了招募民户垦殖土地的政策。北宋时期，除在边地大规模募民屯垦外，这种在内地募民垦荒的现象并不多见，真宗咸平年间，大理寺丞黄宗旦"请募民耕颍州陂塘荒地凡千五百顷"⑧。咸

---

① [宋]张方平：《乐全集》卷十四《屯田》。
② [宋]苏辙：《栾城应诏集》卷一〇《进策五道·民政下》。
③ 《续资治通鉴长编》卷一〇，开宝二年闰五月己未。
④ 《续资治通鉴长编》卷二七，雍熙三年七月壬午。
⑤ 《宋史》卷八五《地理志一》。
⑥ [宋]李攸：《宋朝事实》卷二十《经略幽燕》。
⑦ 《宋会要辑稿·食货二之一》。
⑧ 《宋史》卷一七六《食货志上四》。

平二年（999年），朝廷募民200余户垦汝州、洛阳南务田①。

经过太祖、太宗、真宗三朝相继徙置招徕，至仁宗时期京西路许多地区的人口已有相当程度的增长，特别是陈、蔡等州人口问题已经得到初步解决。相形之下，唐、邓、汝几州移民数量不大，境内劳动力缺乏，田土荒芜的景象依然明显。这就是《宋史》所载："天下生齿益蕃，辟田益广，独京西唐、邓间尚多旷土，入草莽者十八九。"由于民户所存无几，甚至有人要把唐州废掉，改设为县②。在这种情况下，仁宗时期继续在唐、邓、汝等州积极设法增置人口。皇祐二年（1050年）九月，"诏三司，唐、邓、汝州多旷土，其令宽立税限，募人屯种之"③。嘉祐年间赵尚宽出任唐州知州，力主"土旷可辟，民稀可招，而州不可废"，在任内积极发展生产，"劝课劳来，岁余，流民自归及淮南、湖北之民至者二千余户"④。招募人口取得了相当的成效，而唐州撤州之事也不再有人提及。至神宗熙宁元年（1068年），赵尚宽的继任者高赋，仍然在"招两河流民及本州客户开垦荒田"⑤。募民垦田的同时，仁宗时期还实行宋初官府集中移民的办法，徙置了一批民户。天圣七年（1029年）契丹境遇灾，饥民纷纷流入河北界内，朝廷随即将其迁入内地，"分送唐、邓、襄、汝州，处以闲田"⑥。庆历年间又将陕西沿边内附蕃族人户迁置于唐州等京西州郡，"处以闲田"，"使就生业"⑦。

解决劳动力问题的同时，京西各地官吏也同样注重兴修水利。宋代在京西地区，对整治陈、许等州境内的河渠做了很大努力。而陈州"地势卑下，至秋夏之间，许、蔡、汝、邓、西京及开封诸处大雨，则诸河之水并由陈州沙河、蔡河同入颍河，不能容受，故陈州境内潴为陂泽"⑧。治理

---

① 《宋史》卷八五《地理志一》。
② 《宋史》卷一七三《食货志上一》。
③ 《宋会要辑稿·食货一之二七》。
④ 《宋史》卷一七三《食货志上一》。
⑤ 《宋会要辑稿·食货一之二七》。
⑥ 《续资治通鉴长编》卷一〇七，天圣七年三月庚辰。
⑦ 《续资治通鉴长编》卷一三二，庆历元年五月；卷一三五，庆历二年正月。
⑧ 《续资治通鉴长编》卷四二九，元祐四年六月乙丑。

陈州水患问题，从真宗时期就已开始进行。大中祥符年间，曾在许州长葛浚减水渠，疏引部分水流转道入蔡河，以减少自许州集中涌入陈州的水量[①]。但这样疏引出的河水最后还是由蔡河流入陈州，对于治理陈州的水患并不能起到很大作用。因此，熙宁、元祐时期又有朝臣建议在陈州项城蔡河东岸，修治古八丈沟故道，分引蔡河水直接入淮，以分减入颍水量，保证沙河等河流顺畅下泄。这一方案可以从根本上解决陈州境内河水渲泄不畅的问题，因而在元祐年间被批准执行[②]。但这一工程规模过大，在修建中自然会有一些不能尽如人意的事情，徽宗朝陈州知州霍端友因境内"时疏新河八百里，而去淮尚远，水不时泄"，故又"请益开二百里，彻于淮"。霍端友所开新渠，当承继元祐引蔡新河工程，显然这两项工程的效益还是十分可观的，自霍端友开河之后，陈州境内"水患遂去"[③]。地处陈州上游的许州，虽然卑潦之患不如陈州严重，但是也经常遭受河水溢浸之苦，因此宋代也修建了一些相应的水利工程。如淳化年间，由于洪水泛溢，往往浸许州民田，在长葛县开河疏导洪水分流入惠民河，役成之后，水患遂去[④]。

陈、许二州的水利工程不仅致力于除害，以农田水利为目标的工程更为普遍。早在太宗至道元年（995 年），度支判官陈尧叟等就曾指出："自汉魏晋唐以来，于陈、许、邓、颍暨蔡、宿、亳至于寿春，用水利垦田，陈迹具在。望选稽古通方之士，分为诸州长吏，兼管农事，大开公田，以通水利。"建议兴复陈、许、颍、蔡等州旧有水利工程，并择选江淮下军散卒充役，开垦水田[⑤]。嘉祐时唐州知州赵尚宽在招徕移民的同时，全力推行农田水利，主持兴"复三大陂，一大渠，皆溉田万余顷，又教民自为支渠数十"，改善了当地的农业生产条件，不仅数万顷土地变硗瘠为膏腴，

---

① 《续资治通鉴长编》卷七一，大中祥符二年四月丙申。
② 《续资治通鉴长编》卷四二九，元祐四年六月乙丑。《宋会要辑稿·食货七之二一》。
③ 《宋史》卷三五四《霍端友传》。
④ 《续资治通鉴长编》卷三四，淳化四年五月戊申。
⑤ 《续资治通鉴长编》卷三七，至道元年正月戊申。

而且使"四方之民来者云集",因此受到朝廷嘉奖,连任三届知州①。此后赵尚宽的继任者高赋,在前任的基础上又"作陂堰四十有四",同样受到嘉奖,且再次连任②。其他如汝州在咸平年间"导汝水浇溉",岁收二万多石③,熙宁三年许州一带"决邢山、溵河、石限等水,溉种稻田"④,如此等等业绩。兴修水利,不仅是农业生产的举措,在文献记载中看到的成果背后,也往往涉及政府、地方势力之间的较量,陈晓珊《北宋农田水利法推行中的区域差异现象——以南阳盆地的水利事业与河北移民为线索》一文,讨论的正是水利事业背后的复杂问题⑤。

宋代在京西实施的系列恢复农业生产措施,收到了相当成效。以户口而论,唐州知州高赋治平元年上任时,州内户口只有6 100多户,而经其任上兴修水利、募民开垦土地,两届六年任满离去时,已猛增至11 300多户,几乎翻了一番⑥。对比《太平寰宇记》与《元丰九域志》所记载的人口数字,可以看出,在从宋初到元丰年间这一百多年内,京西各州的户口都普遍有了很大增长,可见徙民、招垦等措施对缓解地旷人稀的状况起到了不小的作用。宋代通过迁徙、招募以及自动流入等形式向京西移民,主要发生在仁宗以前。仁宗以后,至英宗治平年间,从京西路的总体情况来看,劳动力紧缺状况已缓解,耕地开垦面积也有所增加,加之水利工程多有兴建,京西地区的农业生产面貌已较宋初有所改观。史云:"唐、邓、襄、汝等州,自治平后,开垦岁增。"⑦又云:"唐、邓、襄、汝等州,治平以前,地多山林,人少耕植。自熙宁中,四方之民,凑辐开垦,环数千

① 《续资治通鉴长编》卷一九二,嘉祐五年七月壬寅。[宋]王安石:《临川先生文集》卷三八《新田诗并序》。《宋史》卷一七三《食货志上一》。
② 《宋史》卷一七三《食货志上一》。[宋]范祖禹:《范太史集》卷四三《集贤院学士致仕高公墓志铭》。
③ 《续资治通鉴长编》卷四四,咸平二年四月丙子。
④ 《续资治通鉴长编》卷二一八,熙宁三年十二月癸未。
⑤ 陈晓珊:《北宋农田水利法推行中的区域差异现象——以南阳盆地的水利事业与河北移民为线索》,《中国文化研究》2014年夏之卷。
⑥ 《宋史》卷一七三《食货志上一》。[宋]范祖禹《范太史集》卷四三《集贤院学士致仕高公墓志铭》。
⑦ 《宋史》卷一七四《食货志上二》。

里并为良田。"①这些记载描述的就是这一变化过程。

至北宋中期的熙宁年间，京西农业生产有了长足发展，这是无可置疑的。但是任何进步都是在与自身过去的比较中展示出来的，因此进步不意味着不存在危机。熙宁年间有人说唐、均等州易得林木，富藏铜铅，因此建议应开辟山林，并置监铸钱，以获其利。可是一贯好事的王安石却阻止说："京西平地尚乏人耕种，纵开辟山林，岂有人治田？但恐山林无人耕种，而平地之农更弃而为坑冶。"②看得出来，王安石十分珍惜唐州等地来之不易的农业环境，自然也不希望轻易破坏眼下的一切。

京西一带距离畿辅并不远，经五代至北宋初年农业生产几近中断，入宋以来投入的一切努力，至熙宁年间终于获得成果。

二、引黄淤灌与京东农业生产

大地是农作物立足的基础，京东路仅东部鲁中及胶东存在低山丘陵，大约80%的区域处于黄淮冲积平原，地势平坦，土壤肥沃，素为河淮之间的重要农耕区。入宋以来，农业生产在整个北方仍居于重要地位。

平原，为农业生产提供了便利条件，也存在影响农业的利与弊，尤其京东一带濒临黄河，水行水去，利弊均在其中。

京东路地处黄河下游，频频而至的水患对这里的农业生产具有深刻影响。历史上黄河发生过六次重大决口改道，自北宋庆历八年（1048年）开始第三次重大改道，河水泛滥无常，其决口地点多在澶州至濮州之间，水流南泻正好淹没京东地区，浊流所到，遂为一片泽国。黄河泛滥虽然破坏了农业生产，但"水去而土肥"③。黄河流经黄土高原，强烈的水土流失使表层土壤进入河水之中，河水所经之处固然带来洪涝，但水退后土壤表层沉积了大量肥沃的淤土，土地肥力一时显著提高，农作物产量剧增。所以宋人一般认为"河之所行，利害相半。夏潦涨溢，浸败秋田，滨河数

---

① 《宋会要辑稿·食货九之一三》。
② 《续资治通鉴长编》卷二四〇，熙宁五年十一月庚午。
③ 《宋史》卷三〇四《范正辞传》。

十里为之破税，此其害也。涨水既去，淤厚累尺，粟麦之利，比之他田，其收十倍"①。神宗皇帝曾说："大河源深流长，皆山川膏腴渗漉，故灌溉民田，可以变斥卤而为肥沃。"②淤土的肥效几乎可以弥补洪水泛滥造成的损失，正是如此，北宋时期沿河州府的农业生产，没有因频繁的河患而荒废，几乎取决于肥沃的黄河淤土具有的强大吸引力。

黄河淤土带来的利益有目共睹，于是北宋时期在京东黄泛区退水为田，扩大耕地，成为恢复和发展当地农业的当务之急，也是官吏升迁的一项重大业绩。元祐四年（1089年）皇帝下诏"濒河州县，积水冒田，在任官能为民经画疏导沟畎，退出良田自百顷至千顷，第赏"③。除实行这样的政策奖励官吏外，政府还采取免租政策，鼓励百姓水退之后还乡耕种。如淳化二年（991年），柴成务上言："河水所经地肥淀，愿免其租税，劝民种艺。"④绍圣二年（1095年）"工部言诸黄河弃退滩地之堪耕种者，召人户归业"⑤。这些措施，都旨在利用黄河淤土。由于黄河淤土肥沃，为了扩大淤田面积，熙丰以后朝廷设立淤田司，由官方统一组织管理淤田一事，并决引河水淤田。在官府的督导下，淤田面积不断扩大。如熙宁七年（1074年），淤田司引河水淤酸枣、阳武县田⑥；熙宁八年，陈留等八县引黄河水淤溉碱地⑦；熙宁十年，判都水监程师孟率众引水淤京东西沿汴田9 000余顷⑧；元丰元年（1078年），京东西淤官私瘠地5 800余顷⑨。

黄淮平原其他河流的淤土也同样可以起到肥田作用，汴河尤为显著。真宗时李防知应天府，即曾凿府西障口为斗门，泄汴水而淤田数百亩，民赖以为利⑩。至神宗熙宁中俞充为都水丞时，也曾提举沿汴淤泥溉田，"为

---

① ［宋］苏辙：《栾城集》卷四二《论开孙村河札子》。
② 《续资治通鉴长编》卷二九五，元丰元年十二月甲辰。
③ 《宋史》卷一七三《食货志上一》。
④ 《宋史》卷三〇六《柴成务传》。
⑤ 《宋会要辑稿·食货一之三〇》。
⑥ 《续资治通鉴长编》卷二五八，熙宁七年十一月壬寅。
⑦ 《续资治通鉴长编》卷二六八，熙宁八年九月癸未。
⑧ 《续资治通鉴长编》卷二八三，熙宁十年六月壬辰。
⑨ 《续资治通鉴长编》卷二八八，元丰元年二月甲寅。
⑩ 《宋史》卷三〇三《李防传》。

上腴者八万顷"[1]，效果更为显著。而从苏轼"朝廷作汴河斗门以淤田"一语来看[2]，汴水淤田似乎也曾作为朝廷常制。沿河各州虽受水患威胁，但因水退后而土肥，数年内可连续获得好收成，故人们不顾被水之忧，继续居住在沿河地带。

沿河州府人口密度较高，除京师及应天府的人口数量与都市经济有关，其他各州几乎都是受淤土影响。沿河农民为了争夺淤地，甚至屡起争端。如淄、青、齐、濮、郓诸州曾为冒耕河淤地，数起争讼[3]。但千里黄淮平原并不是所有地方都能利益均沾，黄河浊流四下漫溢，泥沙比重大于河水，首先在近河处淀积形成厚层淤泥，而距离河身较远的地方，水流逐渐澄清，故不易淤积形成肥沃土壤。苏轼曾记载距决口地点远近不同各处的水流含沙情况：熙宁十年七月十七日，河决澶州曹村埽，"八月二十一日，水及徐州城下，至九月二十一日，凡二丈八尺九寸，东西北触山而止，皆清水，无复浊流"[4]。失去河水带来的淤土，也同时降低了沃土红利带来的吸引力，在农业社会表现最突出的就是人口，徐、宿、亳等州的人口密度显然低于沿河各州。

兖、沂及密、登、莱、青等州地处丘陵地区，农业生产水平一般低于平原地区，但河滩谷地仍不失为良好的农耕地。齐鲁之地素有沃壤之称，指的应该就是这些河滩谷地。这里耕地绝对面积虽不能与京畿一带相比，水热条件却胜于其他地区，十分利于粮食作物的生长。一个地区的富庶程度既取决于粮食的绝对产量，更取决于分配给每个人的相对数额。齐鲁之地粮食总产量虽不见得高，但人口也远低于京畿地区。尤其这里既非边郡，也非腹里，没有大量军队屯驻，减轻了人口对土地的压力，因而粮食沛然有余。由广济河运往京师的粮食，主要来自京东各州，当有相当部分是出自齐鲁之地。熙宁七年（1074 年）京东路察访使邓润甫等曾上言：

① 《宋史》卷三三三《俞充传》。
② ［宋］苏轼：《东坡志林》卷四。
③ 《宋史》卷二九四《张锡传》。
④ ［宋］苏轼：《东坡续集》卷五《奖谕敕记》。

"山东沿海州郡地广，丰岁则谷贱，募人为海运，山东之粟可转之河朔，以助军食。"①

农业作为基本生产部门外，齐鲁之地濒临大海，素有鱼盐之利，成为滨海各州一项重要生产项目，丰富的物产使"齐鲁之富，甲于四方"②，同时也具备了发展商业的物质基础。青、潍、淄等州随着商业经济的发展，人口密度接近畿辅，而沿海各州就低多了。唯有密州情况特殊，北宋中后期在密州板桥设置了市舶司，南来北往的船只停泊在这里，各色货物刺激了商业经济的发展，也吸引更多人口到这里定居，一时间密州具有了不同于其他沿海各州的繁盛。虽然丘陵地区的自然条件，限制了粮食作物的种植范围，但丰富的物产，发达的商业经济，又弥补了农业经济的不足，为整个社会经济增添了新的色彩。

黄河水患原本是农业生产的一大祸害，但河水含沙量巨大，"水去而土肥"又成为吸引人们前来开垦的动力，竟使京东路成为北方农业最可依仗的区域。

宋代河南京东、京西两地农业生产基础差异较大，在国家经济中所处地位也不同，前者为朝廷倚重之地，后者则在力图恢复、振作。

第二节　河北大量非农业用地的出现与沿边塘泊的开发利用

河北指河北东、西两路所辖范围，这一区域"南滨大河，北际幽朔，东濒海，西压上党"③，几乎包括了整个河北平原。平原上地形虽然单一，但受黄河及其他自然因素影响，农业生产仍表现出南北之间的地区差异。

一、河北北部沿边塘泊的开发利用

利用沿边塘泊兴建水利是河北北部农业生产的一个重要特色，自后晋

---

① 《宋史》卷一七五《食货志上三》。
② ［宋］苏辙：《栾城集》卷三十《侯利建京东漕并亮采河东漕》。
③ 《宋史》卷八六《地理志二》。

石敬瑭割燕云十六州予辽，"河北自失山后六州之险，无以固守"①，宋辽边界完全暴露在河北平原上，只能利用沿边塘泊作为御敌的屏障。河北沿边地带塘泊分布"东起沧州，西至安肃、广信军之南，凡九节。其所限地理高下、水之深广，各有定数"②。这九节塘泊分别为：东起沧州西至乾宁军为第一节，"衡广百二十里，纵九十里至一百三十里，其深五尺"。东起乾宁军西至信安军为第二节，"衡广一百二十里，纵三十里或五十里，其深丈余或六尺"。东起信安军西至霸州莫金口为第三节，"衡广七十里，纵五十里或六十里，其深六尺或七尺"。东北起霸州莫金口西南至保定军父母砦为第四节，"衡广二十七里，纵八里，其深六尺"。东南起保定军西北至雄州为第五节，"衡广六十里，纵二十五里，其深八尺或九尺"。东起雄州西至顺安军为第六节，"衡广七十里，纵三十里或四十五里，其深一丈或六尺或七尺"。东起顺安军西边吴淀至保州为第七节，"衡广三十余里，纵百五十里，其深一丈三尺或一丈"。第八节由安肃、广信军之南至保州西北，"衡广二十里，纵十里，其深五尺，浅或三尺"。第九节由保州西合鸡距泉，"衡广十里，其深五尺或三尺"③。塘泊分布实际上已超过安肃、广信二军，西抵保州西界。元丰年间，定州安抚使韩绛又在定州西起太行山麓，东接旧有塘淀，绵亘百余里地，潴水设险④。这样河北的临边地带就布满了天然和人为的塘泊。这些塘泊平均分布纵深在几十里上下，成为后来兴建水田的环境基础。河北境内塘泊分布广泛，边地之外，"沧、瀛、深、冀、邢、洺、大名之界西与北"均有许多"泊淀不毛"之地⑤，与沿边塘泊同样具备开垦稻田的便利。

太宗淳化四年（993年），沧州临津令黄懋奏请："今河北州郡陂塘甚多，引水溉田，省工易就，乞兴水田。"⑥与此同时知雄州何承矩亦上疏请

　　①　［宋］包拯：《包拯集》卷八《请那移河北兵马事一》。
　　②　［宋］程俱：《北山集》卷三四《延康殿学士中大夫提举杭州洞霄宫信安郡开国侯食邑一千七百户食实封一百户赠正奉大夫王公行状》。
　　③　《续资治通鉴长编》卷一一二，明道二年三月己卯。
　　④　《续资治通鉴长编》卷三〇一，元丰二年十一月。
　　⑤　［宋］欧阳修：《欧阳文忠公集》卷一一六《论河北财产上时相书》。
　　⑥　《宋会要辑稿·食货四之一》。

"于顺安寨西开易河蒲口，导水东注于海，东西三百余里，南北五七十里，资其陂泽，筑堤贮水为屯田。"[1]在黄、何二人的倡导下，"由是自顺安以东濒海，广袤数百里，悉为稻田"[2]。此后其他各州相继效其行事，咸平六年（1003年）"知保州赵彬决鸡距泉，自州西至满城，又分徐河水南流，以注运渠，置水陆屯田"[3]，同年"定州亦置水田"[4]。

利用沿边塘泊种稻屯田收获颇丰，"治平三年，河北屯田有三百六十七顷，得谷三万五千四百六十八石"[5]。这样的收获可为守边部队就地解决一部分军粮，若持续进行将成为边郡可以依赖的粮食来源。但边地屯田并没有持续很久，北宋中后期大部分屯田区已成旧迹。神宗时人王汉之说道："自何承矩规塘泺之地屯田，东达于海……今浸失其道。"[6]河北北部依托塘泊屯田的荒弃，究其原因，水利失修，雨季造成塘水决溢，冲毁农田应是其一；黄河北流所经之处，泥沙淤浅塘泊，影响了水稻用水是又一个因素；而最为主要的则是后任官吏，没有把屯田种稻放在重要地位，他们认为河北屯田虽有其实，却"利在蓄水以限戎马"[7]，进而放弃了屯田植稻的所有举措，农业就此从名噪一时的河北塘泊淡出。

二、非农业用地的出现与对农业生产的影响

河北两路主要农业生产区分属两类自然地带，一部分分布于黄河的冲积淤土上，另一部分则开辟在太行山前冲积扇地带。

说起河北适宜农耕之地，沈括曾有这样的评价："深、冀、沧、瀛间，唯大河、滹沱、漳水所淤，方为美田，淤淀不至处，悉是斥卤，不可种艺。"[8]黄河沿岸的淤田主要分布在河北南部怀、卫等州，因此沃土"怀、

---

① 《宋史》卷二七三《何继筠传》。
② 《宋史》卷二七三《何继筠传》。
③ 《宋会要辑稿·食货四之一》。
④ 《宋史》卷一七六《食货志上四》。
⑤ 《宋会要辑稿·食货六三之四三》。
⑥ 《宋史》卷三四七《王汉之传》。
⑦ 《宋史》卷一七六《食货志上四》。
⑧ ［宋］沈括：《梦溪笔谈》卷一三。

卫素号沃壤，斛斗至贱"[1]，河北守军的军粮经常需从这里解决。河北北部大名至乾宁军一带淤地，至北宋中期才被利用。宋初黄河基本循京东故道而行，庆历八年（1048年）商胡决口，水流冲泻向北，形成北流。大名一带的黄河淤田正是北流冲淤所成，淤地形成不久，即被开垦为农田，并以"上腴"见称[2]。肥田沃土，自然具有吸引力，淤土形成，开垦也随之而行，元丰五年（1082年）一次即募人租垦大名至乾宁军一带河徙淤地七千顷[3]。

太行山山前冲积扇中部地带，形成另一处重要农业生产区。漳河、滹沱河等河流从太行山冲泻而下，在山前形成系列冲积扇。冲积扇中部淤淀的土壤十分肥沃，而且面积也很广。仅滹沱河一次就可淤田上万顷，变瘠地为沃土。加之冲积扇地带地表水和地下水都较丰富，且水质良好，很少积涝成灾，故宋人称其为"沃壤"[4]，成为保证农业生产稳定发展的可靠基础。磁、相、邢、洺、赵等山前各州的农业区，因此而主要建立在冲积扇上。

河北平原范围虽然广大，农业生产占用土地比例却不高，这其中有什么原因呢？这一切正如《宋史·王沿传》的一段记载所说的那样："河北……地方数千里，古号丰实。今其地十三为契丹所有，余出征赋者七分而已。……而相、魏、磁、洺之地并漳水者，累遭决溢，今皆斥卤不可耕。故沿边郡县，数蠲租税。而又牧监刍地，占民田数百千顷。是河北之地虽十有其七，而得赋之实者四分而已。"[5]这是说河北虽广，而真正能为国家提供赋税之地仅占十分之四，其余荒废之地即属非农用地。若将宋代河北非农用地加以归并，大凡如下几类：其中由水患造成的沼泽沮洳之地占相当大一部分，主要分布在沿河及滨海地带。此外在沿河及冲积扇下部还有大量盐碱地，未经淤沙覆盖改良前，大部分仍无法利用。如大名、澶渊、

① 《包拯集校注》卷一《请于怀卫籴米修御河船运》。
② 《续资治通鉴长编》卷二九〇，元丰元年六月癸卯。
③ 《宋会要辑稿·食货一之三〇》。
④ 《宋史》卷三一六《包拯传》。
⑤ 《宋史》卷三〇〇《王沿传》。

安阳、临洺、汲郡等地即"颇杂斥卤"①，"百种不生，而亘野皆盐卤，或生盐草"②。除黄河水患等自然因素造成河北大片土地不可耕种外，牧监、塘泊也占用了大量土地。河北"土平且近边"③，虽"河朔之于京畿，犹心腹之于背膂"④，惜无险可守。因此蓄塘水以限戎马，屯重兵以御强敌，就成为守边防秋的重要任务。同时，入宋以来，牧监纷纷移向内地，也占据了大量良田，仅邢、洺、赵三州就被牧监"占有沃壤万五千顷"⑤，此外大名府、相州、卫州、澶州也均有牧监⑥。

非农业用地面积日益扩大，耕地比重越来越低，不仅成为河北农业生产的最大问题，也直接影响到社会经济状况。包拯曾为此感叹："缘河北西路惟漳河南北最是良田，牧马地已占三分之一。东路又值横陇、商胡决溢，占民田三分之二。乃是河北良田六分，河水马地已占三分，其余又多是高仰及泽卤之地，俾河朔之民何以存济。"⑦河北各州共有户705 700⑧，按每户五口算，有人口3 528 500，而"河北屯兵无虑三十余万"⑨。河北现有土地对于当地人民并不宽裕，更何况凭空增加数十万非生产性的军队，土地与粮食都显得紧张。虽然军粮多数靠国家从其他地区转运至此，但仍出现了"军储缺乏，财赋屡空"的现象⑩。为了解决粮食问题，宋代出现了"就粮兵"这一史无前例的奇事。"就粮"就是朝廷将军队暂时遣往有粮的地方屯驻，以便就地取粮，减轻运输负担。

北宋时期河北庞大的军费开支一直是朝廷沉重的负担，尤其中、后期北边塘泊屯田渐被废弃之后更是如此，以致北宋中期就粮呼声日高。"河

---

① 《宋史》卷八六《地理志二》。
② [宋]晁说之《景迂生集》卷二《朔问》。
③ 《宋史》卷八六《地理志二》。
④ [宋]包拯《包拯集》卷三《论河北帅臣二》。
⑤ [宋]曾巩《隆平集》卷一一。
⑥ 《宋会要辑稿·兵二一之四》。关于宋代牧监占地情况，请别详拙稿《唐宋牧马业地理分布论析》，刊《中国历史地理论丛》1987年第1期。
⑦ [宋]包拯：《包拯集》卷二《请将邢洺州牧马地给予人户依旧耕佃一》。
⑧ [宋]欧阳修：《欧阳文忠公集》卷一一六《论河北财产上时相书》。
⑨ [宋]包拯：《包拯集》卷一《天章阁对策》。
⑩ [宋]包拯：《包拯集》卷一《天章阁对策》。

北兵多财不足，愿分兵就食内地"[1]。"伏望圣慈，特出宸断，宣谕执政大臣，应沿边及近里州军兵马，除合留防守外，其屯驻驻泊诸军，或令归营就粮，诸军即分屯于河南充、郓、齐、濮、曹、济等州"[2]。据《宋史·兵志》记载，至熙宁年间分兵就粮已成常制。但分兵就粮实非良策，因大部分军队调离边地，边备空虚，于是"遇就粮禁军缺"，还需重新募人以充补[3]。关于河北军队"就粮"形成的地理现象，程龙所著《北宋粮食筹措与边防——以华北战区为例》有详细的论述[4]。

北宋时期，河北农业生产面临的问题，突出表现在可利用农田蹙缩，非农用地占用良田比例日渐扩大，而河北北部又地处边郡，军队用粮与国家税收，使河北承受双重压力。

第三节　河东汾河谷地与四周山区农业生产发展进程的差异

河东即北宋河东路，这是一个群山环绕的高原，汾河自北向南流经山西高原注入黄河。沿河谷地与山区有着完全不同的自然条件与农业生产方式，明显形成中部汾河谷地与东西北三面马蹄状山区迥然不同的两个经济区。与经济发展相对应的是人口数量，北宋河东路人口密度较高的是绛州、晋州、汾州、太原府及忻州，集中分布在汾河谷地一线；自然条件较差、经济发展水平较低的东西北三面山区，人口密度明显减低。对于河东这种自然与经济特点，宋人张景宪概括得再清楚不过，"本道地肥硗相杂，州县贫富亦异"[5]。

河东自然环境的差异，在宋人记载中有清楚的表述。其中"地沃民

---

①　《宋史》卷三〇一《张择行传》。

②　[宋]包拯：《包拯集》卷八《请那移河北兵马事一》。

③　《宋史》卷一八九《兵志三》。

④　程龙：《北宋粮食筹措与边防——以华北战区为例》，商务印书馆，2012年，第138—148页。

⑤　《宋史》卷三三〇《张景宪传》。

勤，颇多积谷"的河东应是汾河谷地①。汾河发源于河东北部山区，流经黄土高原，泥沙含量很高，"本路多土山，旁有川谷，每春夏大雨，水浊如黄河"②。汾河水流入太原附近，地形由山区转为平地，肥沃的淤土淤积在河流两岸，不断改良沿河大片农田，使河谷平原成为独异于他处的沃土。利用汾水淤灌，可获水、肥双重的利益。据《宋会要辑稿》记载，熙宁年间程师孟为提点河东刑狱兼河渠事，劝诱绛州正平县民买地开渠，利用汾河支流马壁谷水淤灌瘠田五百余顷，皆成沃壤。此外又在河东九州二十六县，兴修农田四千二百余顷，复旧田五千八百余顷，共计万八千余顷③。而郭咨在忻州"导汾水，兴水利，置屯田"，颇有政绩④。这些依靠汾水淤灌发展起来的河谷农业区，成为河东主要粮食供应地。

宋人所讲"地寒民贫，仰石炭以生"的河东⑤，应是山区的境况。河东山区面积广大，其自然条件利于发展畜牧业。正如欧阳修所说，"河东一路，山川深峻，水草甚佳，其地高寒，必宜马性"⑥。优良马种喜欢温凉湿润之地，宋代全部疆土均位于东部季风区内，适宜牧马的陇右等地，均不在控制范围内，无奈之下，国家将官牧监设置在河东北部丘陵山区。其中今娄烦、岢岚一带可称尚可的牧马之地，这里出产的马，素质较其他地区都好，宋人有"凡马所出，以府州为最"之说⑦。府州虽位于黄河之西，宋代却归属于河东路，跨过黄河，与府州相邻的就是保德军、岢岚军。唐代曾在这一带设置过牧监，入宋以来，一反祖制，牧监随军队集中于河南、河北，官牧马数量骤然减少。虽然民间牧马业依然存在，但"马数全少，闲地极多"⑧。面对资源利用如此不充分的状况，朝臣们屡屡上奏，希望在朝廷的干涉下得以改善。

① 《宋史》卷一七五《食货志上三》。
② 《宋会要辑稿·食货七之三〇》。
③ 《宋会要辑稿·食货七之三〇》。
④ 《宋史》卷八五《郭咨传》。
⑤ 《宋史》卷二八四《陈尧佐传》。
⑥ [宋]欧阳修：《欧阳修全集·奏议》卷一六《论监牧札子》。
⑦ 《玉海》卷一四九《兵制》。
⑧ [宋]欧阳修：《欧阳修全集·奏议》卷一六《论监牧札子》。

　　北宋河东山区牧马业并不景气，而农业受制于自然环境，同样没有突出的成就。说起农业，用太原知府韩绛的话来概括，河东"山田多而沃土少"[1]，因而一入河东，满目皆是山耕景象。"春入并州路，……新耕入乱山"[2]，"岭狭居多险，耕勤地少荒"[3]，都是诗人描绘河东垦种山田的情形。山区发展农业艰难，人们曾用"坡峻土顽难力耕，牛羸人困强驱行"这样的诗句描述河东山区开垦的情形[4]。虽然这样，乡民们对土地的渴求，使某些地方的"高山峻坂"也为人户所耕种[5]。山区开垦种植对当地生态环境是一个致命的威胁，但宋代河东具有明显的地广人稀特征，因此山区没有进入大规模土地开发阶段，即使在宋辽边地，虽然屯驻大量军队，急需粮食，也仍有大片土地空为荒闲。

　　边地屯垦是北宋政府为解决守边部队军粮的通行办法。但宋初"潘美镇河东，患寇钞，令民悉内徙，而空塞下不耕。于是忻、代、宁化、火山之北多废壤"[6]。虽然后来"虏自得幽蓟，不复由河东入寇"[7]，但沿边地带仍为禁地，直到仁宗庆历年间，欧阳修奉使河东，看到当地"禁膏腴之地不耕，而困民之力以远输"的情景之后，上书请耕禁地[8]，才获准"以岢岚军北草城川禁地，募人拒敌界十里外占耕"[9]。此后，至和二年（1055年），韩琦亦"请如草城川募弓箭手"[10]，开垦代州、宁化军一带禁地。河东守军虽较河北少，但"河东地形山险，辇运不通，边地既禁，则沿边乏食"[11]。为了解决军粮供给，熙宁八年神宗又一次下诏，在岢岚、

　① 《续资治通鉴长编》卷二七九，熙宁九年十二月丙申。
　② 〔宋〕韩琦：《安阳集》卷七《过故关》。
　③ 〔宋〕韩琦：《安阳集》卷七《过侧石驿》。
　④ 〔日〕成寻：《参天台山五台山记》第五。
　⑤ 〔宋〕欧阳修：《欧阳修全集·河东奉使奏草》"乞罢刘白草札子"。
　⑥ 《宋史》卷三一二《韩琦传》。
　⑦ 〔宋〕苏轼：《苏东坡集·神道碑》卷二《富郑公神道碑》。
　⑧ 〔宋〕欧阳修：《欧阳修全集·河东奉使奏草》"乞罢刘白草札子"。
　⑨ 《宋史》卷一九〇《兵志四》。
　⑩ 《宋史》卷一九〇《兵志四》。
　⑪ 〔宋〕欧阳修：《欧阳修全集·河东奉使奏草》"乞罢刘白草札子"。

火山军等及"西陉等寨，未开耕官地堪种者，渐次招置弓箭手"①，至此沿边禁地得到大面积开垦。朝廷的目的在于增加耕地，获取军粮，但沿边山地毕竟地寒土瘠，不是最佳耕地，加之边地劳动力缺乏，官府曾因"新复城寨，缺人耕种"，而调京西、淮、浙一带厢军前来耕垦。但南方兵士既不习水土，又"不会耕种陆田"，致使垦殖效果并不理想②。《宋史·食货志》留下这样的记载，经欧阳修所请在火山、岢岚军一带所进行的屯垦，其结果"竟无益边备，岁籴如故"。

泽、潞、辽等河东东南部州军地处太行山区，经济特点基本与西部山区一致，农牧混杂。泽、潞等州位于太行山区的山间盆地之中，自然条件虽不能与汾河谷地相比，却比西北部山区好得多，但宋代这里农业生产发展水平并不高。仁宗庆历年间，欧阳修奉使河东，看到"辽州，州界东西二百五十里，南北一百五十九里，所管户口主客二千七百余户，地里、人户不及一中下小县，而分建一州四县。内榆社县主客一千七十二户，其余辽山县主客五百六十九户，平城县主客六百一十八户，和顺县主客四百五十九户，各不及一镇人烟"。"潞州八县内屯留、黎城、壶关三县，地居僻远，户口凋零"。人口稀少，肯定会影响农业生产，因此欧阳修"行威胜以东及辽州平定军，见其不耕之地多"③。辽州、潞州一带不仅人口稀少，而且居民中"蕃汉相杂"④，加之山区的自然条件，遂使畜牧业也成为一项重要的生产部门。

基于农业生产，河东"地肥硗相杂，州县贫富亦异"，形成自然条件与社会发展的地区分异，进而在汾河谷地与周围山区营造出完全不同的两类农业区域，河谷平原成为整个地区的农业生产核心，而山区尚处于浅层开发阶段。

---

① 《宋会要辑稿·兵四之六》。
② 《宋会要辑稿·食货二之六》。
③ [宋]欧阳修:《欧阳修全集·河东奉使奏草》"相度并县奏状"。
④ 《太平寰宇记》卷四四《河东道》。

第四节　陕西关中农业生产与沿边土地开垦

北宋初设陕西路，后分为秦凤、永兴军两转运使路，这一区域地处农耕区西界，西、北均为农牧混杂区。北宋时期，宋夏之间民族矛盾深重，大量军队集结在这里，守边屯垦，使土地开垦范围不断扩展，土地利用方式与农作物种植区域在北宋前期与中期都表现出不同特征。

宋初陕西路农业生产区主要分布在关中平原及乾、耀、鄜、坊等东部府州，其余州军多为农牧混杂区，表2-1所列陕西路各州土产就反映了这一特点。各类土产中虽不包括粮食作物，但仍能看出农牧业的物产差别。关中及东部各府州麻、布等类种植业物产占主要地位，仅个别州有毡等产品，具有明显的农耕区特征。向西麻、布等类种植业产品比重逐渐减少，取而代之的则是毡、胡女布、羊、马等畜牧业产品，由农耕区逐渐进入农牧混杂区以至牧区，沿边地带农作物的种植面积极为有限。

一、关中地区农业生产与农田水利

关中平原是陕西农业生产的核心区，拥有久远的农耕历史。唐末战乱，导致人口流失，水利失修，给农业生产造成很大障碍。宋代关中失去了帝京的政治中心地位，经济地位也随之下降。为恢复和发展关中的农业生产，守土官吏与当地人民做了很多努力，其中影响最大的是兴复郑、白二渠。

郑、白二渠位于关中腹地，是关中平原农业生产的重要基础。西汉时期可溉田近45 000顷，唐代永徽年间尚能溉田万顷，遗憾的是到北宋初年，溉田面积已不及3 000顷[①]。因而提高郑、白二渠的灌溉功能，是恢复关中农业生产的重要前提，各级官吏为此都做出了一定努力。陈尧佐任栎

---

① 《宋会要辑稿·食货七之三》《续资治通鉴长编》卷一一八，景祐三年二月甲子。

阳县令时，为提高郑、白二渠的灌溉功能，曾尽去强族在渠口所设雍遏，使"水利均及，民皆赖之"①。叶清臣在永兴军为官时，也曾"浚三白渠，溉田逾六千顷"②，取得了十分可观的成效。但是这些地方官的职权仅限于州县，对于恢复郑、白二渠的总体灌溉功能却无能为力。熙宁五年（1072年），神宗皇帝针对关中地区水利不振的现状下诏曰："灌溉之利，农事大本。……然三白渠为利尤大，……自可极力兴修。"③同年十一月，在都水监丞周良孺的带领下，开启由石门至三限口的引泾入渠工程，工程完工后，郑、白二渠灌溉面积恢复到了30 000余顷④，庶几可及西汉盛时。

除了郑、白二渠这样的大型水利灌溉工程外，宋代在关中平原等地还兴复了一些小型水利工程。如宋人"杜曲田皆亩一金，源发清泉随种稻"的诗句⑤，描写的就是在长安城南杜曲一带汲引泉水种稻，以致农业兴盛，地如金贵的情形。

关中平原的水利灌溉对农业生产的作用，不仅单纯体现在解决农田用水问题上。由于当地河流泥沙含量都很高，如宋人所云"河渭之水多土"⑥，所以在引水灌溉的同时，往往可以起到淤土肥田的作用。晁补之有诗云"泾水为渠食万口，一石论功泥数斗"⑦，讲的就是郑、白二渠引泾水灌溉农田，兼得淤田之利的情景。同州濒临黄河，沿岸地区的人们更是经常浚引黄河水淤地肥田⑧。

经过兴修水利的一系列努力，关中平原的农业生产有了稳定发展，虽然与唐代盛时相比，尚有不足，但关中出产的粮食等农产品同时运往京畿和西边战场，俨然是一处举足轻重的农业生产区域。宋初规定每年由陕西漕运粮食80万石至京师，占当时漕粮总额的14.5%，这一数额在全国二十

---

① 《宋史》卷二八四《陈尧佐传》。
② 《宋史》卷二九五《叶清臣传》。
③ 《续资治通鉴长编》卷二三七，熙宁五年八月丁酉。
④ 《续资治通鉴长编》卷二四〇，熙宁五年十一月庚申。
⑤ [宋]刘攽：《彭城集》卷一五《长安城南》。
⑥ 《苏轼文集》卷一九《香林八节》。
⑦ [宋]晁补之：《鸡肋集》卷一四《复用前韵遣怀呈鲁直唐公成季明略》。
⑧ [宋]王禹偁：《小畜集》卷三《观邻家园中种黍示嘉祐》。

几个路中并不算低。关中平原是陕西的主要产粮区，这80万石漕粮中出自这里的应占多数。后来虽因宋夏边衅升级，"陕西宿兵既多，……军费最甚于他路"[①]，而停止了向京师漕运粮食，但输往边地的军粮却每每需要从关中等地供给。能够支持宋夏长期鏖战，需要很强的农业生产实力，无疑关中的农业生产水平在陕西乃至整个北方黄河流域，仍居于领先地位。

二、陕西沿边土地屯垦与军粮筹集

宋夏长期鏖战，北宋中期以后战争逐渐升级，陕西路成为主要战场。大量军队云集于陕西沿边，其数额远在河东、河北两路之上，军费支出也超过河北、河东两路[②]。陕西军需负担中军粮为数尤多。北宋前期，边地驻军以地理之便，军粮主要靠关中等内地供应。"往者边土不耕，仰给于内。"[③]自北宋中期起，内地已难以供给守边部队的全部军需，"方陕西用兵，调费日蹙"[④]。造成这种困难的原因有二：一是关中粮食产量有限，而军粮需求过量，其土地生产力承受不了这样沉重的负担，在军粮与漕粮两者之中，最终被放弃的是由关中运往京师的漕粮。宋初规定陕西每年向京师运粮80万石，"朝廷岁仰关中谷麦以给用"[⑤]。庆历中减至30万石，至嘉祐四年（1059年）干脆罢所运漕粮[⑥]，全力支撑军队所需。尽管如此，仍存在缺口。二是运输困难，粮食由关中运到塞下军队驻地，其困难程度远甚于就地筹集粮食。"西陲积兵，民苦于远输。"[⑦]"陕西沿边州军地居山险，道路阻隘，所需粮草难以斡运。"[⑧]运粮难，几乎是地方官员共同的呼声。在这样的背景下，屯田自给就成为陕西路驻军的重要举措，同时黄

---

① 《宋史》卷一七五《食货志上三》。
② 《宋史》卷一七九《食货志下一》。
③ 《宋史》卷三三二《游师雄传》。
④ 《宋史》卷二八四《宋庠传》。
⑤ 《宋史》卷二七四《侯赟传》。
⑥ 《宋史》卷一七五《食货志上三》。
⑦ ［宋］范仲淹：《范文正公文集》卷一五《试秘书省校书郎知耀州华原县事张君墓志铭》。
⑧ 《宋会要辑稿·食货三六之二三》。

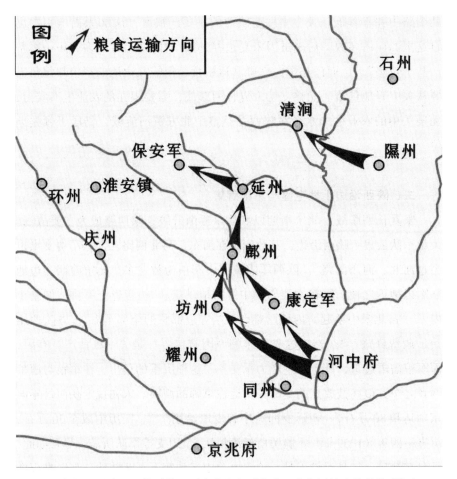

图4-2　庆历以后陕西运粮形势图（出自程龙《北宋西北战区粮食补给地理》）

土高原也由此加大了土地开发力度。

沿边各州有地广人稀的特点，但这只是编户人口，若将沿边守军的数额一并考虑，情况就大不相同了。在今天陕北、陇东一带当年宋夏边防线上，我在考察中见到随处皆是北宋驻军的堡寨遗迹。根据文献记载，当年北宋王朝在这一线设置了大量堡寨，而且数量逐年递增。"秦凤、鄜延、泾原、环庆、并代五路，嘉祐之间城堡一百一十有二，熙宁二百一十有

图4-3　北宋西北沿边安抚使路分布图（出自《中国历史地图集》）

二，元丰二年二百七十有四"①。这二百多个堡寨"皆须列兵而守之"②。据《宋史·兵志》记载驻守在陕西路的禁军为126 500人，其中87%布防在陕北、陇东一带。神宗熙宁以后兵额渐增，总额为160 600人，大约有

———————————

①　[宋]曾巩:《元丰类稿》卷七《请减五路城堡札子》。

②　[宋]欧阳修:《欧阳修全集·奏议》卷一八《言西边事宜第一状》。

134 000屯驻陕北、陇东一带。除禁军外，还有大量厢军屯驻陕西，关于厢军在各地屯兵的数额，文献中没有明确记载，但根据北宋"重内轻外"的政策，将精锐部队——禁军主要布防在京师附近的战略方针估算，边地的厢军不会比禁军少很多。故屯驻在陕西的禁厢军总额在30万人左右，是在情理之中的。这一估算在欧阳修的奏文中得到了证实："今三十万之兵，食于西者二岁矣。又有十四五万之乡兵，不耕而自食其民。自古未有四五十万之众，连年仰食而国力不困者也。"①（图4-3）

正兵之外，陕西路还有大量弓箭手。关于弓箭手的性质，镇戎军曹玮曾说："有边民应募为弓箭手者，请给以闲田，蠲其徭赋，有警可参正兵为前锋，而官无资粮戎械之费。"②可见弓箭手虽然不在军队正式编制之列，但仍与正兵一样守边，并垦殖专拨的农田。据《宋史·兵志》记载，英宗治平末年，陕西有弓箭手46 300人，随着神宗时期正兵数额不断扩大，弓箭手也应相应增加。除此之外，陕西路还有156 873名义勇。义勇与弓箭手不同，它具有民兵的特点，平日为农，"遇召集防守，日给米二升"③，仍然存在粮食供给问题。

随着兵额增加，运粮困难，屯田自给就逐渐成为获取粮食的主要手段，屯垦范围日广，规模日大。神宗以前，边地即已开始大规模开垦，但北宋朝廷仍嫌其不足以供应军需，熙宁七年（1074年）神宗认为"边地广而耕垦未至"，故令"召人开垦以助塞下积粟"④。于是"自麟石、鄜延南北近三百里，及泾原、环庆、熙河、兰会新复城寨地土，悉募厢军配卒耕种免役"⑤，新辟土地可见于沿边各州。

宋夏沿边，军队布防主要设置在交通道路沿线，军队垦殖的土地也集中在道路附近，既通过屯垦控扼交通，也为军队提供补给。宋夏之际，双

① 《续资治通鉴长编》卷一二九，康定元年十二月乙巳。
② 《宋史》卷一九〇《兵志四》。
③ 《宋史》卷一九一《兵志五》。
④ 《宋史》卷一九〇《兵志四》。
⑤ 《宋史》卷一七六《食货志上四》。

方军旅往来主要循延夏、环庆、镇原三条道路①。另外秦渭通道虽不是通向西夏的主要道路，却是通往河西的重要通道。北宋时期在这四条道路上分区设防，驻有大量军队，亦戍亦屯。

（一）延夏通道

延夏通道位于今陕北一带，地方管理分属于麟府路与鄜延路两安抚使管辖，且领有黄河东西之地，而延夏通道主要由延河、无定河等河川谷地构成，是宋夏之间重要的交通道路，为解决布防在这里的军队用粮，屯田成为必要举措。宋初"鄜延地皆荒瘠"②，与之相邻的麟府路同样如此，自北宋中期起，伴随实行屯田，边地逐渐得以开垦。

麟府路属于河东路辖区内设置的安抚使路，跨黄河东西，此路设置的缘由，既有在府州、保德军黄河渡口处形成统一控制的意图，也有行政区划分呈犬牙交错之势的需求。由于麟府路跨河而设，一半在河东，一半在河西，军队主要布防在河西府州、麟州、丰州一带。麟、府等州地处黄土高原丘陵沟壑区，气候寒冷，地形破碎，土壤贫瘠，除窟野河河川地带地形较为平坦，适于耕种，其他地区均很难垦殖。因此，窟野河河川就成为宋夏双方争相垦殖的地带。窟野河本在宋人界内，北宋初曾在这里安置了大量内附戎人，如"麟州界首领勒厥麻等三族千五百帐，以浊轮寨失守，相率越河内属，遂分处边境"③。景德年间"麟府路言，附契丹戎人言泥族拔黄太尉，率三百余帐内属"④。这些内附戎人都大多安置在麟、府一带，人数之多，以致当时人称"延有金明、府有丰州，皆戎人内附之地"⑤。这些内附戎人与当地汉人共同在这里耕垦。在河西之争发生之前，"麟府二州，山川回环五六百里，皆蕃汉人旧耕耘之地"⑥。河西之争发生在北宋中期，起因于河西职田久不得决，"屈野河西田并为禁地，官私不

---

① 关于宋夏交通问题，别详拙稿《宋夏交通研究》，刊《中国历史地理论丛》1988年第1期。
② 《宋史》卷三三二《赵离传》。
③ 《续资治通鉴长编》卷五三，咸平五年十一月壬午。
④ 《续资治通鉴长编》卷五六，景德元年正月己丑。
⑤ 《宋史》卷二八五《贾昌朝传》。
⑥ 《续资治通鉴长编》卷一五二，庆历四年十月壬子。

得耕种"①，而沿河又无堡障斥堠，以致西人"得恣耕其田"②，并时"为河东患"③。窟野河河川谷地既不能继续耕种，北宋军队不得不开垦窟野河谷以外的破碎丘陵地区。如元丰八年（1085年）曾在吴堡、葭芦间号称"膏腴"之地的木瓜原上用兵18 000余人，垦地500余顷④。然而由于这里的土地实际十分瘠薄，加之外兵压境，无暇管理，这次开垦土地的结果很不理想。后来有人忆及此事时说："葭芦、吴堡两寨生地，托以重兵，方敢布种。投种而归，不敢复视。乃至秋成，复以重兵防托，收刈所得，率皆秕稗。雨中收获，即时腐烂。"⑤麟府一带屯田收益并不理想。

另一处需要提及的屯田之地在清涧，北宋中期，种世衡以清涧地"当寇冲，右可固延安之势，左可致河东之粟，北可图银夏之旧"⑥，而清涧城修筑完成，亟须解决的问题就是粮食。因此种世衡在清涧"大兴营田"⑦，仅见于明确记载的营田就有2 000余顷⑧，清涧一带沟壑纵横，山峦起伏，虽有黄河、无定河两条大河流经其间，但河谷深邃，却无川道平原，在这样的环境下，垦田2 000余顷是很不容易的。

绥德、米脂是无定河畔的两个重要军寨，对延夏通道起着控扼作用。为此宋夏双方都不断争夺。宋初两寨并为西夏占据，治平四年（1067年）宋将种谔用计诱降夏将嵬名山，绥德重新为宋所有⑨，而米脂、吴堡等寨也在元丰初年被收复。两寨收复后，北宋政府立即"差官分画经界，选知农事厢军耕佃"⑩。在绥德一带辟田4 000顷，增加1 300户⑪。米脂一带辟田数量更多，知太原府吕惠卿曾上疏道："葭芦、米脂里外良田不啻一二

① 《续资治通鉴长编》卷一八五，嘉祐二年二月壬戌。
② [宋]司马光：《传家集》卷一八《论屈野河西修堡状》。
③ 《宋史》卷三三六《司马光传》。
④ 《宋会要辑稿·食货六三之四七》。
⑤ 《续资治通鉴长编》卷三七八，元祐元年五月乙亥。
⑥ 《宋史》卷三三五《种世衡传》。
⑦ 《宋史》卷三一四《范仲淹传》。
⑧ [宋]范仲淹：《范文正公文集》卷一五《东染院使种君墓志铭》。
⑨ 《宋史》卷三三五《种谔传》。
⑩ 《宋史》卷一九〇《兵志四》。
⑪ 《宋史》卷三三三《高永能传》。

万顷。"①田多粮多，元丰四年（1081年），据鄜延路经略司讲，仅米脂寨就收获窖藏谷近两万石②。

延夏通道行经北宋极西边陲地带横山农业区，这一农业区实际上就是无定河上游河川谷地，水土条件都适宜发展农耕业。由于地接夏境，北宋大部分时段为夏人所控制，使其成为西夏恃以为本的重要农耕区之一。

（二）环庆、镇原通道

环庆、镇原两条道路分属于环庆路、泾原路两安抚使辖域，环庆道循马莲河谷通行，在宋夏之间数条道路中，出入关中最为便捷。马莲河谷附近是土山丘陵，无重障险阻，于军旅无碍。镇原通道沿清水河与泾河上游衔接，虽然由此出入关中较为迂远，但清水河谷地由黄河南岸直通六盘山下，道路平坦，水草丰盛，便于骑兵行动。环庆、镇原两条道路都具有便于军事行动的优势，因此西夏军队常经环庆、镇原二通道南下，为抵御西夏的侵扰，北宋驻在这里的守边部队自然也在增加，土地开垦范围亦随之日益扩大。

据《宋会要辑稿》记载，元丰四年（1081年）泾原路经略司言："渭州、陇山一带，原坡地四千余顷，可募弓箭手三千余人。"③八年以后，元祐三年刘昌祚知渭州，又"括陇山地凡一万九百九十顷，招置弓箭手人马凡五千二百六十一"④。庆州归德堡一带本"皆沃壤"，但由于"地旷绝无扞蔽，人莫敢耕牧"。绍圣年间，钱即知庆州，筑安边城、归德堡，东西相望，"包地万余顷"，才使"人得以纵耕其中。"⑤

镇戎军与德顺军是扼守镇原通道的重要据点，宋初屯驻在这里的军队供给仍需"令远民输送"⑥。咸平四年（1001年）陕西路转运使刘综提出："镇戎军川原广衍，地平饶沃，若置屯田，其利尤博。"况且此时"镇戎军

---

① 《宋史》卷一七六《食货志上四》。
② 《续资治通鉴长编》卷三一八，元丰四年十月己卯。
③ 《宋会要辑稿·兵四之十》。
④ 《宋史》卷一九〇《兵志四》。
⑤ ［宋］杨时：《龟山集》卷三三《钱忠定公墓志铭》。
⑥ 《宋史》卷一七六《食货志上四》。

四面已有人户耕种"①，行屯田更有其方便之处。不久镇戎军四面即进入大范围开垦之中。熙宁年间蔡挺知渭州，"括并边生地冒耕田千八百顷，募人佃种，以益边储。取边民阑市蕃部田八千顷，以给弓箭手。又筑城定戎军为熙宁寨，开地二千顷，募卒三千人耕守之"②。继镇戎军之后，德顺军四周也相继辟为农田。熙宁八年（1075年）"诏陇山一带新经差官按视可耕官田，德顺军、仪州四千八百八十八顷"③。崇宁二年（1103年）通判德胜军事卢逢原申报，打量出新占旧边壕外地共四万八千七百三十一顷有余④。这一数字与秦汉时郑、白二渠灌区面积相仿，可谓大矣！这一带的黄土坡梁都有屯田开辟的土地。

宋代环庆、镇原两路的屯垦对巩固边防颇有意义，宋人晁补之为范仲淹之子范纯粹出任庆州所写的送行诗中，留下这样的赞颂："君不见，先君往在康定中，奉诏经略河西戎，大顺葫芦尽耕稼，贼书不到秦关东。"⑤诗中"葫芦"即指清水河。

（三）秦渭通道

秦渭通道属于北宋秦凤、熙河诸安抚使路，地处通往西域的交通道路上，长期以来就是各民族的混杂居住区，至宋代，除大量党项人外，还有许多吐蕃人居住、活动在这一带。但这些民族并不完全从事游牧，他们的经济生活中往往含有一定的农耕成分。如宋人韩琦曾经说，在来归附朝廷之前，当地的"吐蕃部族散居山野，不相君长，耕牧自足"⑥。显然，生活在这里的吐蕃人习惯农耕，因而在官府收复并开垦这一带土地时，当地蕃族也加入到亦耕亦戍的弓箭手行列。宋人尹洙说："西蕃种落居秦渭之间者十余万。"⑦这十余万蕃族人中充当弓箭手，开垦土地的不在少数。有

---

① 《宋会要辑稿·食货六三之三九》。
② 《宋史》卷三二八《蔡挺传》。
③ 《宋会要辑稿·兵四之六》。
④ 《宋史》卷一九〇《兵志四》。
⑤ ［宋］晁补之：《鸡肋集》卷一二《送龙图范丈德孺帅庆》。
⑥ 《续资治通鉴长编》卷二六二，熙宁八年四月丙寅。
⑦ ［宋］尹洙：《河南集》卷一八《论城水洛利害表》。

了当地蕃族人的帮助，秦凤通道的垦地不仅分布在大道附近，有的也深入到了蕃族的居住区内。

秦凤通道的新辟土地主要有这样几部分，一部分分布在秦渭等州，另一部分分布在兰州附近，此外西宁州一带也开辟有屯田。

熙宁年间宋夏边界推向洮河流域，秦、渭等州防区屯田力度不断加强。熙宁三年（1070年）同管勾秦渭路经略司机宜文字王韶谈道："渭源城而下至秦州成纪，旁河五六百里，良田不耕者无虑万顷。"但知秦州李师中却认为，这是"极边见招弓箭手地"①。此处无论谁讲的是事实，都说明这一带有数万顷土地，将要被辟为农田。除沿河川地外，王韶又"募人垦缘边旷土"②，从而使渭河上中游地带，也相继开垦出现屯田。

北宋时期兰州一带也为屯田区，兰州本为戎人控制，北宋中期收归朝廷。这一带"本汉屯田旧地，田极膏腴"，又"可灌溉"③，苏辙认为只要"略置堡障"，就可以招募弓箭手为耕战之备④。兰州一带具有可屯田的条件，不断被提到边政之中，元丰四年（1081年），熙河路都大经制司因兰州西"城川原地极肥美"，请"募弓箭手，人给二顷"，这一且耕且守之策得以实施⑤。不仅如此，因兰州一带的战略地位，开展屯田，成为朝臣的共识。"定西以东，平原大川，皆膏腴上田，其收亩十余斛"，且"无虑一二万顷，可置弓箭手仅万人"，这是哲宗元祐年间受到关注的一块土地⑥。

在秦渭通道所经之处，西宁州附近也辟有屯田。这里是北宋王朝统治区域的极西端，收归朝廷虽晚，农耕生产却很有起色。自"绍圣开辟以来"，朝廷即在西宁、湟、廓、洮州及积石军等处新边，着手招置弓箭手，"以为边防篱落"⑦。西宁一带农业垦殖与陕西其他边地最大的不同，是兴

---

①　《宋史》卷一七六《食货志上四》。

②　《宋史》卷三三二《李师中传》。

③　[宋]苏辙：《栾城集》卷四三《乞罢熙河修质孤胜如等寨札子》。

④　[宋]苏辙：《栾城集》卷三九《论兰州等地状》。

⑤　《续资治通鉴长编》卷三一六，元丰四年九月庚戌。

⑥　《续资治通鉴长编》卷四六〇，元祐六年六月丙午。

⑦　《宋史》卷一九〇《兵志四》。

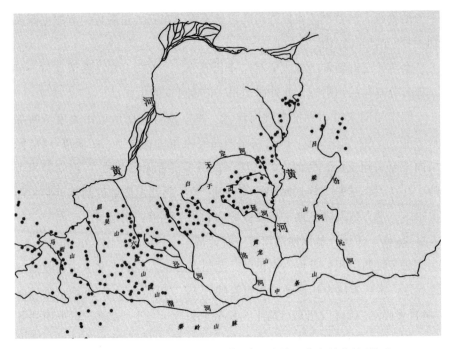

图4-4　北宋西北堡寨分布图（出自程龙《北宋西北战区粮食补给地理》）

复了当地的水利事业。开垦之初，当地官员就认为西宁、湟、廓等州"汉唐故渠尚可考，若先葺渠引水，使田不病旱，则人乐应募"。这一建议得到了朝廷的赞许。工程完成后，仅半年就"得善田二万六千顷，募士七千四百人，为他路最"①。

沿边土地开垦中，岷州虽不当交通要冲，但"不拘蕃汉兵民"，也被招来耕种②。提点秦凤路刑狱使郑民宪曾根括熙、河、岷州地1万多顷，招置弓箭手5 000余人③，并得到朝廷奖励。

北宋时期陕西诸路屯垦遍及黄土高原丘陵沟壑区，在黄土高原上大面积开垦土地，必然要对自然环境造成恶性影响，而兵屯对自然环境的破坏

---

① 《宋史》卷三五七《何灌传》。
② 《续资治通鉴长编》卷二七三，熙宁九年三月庚辰。
③ 《续资治通鉴长编》卷二五八，熙宁七年十一月丙午。

又甚于民垦。传统农业社会土地是最重要的生产资料，固定的生产方式与生活习俗使人们长久定居在一块土地上，人们为了取得尽可能多的收获物而精耕细作，兵屯的性质与此大相径庭。边地兵屯目的就是索取粮食，解决一时之需，有时甚至另有意图。太原知府吕惠卿曾经说过，在吴堡、葭芦一带开垦，解决军粮之外，"兼可诱致西贼践踏田苗"，以借机"设伏掩击"。他还说，应在横山一带乘西人未防之机，"广耕疾种"，然后"因其践踏而掩击之"①。屯垦当作诱敌之饵，必然无心善待土地。此外，军队屯驻地点往往随着战争起落而游移不定，从事垦殖的士兵又属雇佣性质，因而他们无意珍惜和涵养地力，往往采取粗放的耕作方式，至于各种农田基本建设及水利工程设施更无从谈起。这样经营土地，必然导致环境迅速恶化（图4-4）。

北宋时期，陕西诸路是受战事影响最大的区域，尽管关中平原有良好的自然条件与农业生产基础，但由于各种原因，边郡驻军所需粮食不能完全依靠运输，就地屯田成为必要的举措，于是黄土高原进入农业开发的特殊时期，由此带来的是现实需求与后世影响的双重结果。

第五节　北宋时期黄河中下游地区粮食调拨与农业生产发展水平

传统农业社会，一个地区粮食的盈亏是经济发展水平的标志，而本土自给之余，有剩余粮食转输他处，更是值得关注的供需信息。供与需，取决于输出区的农业生产与输入地消费者数额的关系。

北宋时期，京师开封成为全国最大的粮食集散地。粮食运转至京师主要通过四条水道，这就是《宋史》所载："宋都大梁，有四河以通漕运：曰汴河、曰黄河、曰惠民河、曰广济河。"②四条水道所运漕粮同入京师，但各路漕粮的来源与用途却不相同。

---

① 《续资治通鉴长编》卷三四七，元丰七年七月丁未。
② 《宋史》卷一七五《食货志上三》。

1. 汴河："汴带引淮、江，利尽南海"①。汴河一路南下，沟通了黄河、淮河、长江以及钱塘江，并连通了黄河、长江流域南北两大经济区，来自汴河的漕粮是北宋王朝的重要经济支柱，其中主要部分充"太仓蓄积之实"②。其余又分往两处，一部分由河阳转运至河北，以补充河北边郡军粮不足③；另一部分供应京师及河南府、应天府二陪都所需粮食④。

2. 广济河："粟帛自广济河至京师者，京东之十七州"，京东路是广济河漕粮的供应范围。而"广济河所运，止给太康、咸平、尉氏等县军粮"⑤。太康、咸平、尉氏等县都位于开封府界之内，北宋朝廷本着强干弱枝的原则，在京师周围屯驻了大量军队，兵额之多，以致"新城里外连营相望"（新城为汴京外郭城）⑥，来自广济河的漕粮主要用于京师周围驻军的军粮。

3. 惠民河："由石塘、惠民而至京师者，陈、颍、许、蔡、光、寿六州"。惠民河漕粮供应范围显然是京西各州，这一路漕粮的用途，"斛斗不入仓"⑦，部分供应京师附近驻军，另一部分亦由河阳转运至河北。

4. 黄河："陕西诸州菽、粟，自黄河三门沿流入汴，以达京师"⑧。黄河漕粮主要来自关中，这是宋初国用的一个重要组成部分，"朝廷岁仰关中谷麦以给用"⑨。北宋中期随着宋夏战事频繁，军费浩大，"黄河岁漕益减耗"。庆历中由原八十万石减至"运菽三十万石"，嘉祐四年索性"罢所运菽"⑩，黄河漕粮东向运输完全停止。

漕运四河各路漕粮不仅供应范围及用途不相同，且每条水道的运粮数额也各有差异。太宗太平兴国六年（981年）规定："汴河岁运江淮米三百

---

① 《宋史》卷三一八《张方平传》。
② 《宋史》卷一七五《食货志上三》。
③ ［宋］包拯：《包拯集》卷一〇《请支拨汴河粮纲往河北》。
④ 《宋史》卷一七五《食货志上三》。
⑤ 《宋史》卷一七五《食货志上三》。
⑥ 《玉海》卷一四九《兵制》。
⑦ 《宋史》卷一七五《食货志上三》。
⑧ 《宋史》卷一七五《食货志上三》。
⑨ 《宋史》卷二七四《侯赟传》。
⑩ 《宋史》卷一七五《食货志上三》。

万石、菽一百万石；黄河粟五十万石、菽三十万石；惠民河粟四十万石、菽二十万石；广济河粟十二万石，凡五百五十万石。"宋初"京岁费有限，漕事尚简"。以后随着用度的增加，各路运粮数额又有所变动：

1.汴河漕粮是全部漕粮中的主体部分，太平兴国六年规定每年通过汴河运粮四百万石，"至道初汴河运米五百八十万石，大中祥符初至七百万石"[①]。以大中祥符之数额与太平兴国元年的四百万石相比，增加了43%。汴河漕粮在漕粮总额中约占65%—70%，正如包拯所强调的那样："东南上游，财赋攸出，乃国家仰足之源。"[②]这巨额漕粮从输出到输入，所反映的正是南北地区经济发展水平的阶梯差。

2.河南是黄河中下游经济发展水平最高的一个地区。广济、惠民两条运河的漕粮都来自河南，以太平兴国元年漕粮数字看，每年由河南各州供给京师的漕粮达一百二十二万石，占漕粮总额的22%，居北方各路首位。漕粮数额不但反映了河南自身的经济地位，也可看出京东、京西两路经济发展水平之差。太平兴国六年，惠民河运粮六十万石，但"内二十五万石系淮南年额"，出自京西的实为三十五万石[③]，广济河运粮六十二万石，京东拥有优势。治平二年（1065年），"惠民河二十六万七千石，广济河七十四万石"[④]，惠民河漕粮减少了三十三万三千石，而广济河却增加了十二万石，这就是京东、京西两路农业生产的地域差异。宋初，战后劫余，四处凋敝，京东、京西两路经济水平之差不甚明显，朝廷循前朝旧例，规定两地漕粮数额。经过几十年的恢复发展，两地的实际状况逐渐显示出来，京东经济不断发展，成为黄河中下游地区首富，京西则相形见绌。

3.向京师漕运粮食为粮食转运的主要方向，除此之外，地方上也存在着区际的粮食转运，其中由河东输往河北、陕西的粮食就是一个重要部分[⑤]。黄河中下游各路中，唯河北只有粮食运进而无调出的任务。

---

① 《宋史》卷一七五《食货志上三》。
② [宋]包拯：《包拯集》卷七《请令江淮发运使满任》。
③ [宋]张方平：《乐全集》卷二三《论京师军储事》。
④ 《宋史》卷一七五《食货志上三》。
⑤ 《宋史》卷一七五《食货志上三》；卷三六〇《柴成务传》；卷二七七《郑文宝传》。

面对北宋时期黄河中下游地区的粮食调拨与转运方向，京东、京西、河东、陕西各路都存在粮食输出，唯独河北只有输入现象，对此若纯粹从边郡驻兵进行解释，并不是问题的全部，陕西、河东同样属于边郡，同样驻有大量军队，却仍然有粮食外运，是否还存在其他需要关注的因素？仔细推敲，这就是我们需要讨论的地理问题。北宋时期，黄河中下游各路都有可以依赖的平原地带发展农业生产，京东一带的淄水、汶水流域，京西伊洛河流域，河东汾河谷地，陕西关中平原，相对而言河北完全位于平原之上，却因黄河北流、盐碱以及设在这里的官牧监，丧失大量良田，本地粮食勉强自给，却无力为边郡驻军提供军粮，以致粮食只有输入，而无输出。缺乏可以依赖的河流谷地，应是河北缺粮的关键。

两宋作为一个王朝，皇祚未易，但南北持续时间不同，北宋前后167年，南方经南北宋319年，长短不一的两个时段，为农业生产带来的结果完全不同。北方经五代战乱，入宋以来全力恢复，又面临北方契丹、西北党项建立的辽、西夏两面军事威胁，因此就农业生产总体环境而言，边郡存在中断、恢复，再中断、再恢复的螺旋式变化；腹里又深受边郡物资需求的压力与战事的间接影响，而将注意力集中于服务政治、军事需要。这一切，不仅为黄河中下游地区带来的是不完全稳定的农业生产环境，而且无法恢复北方曾经全国经济重心的地位。

第五章　国之根本，东南望郡

——宋代东南地区的农业生产与土地利用特征

宋代东南地区包括淮南东、淮南西、浙江东、浙江西、江南东、江南西以及福建七路所辖境域。北宋初年依唐代旧制将全国分为十道，至道三年（997年）始改道为路，重新将全国分为十五路，东南地区划归淮南、江南、两浙、福建四路管辖。此后，北宋中期以及南宋初年再分为江南东、江南西、淮南东、淮南西、两浙东、两浙西路[①]，加上福建路，这就是东南七路。东南七路成为定制虽然是在南宋初年，其管辖范围却与至道四路完全相同，基本相当于今天浙江、福建、江西三省全部，以及安徽、江苏两省大部，面积大约为65万平方公里。

宋代东南七路作为重要的农业生产地区，有着优越的自然条件。这里全部位于亚热带东部湿润地区之内，一般地区年降水量在1 000—1 500毫米，部分地区可达2 000毫米以上，水量丰沛。区内的淡水湖面积占全国的50%以上，富有灌溉、航运和水产之利。长江沿岸广大湖面还起着天然调蓄作用，人们在沿江修筑了各种塘堰以尽灌溉之利。据熙宁年间的数据统计，东南七路水田达1 900多万亩[②]，占全国总数的55%。宋室南渡以后，这一地区成为朝廷赖以生存的衣食之源，水利事业的兴建较北宋时期又前进了一步。而亚热带地区丰富的热量资源，也为农业生产提供了便利

---

① 《玉海》卷一八《地理》。

② 《宋会要辑稿·食货六一之六八》。

图5-1　宋代东南地区（出自《中国历史地图集》）

条件。以现代气候状况而论，本区北部淮南一带，年日均温≥10%的日数为230—250天，积温可达4 000℃—4 500℃；本区的南部浙闽一带≥10℃的日数可达270—300天，积温则在5 000℃—6 000℃，除个别山区，大部分地区可实行一年两熟制。优越的水热条件，为农业生产的稳步发展提供了基本保证。

东南地区农业开发的历史十分久远，大约新石器时期，1万年以前，水稻就在这片土地上驯化成功。回顾东南地区农业开发的历史，东晋以来的变化占有不可忽视的地位。人们充分利用自然优势，对这一地区进行全面开发。我们在关于农业的讨论中，始终没有离开人口，对于东南七路，人口同样是经济发展的强大动力。历史人口研究表明，中国历史时期存在三次北方人口的大规模南移，对于移民迁入地南方而言，每次移民南下都伴随新的经济发展高潮的到来。东晋南朝时期北方人口的大规模南迁，为南方带来大量劳动力，促使南方农业生产方式有了全面的改观，并且逐渐缩小了南北两大经济区的差距。唐中期"安史之乱"带来的又一次人口大规模南迁，不但消除了原来南北之间的地区差距，而且推动中国古代经济重心移向江南。中国古代经济重心南移的历程从唐至宋，在二百多年的时间内，最终完成。

东南地区有发达的经济、丰富的物产以及众多的人口。仅在面积并不大的平原地区，就养活了占全国总人口22%的人民，同时还担负了国家的大量粮赋。太平兴国六年（981年）朝廷规定由江淮运往京师的粮食为400万石，以后随着东南经济的发展，漕粮数额不断增加，至道六年增为580万石，大中祥符初年朝廷又将江淮漕粮增至700万石，占输往京师总漕粮的82%，故包拯强调："东南上游，财赋攸出，乃国家仰足之源，而调度之所出也。"[1]宋室南渡以后，长江以北的半壁河山沦陷于金人之手，北方移民相继南下，东南各路的人口和劳动力不断增加。南来的既有各行各业的劳动民众，也囊集了朝中知识阶层的文化精英，这一切都促使进入南宋以后，东南七路农业生产和社会经济向更高层次发展。

宋代东南七路是国家经济依仗的地区，若从农业地理视角展开讨论，值得关注这样几个问题：

1.东南七路地貌，丘陵山区所占比例很大，平原并不充裕。农业开发中伴随人口迅速增长，必然出现"土地小狭，民人众"，人地矛盾越来越

---

① ［宋］包拯：《包拯集》卷四《请令江淮发运使满任》。

突出。这里仅以明州定海县为例,讨论宋代东南地区人口与土地之间关系的变化。政和六年(1116年),定海县有户16 226,依每户五口计,应有81 130口,这时全县的垦田面积为3 300顷,人均耕地约4亩。南宋时期,定海县人口几乎增加了50%,即达121 695口,而"垦田所加才三十之二",全部耕地充其量不过3 520顷,人均耕地下降为2.9亩[①]。定海不过是一个边海小县,人地关系已经有了明显的变化,经济发达的太湖平原表现得就更明显了。随着人口压力的不断增大,人们在寻求新土地的同时,在已经开发的地区内实行精耕细作、集约经营,在有限的土地内尽可能提高其利用率与经济价值,成为东南地区农业开发的主旋律。

2.精耕细作的农业经营方式是人多地少、劳动力充足的情况下,以提高土地利用率为目的而采取的措施。宋代东南七路随着人口增加,人均耕地面积越来越少。在土地上从事耕作的农民,无论是主户还是客户,为提高单位面积的粮食产量而作出各种努力。那些拥有小块土地的四、五等户,为了维持一家人的温饱,只有靠提高生产技术,才能获得更多的农产品。随着土地兼并的激烈,无地客户的数量日趋增加,而地主对地租的要求也越来越苛刻。租种别人土地的客户,为了能在交纳苛刻地租之外,获得更多的收获物,通过精耕细作,竭力提高单位面积产量。在这些因素的促进下,东南各路的耕作水平不断提高,并为农业生产带来全新变化。

东南七路是两宋时期农业耕作水平最高的地区,权且不论全国经济重心所在的太湖平原,两江路与相邻的荆湖地区就存在很大反差。南宋名儒陆九渊在荆州为官时就曾指出,这两个地区在土地利用方式、农田水利制度等方面存在明显差异。"江东西无旷土,此间旷土甚多。"土地利用程度的高低,反映了社会经济发展水平。通常土地利用率与人口、社会经济发展水平成正相关关系,经济高度发展的地区,寸土寸金,绝无旷土可言,可见两江地区经济发展水平明显高于两湖地区。陆九渊还指出,这两个地

---

① [宋]戴栩:《浣川集》卷五《定海七乡图记》。

区还有着完全不同的农作物种类。"江东西田分早晚，早田者种占早禾，晚田种晚大禾。"早禾、晚禾都是水稻，还没有充分证据证明宋代江南东、西路实行早稻、晚稻轮作复种，但早、晚稻生长期的不同，为复种轮作提供了条件。而两湖地区则"田不分早晚，但分水陆。陆田者，只种麦、豆、麻、粟或蒔蔬栽桑，不复种禾，水田乃种禾"①。荆州一带水田与旱地作物区分很清楚，一季作物成熟后，再不种植其他作物。朱熹在潭州（今长沙）为官时，也见到这里"只有早稻，收成之后，农家便自无事"②。荆湖地区与江东西自然条件无大差异，但农业经营方式却不同，关键之处在于人口引发的人地关系压力不大，自然无心投入更多。水利是农业的命脉，农田水利设施完善的地区，往往农业生产发展程度较高。江、湖两地相比，如陂塘水堰一项，荆湖地区在数量和完善程度上都不如两江地区。陆九渊说"江东西陂水多及高平处"，就是说可以把陂水引到高亢的田地中；而两湖地区近山处的水田因地势高亢，只能靠山泉灌溉，被称为"浴田"，显然在技术上还不具备引陂水至高平处的能力，或者无心制作引水工具③。

陆九渊对于两江、两湖农业经营的比较，足以看出高下之别。但宋代东南七路农业生产水平与农业技术最具优势的地区在浙西路，即太湖平原，这就是说两江若与浙西路相比，值得赞许之处多在两浙。由此看来，同属于东南地区的各路，农业生产并非同步发展，其间的地域差异同样存在。

第一节　淮南农业生产的兴衰

淮河以南，除沿江地段分布着零星的低山丘陵外，大部分地区是平原。这里虽位于长江以北，但平原上湖泊密布，河渠纵横，风光颇似江南

---

① ［宋］陆九渊：《象山集》卷一六《与章德茂书》。
② ［宋］朱熹：《晦庵集》卷一〇〇《约束榜》。
③ ［宋］陆九渊：《象山集》卷一六《与章德茂书》。

水乡，加之"土壤膏沃"①，"西有铁冶，东富鱼稻"②，一直是历代王朝发展农业、兴修水利的重点区域。北宋时期淮南仍是国家的重要粮仓，朝廷以江淮并举，同视为其所赖以生存的经济命脉。但"靖康之难"以后，淮南成为宋金双方的战场，人民流离，土地荒芜，农业生产遭到了毁灭性的破坏。虽然"绍兴和议"以后，淮南农业生产在一片草莽之上有所恢复，但与往日的繁荣已无法相比。淮南农业生产在宋室南渡前后，出现了巨大反差。北宋时期淮南地区的农业生产与江南基本可视为一体，尤其是沿江一带堪与两浙、江东媲美。但南宋时期，淮南两路在战火之余，人口稀少，劳动力不足，以致土地荒芜。农业经营方式从原来的精耕细作倒退到广种薄收，从集约经营倒退到粗放经营，时人称淮南"种之卤莽，收亦卤莽，大率淮田百亩所收，不如江浙十亩"③。南北两宋，形成巨大反差。

一、农业生产不断发展的北宋时期

淮南一带介于江、河两大流域之间，北宋时期建都开封，不仅仰仗漕运，而且也需要淮南一带粮食的接济。为了保障农业继续稳定，对于水利等基本建设投入很大努力。

水利是农业生产发展的基础，北宋初即在淮南兴建水利工程。这一时期除兴复了古代的水利遗迹外，又新建了许多水利工程。就地理分布而言，唐代水利工程侧重分布于淮南东部，宋代东西并举，均衡发展。在这些水利工程中，芍陂是有千年历史的著名蓄水工程，原引龙穴山水及淠水入陂，每岁灌田高达万顷。宋初，由于"泥沙淤淀，陂池地渐高，蓄水转少"。加之龙穴山一脉水源水量大幅度减少，已经微不足道，这时只能依靠"淠河水入陂"，可是后来淠河河渠也失于修浚，遂使芍陂来水水道堙塞不畅，陂水浅涸。由于水量不足，陂水灌溉面积从原来的万余顷缩减到了一两千顷，严重地影响了这一带的农业生产，甚至因此而导

---

① 《宋史》卷八八《地理志四》。
② 《宋史》卷四〇八《汪纲传》。
③ ［宋］虞俦：《尊白堂集》卷六《使北回上殿札子》。

致"寿州米价踊贵"①。为了保证芍陂四周农业生产正常进行，熙宁年间，开始大规模整治芍陂。这次兴工包括开治淠河、挖掘淤泥等一系列工程，经过一番努力，芍陂基本恢复了原有的功能。整治好的芍陂四周，渠道纵横，陂水荡漾，进入此地，如至江南水乡，为此宋人刘安上赋诗曰："陂渠积水与田通，仿佛江乡意趣同。引起三吴耕钓兴，小舟来往藕花中。"②

约略与芍陂整治工程同时，舒州临江堤堰的修复，也为当地农业生产带来极大的利益。舒州地多濒江，"率以水田为生"，但临江农田"不潦则旱"，古来虽有"堤堰潴泄水势"，但"或因积年大水决溃，因循不复修葺"，完全失去了应有的作用。熙宁年间李竦至此为官时，主持"筑成堤岸数处，次年积雨，溪江暴泛，赖新堤障，遂免漫溺"③。工程完成后，鄱阳人彭汝砺在舒州看到"渔樵处处乐太平，稻粱岁岁收余羡"的喜人景象，也不禁感叹地说："江淮旱涝相缀联，舒城独自为丰年。"④

淮南各地发展农业，都将兴复水利视为要务。淮西和州境内有麻湖，"环湖田数千顷，无蓄泄之备，雨久则田皆陷泽中，为一方患甚"。吕希道在这里为官时，率众"疏河通江，介湖中为沟港，雨暴注则泻诸江，因沟港通运舟达城中，数千顷皆为良田，岁收三百余万斛"⑤。蒋之奇任"淮东转运副使，岁恶民流。之奇募使修水利以食流者。如扬之天长三十六陂，宿之临涣横斜三沟，尤其大也。用工至百万。溉田九千顷。活民八万四千"⑥。天禧四年（1020年）"淮南劝农使王贯之等导海州界石闼堰水，入涟水军溉民田。知濠州定远县太子中舍江泽率部民修古塘堰，贮水溉田，民获其利"⑦。都是造福一方的水利工程。熙宁年间，兴置或修复了"扬州江都县古盐河、高邮县陈公塘等湖，天长县白马塘、楚州

---

① [宋]宋祁：《景文集》卷二八《乞开治淠河》。
② [宋]刘安上：《给事集》卷一《安丰道中》。
③ 《续资治通鉴长编》卷二一八，熙宁三年十二月甲子。
④ [宋]彭汝砺：《鄱阳集》卷一《七门堰》。
⑤ [宋]范祖禹：《范太史集》卷四二《左中散大夫守少府监吕公墓志铭》。
⑥ 《宋史》卷三四三《蒋之奇传》。
⑦ 《宋会要辑稿·食货六一之九一》。

宝应县泥港、射马港，山阳县渡塘沟、龙兴浦，淮阴县青州涧、宿州虹县万安湖小河、寿州安丰县芍陂等"水利工程[①]，并完善泰州捍海堰[②]、通州捍海堤[③]。这些水利工程的兴建，对淮南农业生产起了很大的推动作用。

与水利工程关系最密切的就是水田。由于大江南北自然环境存在差异，"江北之民杂植诸谷，江南专种粳稻"，长期以来已沿袭成俗[④]。宋代淮南水利事业的兴建，为水田发展创造了有利条件，由此也促进江北水田面积扩大与水田耕种技术提高。宋代文献记载中，淮南各州几乎都有水田。南宋徐子寅说："两淮荒芜之田，……究其十分之地，陆田才三四，而水田居五六。"[⑤]可见南宋时期，淮南一带水田面积至少占百分之五六十。

在淮南各处的水田中，沿江州郡尤其令人瞩目。沿江各州利用江湖之便，效仿江南，修圩筑堤，捍水围田。庆历年间朝廷下诏，令江淮、两浙、荆湖等地州军开修圩田[⑥]，诏令中江淮并列，可见淮南圩田的兴修也颇具规模。淮南圩田中，以合肥三十六圩最为著名。这三十六圩濒临巢湖，皆为沃壤。南宋时三十六圩田因战乱荒弃，据时人估算，若募人耕垦，可得谷数十万斛[⑦]，北宋时期的粮食产量可能更高。无为军庐江县杨柳圩，周围五十里，也是江北著名圩田[⑧]。由于淮南水田种植范围很广，遂使往来旅人，虽然身在江北，却感觉风光无异于江南。宋人的诗文中随处可以见到，对当地稻花陂水的描写。"积雨涨陂塘，田塍插晚秧"[⑨]，"避雨孤篷泊柳荫，潮回溪曲稻花深"[⑩]，"鸭绿几寻塘水浸，鹅黄一段稻

① 《续资治通鉴长编》卷二七二，熙宁九年正月壬午。
② [宋]曾巩：《隆平集》卷一九。
③ 《宋史》卷三四八《徐绩传》。
④ 《宋史》卷一七三《食货志上一》。
⑤ 《宋会要辑稿·食货六一之一二〇》。
⑥ 《宋会要辑稿·食货六一之九三》。
⑦ [宋]薛季宣：《浪语集》卷三五《宋右奉议郎新改差常州借紫薛公行状》。
⑧ 《宋会要辑稿·食货七之五六》。
⑨ [宋]贺铸：《庆湖遗老诗集》卷五《高望道中》。
⑩ [宋]贺铸：《庆湖遗老诗集》卷七《乌江广圣寺虚乐亭》。

秋齐"①，诵读这些诗句，依稀置身江南。

水田面积扩大，不但提高了水稻在淮南粮食作物中的地位，也促使人们总结耕作经验，改进耕作方法，提高耕作技术。宋代著名农学家陈旉就是扬州人②，他一生大部分时间"躬耕西山"，自称"西山隐居全真子"③。凭借丰富的农业生产实践经验，陈旉在《农书》中，从土地利用规划、农时节气、作物品种安排、粪田理论、农田耕作方法、作物田间管理等几个方面，论述总结了北宋时期的农业生产经验，水田的栽培技术则是其中最重要的部分。从他的论述中可以看出，淮南及长江中下游地区的农业生产已经达到了很高的水平，甚至许多当时采用的生产方法，至今仍有重要的现实意义。

农业生产发展提高了淮南的社会经济实力，北宋时期许多军需国用物资都从淮南征调。当时宋与辽、夏长期鏖战，"天下诸道，若京之东、西，财可自足，陕右、河朔，岁须供馈，所仰者淮南、江东数十郡耳"④，淮南的农产品对西北边境作战起了重大的支撑作用。不仅战事所需要仰赖淮南供应，且宋代朝廷日常赖以为生的东南漕粮，主要也来自淮南、江南、浙右这三个地区，"江南不稔则取之浙右，浙右不稔则取之淮南"，已经成为常例⑤。

二、农业生产呈现衰落的南宋时期

淮南一带农业生产，经历了北宋时期的繁盛，而自"靖康之难"，淮南两路农业生产发展进入转折点。"靖康之难"以后北方领土大片沦陷，地处南北之交的淮南成为宋金双方的战场。"淮上四战之场，虏敌往来之地"，这是对当时的淮南社会最贴切的描述⑥。从宋室南渡至蒙古人灭宋，

---

① [宋]曾肇:《曲阜集》卷三《淮南道中》。

② 万国鼎:《陈旉农书评介》,载《陈旉农书校注》,农业出版社,1965年。

③ 陈旉:《农书》自序。

④ 《续资治通鉴长编》卷一二三,宝元二年五月癸卯。

⑤ 《续资治通鉴长编》卷一四三,庆历三年九月丁卯。

⑥ [宋]叶适:《水心先生文集》卷二《安集两淮申省状》。

在南宋统治的一百多年内，这里始终在战争阴云的笼罩之下，宋金双方时战时和，旧的创痛呻吟未息，新的战火复又燃起。而每次交战，无论战事大小，淮南地区都不能免于灾难，农业生产遭到了毁灭性的破坏，史称"民去本业，十室而九，其不耕之田，千里相望"①。北宋百余年辛勤经营的淮南农田，很快化为荒田废土。绍兴年间以后战事稍息，也陆续有人前来淮南垦荒，但这里的农业生产始终没有恢复到北宋的水平，人少地旷，一直是朝廷急于解决的问题。为了迅速开垦淮南旷土，南宋政府尝试过各种努力。

（一）创立屯田、营田

宋代屯田、营田，虽在文书中有军队垦殖与民户垦殖之分，但实际在两者间并没有严格的界限，军队垦殖时称营田，农民垦殖也叫屯田，两者的实质是一样的，都是对国有土地的开垦，因此下文不再将其分开论述。

淮南屯田始议于绍兴元年，即在金人南侵的次年，偏安于江南的南宋朝廷因"建康府江南北岸，荒田甚广，诏令孟庾、韩世忠措置将兵马为屯田之计"②。为了解决淮南驻军的粮饷问题，朝臣也不断上疏，请行屯田。他们建议"沿江淮、襄汉、川蜀、关外未耕之田，或可种之山，使总领取而自耕自种，以养屯驻大兵"③。"今戍边之兵，连年不解，转饷不已，民疲可知，况两淮、荆襄素多旷土，宜明饬制帅司及州郡，并开屯田"④。绍兴五年，朝廷正式下诏，令"淮南、川峡、荆襄屯田"⑤，并命韩世忠、刘光世、张俊、吴玠、岳飞"五大将及江淮、荆襄、利路帅臣悉领营田使"⑥，兼管营田事务。"凡军士所屯之田，皆相其险隘，立为堡寨，寇至则保聚捍御，无事则乘时田作"⑦。一时江淮之间均有屯田。

---

① 《建炎以来系年要录》卷四〇，建炎四年十二月丁酉。
② 《宋会要辑稿·食货六三之八八》。
③ ［宋］叶适：《习学记言》卷一七《正论解》。
④ ［宋］程珌：《洺水集》卷一一《朱惠州行状》。
⑤ 《宋史》卷一七六《食货志上四》。
⑥ 《建炎以来朝野杂记》卷一六《营田》。
⑦ 《建炎以来朝野杂记》卷一六《屯田》。

朝廷组织民户营田主要以庄为单位进行，即由政府将流民组织起来，划地为庄，然后授田并借以牛具、籽种，收获物官民对分①。南宋时期两淮官庄分布很广，淮东、淮西都有。敷文阁待制张子彦奉朝廷之命"措置两淮营田官庄"，仅在真州、盱眙军境内就得水陆山田一万五千多亩②。大理寺主簿薛季宣在黄冈、麻城一带立官庄二十二所③。楚州宝应、山阳、盐城、淮阴四县有水陆官田七千二百多顷被置为庄田④。

屯田、营田施行之初，对恢复两淮农业生产，招抚流民，确实起了一定积极作用，正像宋人诗篇中赞颂的那样，"淮南千里少遗民，万顷膏腴变棘榛。辟地营田真上策，稻粱已见满仓囷"⑤。但在官府所经营的经济事业中，官吏清白自守、依章办事的并不多。对此监察御史李寀曾明确指出，在江淮置立官庄，由政府贷以钱粮，给以牛种这样的"营田之法，可为备善"，但实际上当事官吏往往全不顾章法，"或抑配豪户，或驱迫平民，或强科保正，或诱夺佃客。给以牛者未必可用；付以田者，或瘠卤难耕。由官府有追呼之劳；监庄有侵渔之扰，鬻己牛而养官牛；耕己田而偿官租，种种违戾，不可概举。其间号为奉法不扰者，不过三数县而已"⑥。由于种种流弊的存在，致使无论是屯田，还是营田，都不能在长时期内取得应有的效益。从事屯、营田的百姓"既困重额，又困苛取，流离之余，口体不充"⑦。而经营屯、营田的官府也只落得"粗有所入"而已⑧。在这种情形下，虽然屯、营田政策至南宋中期还存在，但后期多徒具其名。

（二）招抚流民

招抚流民，垦殖荒土，是南宋政府在淮南地区推行的一贯政策。绍兴四年（1134年）兵火稍息之后，朝廷就诏令"两淮避兵民耕种所在闲

---

① 《宋会要辑稿·食货二之一五》。
② 《宋会要辑稿·食货六三之一三八》。
③ 《宋史》卷一七三《食货志上一》。
④ 《宋会要辑稿·食货三之一七》。
⑤ ［宋］李正民：《大隐集》卷一〇《破贼凯歌八章》。
⑥ 《建炎以来系年要录》卷一一八，绍兴八年三月壬辰。
⑦ 《宋史》卷一七六《食货志上四》。
⑧ 《建炎以来朝野杂记》卷一六《屯田》。

田"①。绍兴三十年（1160 年）"募人垦淮南荒田"②。庆元元年（1195年）"诏两淮诸州，劝民垦辟荒田"③。淳祐九年（1249年）"诏两淮、荆湖沿江旷土，军民从便耕种"④。为了组织流民北归，官府还组织已移居平江府、嘉兴府、江阴军等地的泗州人北归，从文献记载看，北归的泗州人为数不少，仅留下名姓的人户就有李谦等 10 户、阎本等 49 户、郭珍等74 户等⑤。

由于宋金之间战事不断，淮南地区难以太平，兵燹所及，人们逃之犹恐不逮，更不会有多少人甘愿投身于锋镝之间了。因而招抚流民，还归故里，是一件很困难的事，泗州民户北归并不能代表当时的总体趋势。为促使流民还乡垦荒，政府颁布了一系列惠民政策，如国家贷给牛具、籽种，修建房屋等等。尽管如此，还乡垦荒的淮南旧民仍然十分有限，故史称"两淮田亩荒芜，愿耕之民多非土著"⑥。

在"淮汉多旷土，江浙多闲民"的情况下⑦，官府在招抚淮南流民回归故里的同时，还将解决劳动力不足的希望，寄托在江浙狭乡与北方归正之人身上。绍兴二十八年（1158年）朝廷"募江浙、福建民，耕两淮闲田"⑧，此后又多次募民垦荒。在政府的提倡与当地人口的压力下，前来两淮垦荒的人数渐有增加，地理分布上"江南转徙人户来淮甸者，东极温、台，南尽福建，西达赣、吉"⑨。东南各路都有人至两淮垦荒，江南人不仅"转徙淮甸"，而且还受雇于淮民，特别是在作物收获季节，劳动力缺乏，于是"浙民每于秋熟，以小舟载其家之淮上，为淮民获"⑩。这些定期来淮的浙人，虽没有参加垦荒的行列，但在淮南的农业生产中也起

① 《宋史》卷二七《高宗本纪四》。
② 《宋史》卷三一《高宗本纪八》。
③ 《宋史》卷三七《宁宗本纪一》。
④ 《宋史》卷四三《理宗本纪三》。
⑤ ［宋］王炎：《双溪类稿》卷二三《申三省枢密院公札》。
⑥ 《宋会要辑稿·食货》六一之八六。
⑦ ［宋］周必大：《文忠集》卷一二一《廷试策问》。
⑧ 《宋史》卷三〇《高宗本纪七》。
⑨ ［宋］薛季宣：《浪语集》卷一六《奉使淮西回上殿札子》。
⑩ 《建炎以来朝野杂记》卷八《陈子长筑绍熙堰》。

了一定作用。

江浙狭乡之民外，北方归正之人也是南宋政府招抚的对象。北方沦陷以后，不愿接受异族统治的中原人，往往渡淮南下，"归正之民，动以万计"①。高宗认为这些"淮北之民襁负而至，朕为民父母，岂可使民失所，可赋田予之，更加优恤"②。为此官府着意安置这些流民，除授予田土外，还实行蠲免租税、安置居室、贷给牛具籽种等政策。这样既为淮南增加了劳动力，又解决了北方归正人的生计。南宋时期推行招抚流民的政策，全力恢复淮南农业生产。

（三）兴修水利

兴建水利工程需要耗费大量人力、财力，只有太平盛世才有条件大规模兴工动土。南宋初期淮南地区频遭金人骚扰，战争烽鼓稍息即兴，在这种情况下农田水利也只能略做些补缀而已。自绍兴末年战事稍息，才开始较大的兴复工程。

其中圩田是重要的工作之一。淮南圩田经战火摧残，多数圩岸毁坏，田土荒废。淮西和州、无为军一带，北宋圩田最为集中，绍兴三十年（1160年）淮西转运使张祁"徙民于近江，增葺圩岸"。修葺好的圩岸"皆如长堤，植榆柳成行，望之如画"，著名的杨柳圩、嘉成圩都是经这次修葺而恢复使用的③。由于及时修整了圩田，无为军一带的农业生产才逐渐复苏，"无为自兵火以来，比江北诸郡，粗有农作"④，大概就是出于这个原因。除无为军一带的圩田外，合肥三十六圩也是这一时期修复的⑤。

陂湖水利对农业生产的影响很大，绍兴末年陈子长提举淮东常平时，"以淮田多沮洳，因筑堤数百里捍之"，进而"得良田数百万顷"⑥。淳熙三年（1176年）徐立之为淮南转运判官时，"历扬州、楚州，修筑高邮、

---

①　《宋史》卷一七六《食货志上四》。

②　《宋史全文》卷一九，高宗绍兴五年七月癸巳。

③　《建炎以来朝野杂记》卷一六《圩田》。

④　[宋]王之道：《相山集》卷二一《戍兵营田安丰芍陂札子》。

⑤　《宋史》卷四三四《薛季宣传》。

⑥　《建炎以来朝野杂记》卷八《陈子长筑绍熙堰》。

兴化、宝庆县石闸、斗门、函管、堤岸，防民田三千七百余顷"①。在淮
南兴复的陂湖水利之中，和州新河工程可算效益最佳的一项。"新河东西
横截〔和州〕郡城而过，在郡治之南百步外，上彻麻湖，下彻当利河，濒
河南北皆民居。自更兵火迄今三十年失浚治，瓦砾粪壤日填月壅，几与岸
平"。由于新河淤塞，与新河相通的麻湖"潦无所泄，并湖之田，岁稍多
雨，则成巨浸"，严重影响了周围地区的农业生产。绍兴二十九年（1159
年）重开新河，工程完工后，"河流荡荡，导麻湖而东之，害于焉除，利
由以兴"。自此之后，麻湖周围农田有成岁而无复水溢之患②。

继北宋熙宁年间之后，南宋淳熙前后又出现一个兴修水利的高潮。从
淳熙元年（1174年）的统计来看，当时淮东兴修水利工程为1 700余所③，
这一数字虽低于江南诸路，但在淮南已十分可观了。这些水利工程对恢复
淮南的农业生产起了很大的推动作用，特别是在沿江地带尤其显著。

表5-1　宋代淮南户额表

年代	户数	资料来源
元丰三年(1080年)	1 357 064	《元丰九域志》
崇宁元年(1102年)	1 374 176	《宋史·地理志》
绍兴三十二年(1162年)	163 071	《宋会要辑稿·食货六九》
嘉定十六年(1223年)	345 619	《文献通考·户口考》

南宋时期政府为恢复淮南地区农业生产所采取的一系列措施，其中心
旨在招抚流民，开垦旷土。经过一番努力，虽取得一定的成果，但一些地
区土旷人稀的局面，仍很难改变。劳动力不足成为影响淮南地区农业生产
的关键。表5-1反映的是宋代淮南地区户额变化情况。北宋时期淮南两路

① 〔宋〕罗濬：《宝庆四明志》卷八《叙人上》。
② 〔宋〕王之道：《相山集》卷二三《和州重开新河记》。
③ 《宋会要辑稿·食货一之一二四》。

的户数一直保持在130多万户，宋金战争爆发以后，户口锐减。表5-1中显示绍兴三十二年（1162年）户额为16万多户，这时距建炎初年金兵大规模南下已三十多年，人口已经有了一定程度的恢复，但仍较崇宁年间减少了121万多户，大约有88%的民户或死于战乱，或逃移他乡，余存的户额仅是原来的12%。嘉定十六年淮南户额上升为30多万户，虽较绍兴年间提高了不少，与北宋的户额却仍无法相比。绍兴三十二年淮南地区的平均人口密度为4.2人/平方公里，嘉定十六年也才8.9人/平方公里，人口如此稀少，农业生产状况可想而知。

南宋人仲并曾如实地记载了乾道年间淮南的农业生产与社会状况，他说淮南经建炎兵戈，至乾道年间虽已四十多年，但"田莱之荆榛未尽辟，闾里之创残未尽苏，兵息既久而疮痏或尚存，年丰虽屡，而啼号或未免。锄耕耘耨皆侨寄之农夫，介胄兵戈皆乌合之士卒。市井号为繁富者才一二郡，大概如江浙一中下县尔，县邑至为萧条者，仅有四五十家，大概如江浙一小小聚落尔"①。这片萧条景象，与北宋时期被视为国家赋输之所出的淮南，形成鲜明对比。战后的淮南，人口锐减，垦地面积也大量减少，蕲州的人口与土地变化就是一个明显的事例。元丰年间蕲州有11万多户，合人口达56万多口②。南宋乾道年间"主客之数不过二万"，存者仅是北宋时期的3.5%，随着人口减少，农田也从原12万顷，降至3 000多顷，仅及旧有耕地的2.5%③，人口问题构成了淮南农业生产的关键。

为了改变淮南地区的农业生产状况，政府虽做了种种努力，但在政策的实际执行中，往往出现种种偏差和漏洞，如前述屯田、营田中的各种流弊，在募民垦荒的过程中也同样存在，严重地影响了垦荒农民的积极性与入淮定居的人口数量，进而导致土地垦殖速率很低。前文已述，应募前来垦荒的多为江浙、福建等地狭乡之民，他们千里入淮，却往往不能如愿得

---

① ［宋］仲并：《浮山集》卷四《蕲州任满陛对札子》。
② 《元丰九域志》卷五《淮南西路》。
③ ［宋］仲并：《浮山集》卷五《蕲州到任谢表》。

到土地。当地土豪、品官及形势之家"广作四至，包占在户"①，声称佃田百亩，往往广为四至，实逾千亩，但"其所占虽多，力实不给"②，于是地"不施种，遂成荒田"③。而"土人包占既多"，那些远道前来垦荒的农民"则无田可以耕佃"④。

南宋淮南一带，土豪富室包占土地的实例很多，如黄州黄陂县最初申报垦田3 719顷，经复核，实际垦田仅100顷，仅占包占田土的4.3%⑤。由于占而不耕的现象很普遍，当时官府也作过统计，现根据淮东安抚司的统计列为表5-2，可以看出，当时淮东各州军请佃在户而未耕荒田，都在6 000亩以上，楚州、盱眙军甚至高达二三十万亩，而扬州、滁州、盱眙军包占后未耕荒田数额，远超过未包占系官荒田。土豪大户包占土地的结果，不但使前来垦荒的农民无田可佃，而且致使更多的土地陷于荒芜。此外官府豪强横征暴掠也严重影响了垦荒农民的积极性，对此当时就有人指出过：淮楚、荆襄沃野绵亘，不知几千百里，"然禾黍之地，鞠为蒿莱，肥饶之壤，荡为荒秽，耕夫过之，掉臂不顾"。造成这种现象的原因就是官府豪强的横征暴掠，往往农民"土未加辟，豪强持契券以攘之；禾未登场，有司履亩而税之"⑥。官府豪民的贪暴，成为阻碍淮南地区恢复农业生产的桎梏。正由于存在这样的流弊，"淮郡虽号佃田殆遍，而民间实无蓄积"⑦，朝廷招抚流民、募民垦荒的政策也得不到理想的实施。

---

① [宋]蔡戡：《定斋集》卷三《论屯田利害状》。
② [宋]虞俦：《尊白堂集》卷六《使北回上殿札子》。
③ 《宋会要辑稿·食货六之一七》。
④ [宋]薛季宣：《浪语集》卷一六《奉使淮西回上殿札子》。
⑤ [宋]薛季宣：《浪语集》卷一六《奉使淮西回上殿札子》。
⑥ [宋]杨冠卿：《客亭类稿》卷八《垦田》。
⑦ [宋]虞俦：《尊白堂集》卷六《使北回上殿札子》。

表5-2　南宋淮东未垦荒田亩数①

地点	系官荒田（亩）	请佃在户而未耕荒田（亩）
真州	37 450	13 571
扬州	5 291	9 300
通州	10 181	6 918
泰州	2 124 845	33 915
楚州	442 386	369 733
滁州	15 945	23 777
高邮军	116 913	76 338
盱眙军	14 134	212 113

　　生产工具落后也是影响淮南农业生产的因素。在现代机械化生产工具使用之前，农业生产中，牛是最重要的畜力，但淮南地区经建炎兵火之后，耕牛极其缺乏。对此宋人感叹地说："淮上不唯人稀，牛亦艰得。"②为了解决耕牛不足问题，朝廷一方面从两浙、福建甚至两广，长途运牛至淮③，另一方面向淮南农民推广踏犁。北宋时期踏犁就已通行于缺牛地区，引入淮南虽能暂时解决畜力不足带来的困难，但其实用价值远不能与耕牛相比。踏犁费时费力，四五人合作扶犁可当一牛。南宋人周紫芝看到这种情景忍不住写诗感叹："淮田一废不复秋，五夫扶犁当一牛。"④然而尽管踏犁不如牛耕，但也并不是处处都有条件使用。在既无牛，又无踏犁的地方，只好"仍用古法，以二人拽一犁"⑤这种无奈的办法。

　　南宋时期，政府虽然为恢复淮南农业生产做了种种努力，但由于土豪

---

① 《宋会要辑稿·食货六之二一》。
② ［宋］楼钥：《攻媿集》卷九一《直秘阁广东提刑徐公行状》。
③ ［宋］叶楚得：《建康集》卷七《又与秦相公书》。
④ ［宋］周紫芝：《太仓稊米集》卷二《五溪道中见群牛蔽野……》。
⑤ 《建炎以来朝野杂记》卷一六《屯田》。

官吏的贪暴，地旷人稀的局面始终没有得到根本的改观。由于劳动力缺乏，人们"种之卤莽，收亦卤莽"，由原来的精耕细作、集约经营，倒退到广种薄收、粗放经营的地步，因而"大率淮田百亩，所收不如江浙十亩"①。宋室南渡前后，淮南农业形成了鲜明的反差。

第二节　两浙平原地带农业生产的高度发展与精耕细作

两浙平原，自北向南包括太湖平原、宁绍平原以及温台沿海平原。宋代这一地区既是全国经济重心所在之处，也是全国农业精耕细作的典范。三百多年，在高度发展的农业支撑之下，这里不但养育了众多的人口，且承担了朝廷物资需求的主要部分。宋代北方政治中心对于东南经济重心的依赖，正如宋人李觏所言："当今天下根本在于江淮，天下无江淮，不能以足用；江淮无天下，自可以为国。何者？汴口之入，岁常数百万斛，金钱布帛，百物之备，不可胜计。而度支经费，尚闻有阙，是天下无江淮不能以足用也。吴楚之地，方数千里，耕有余食，织有余衣，工有余材，商有余货。铸山煮海，财用何穷？水行陆走，馈运而去，而不闻有一物由北来者，是江淮无天下自可以为国也。万一有变，得不为庙堂之忧而奸雄之幸乎？"②然而，这样一个富庶地带，仅就农业资源而言，并不占优势，三百多年这里如何成为领先全国的经济重心？这是需要认真探讨的问题。

一、领先全国的精耕细作经营方式

中国农业有深厚的精耕细作传统，长期以来黄河中下游地区具有绝对优势，伴随历次北方人口南迁，在全国经济重心移向江南的同时，精耕技术逐渐融入南方，并在两浙一带取得空前的成就。

宋代两浙地区的精耕农业，见于各类宋代文献，其中首先需要提及的当属黄震、高斯得等人的记载。

---

① ［宋］虞俦：《尊白堂集》卷六《使北回上殿札子》。
② ［宋］李觏：《直讲李先生文集》卷二八《寄上富枢密书》。

黄震本为"浙间贫士人，生长田里，亲曾种田"，熟悉两浙农耕技术，咸淳年间，在江西抚州为官，"见抚州农民与浙间多有不同"，两地的农业技术差异表现在各个方面。"浙间无寸土不耕，田垄之上又种桑、种菜。""浙间才一雨便车水，全家大小日夜不歇。""浙间终年备办粪土，春间夏间常常浇壅。""浙间秋收后便耕田，春二月又再耕，名曰耖田。"[1]黄震从土地利用、灌溉、施肥到耕耖，在比较中显示出两浙地区各个农业技术环节的精耕特征。

高斯得本为"蜀人也，起田中，知农事为详"，见蜀中父老治田之事，已经十分精良，"布种既毕，四月草生，同阡共陌之人通力合作，耘而去之……及至盛夏烈日如火，田水如汤，薅耨之苦尤甚，农之就功尤力，人事勤尽如此，故其熟也常倍"。"及来浙间，见浙人治田比蜀中尤精，土膏既发，地力有余，深耕熟犁，壤细如面，故其种入土，坚致而不疏，苗既茂矣。大暑之时决去其水，使日曝之，固其根，名曰靠田。根既固矣，复车水入田，名曰还水，其劳如此。还水之后，苗日以盛，虽遇旱暵，可保无忧。其熟也，上田一亩收五六石，故谚曰：苏湖熟，天下足。虽其田之膏腴，亦由人力之尽也。"[2]高斯得进行比较的两地，蜀中与浙间同属于精耕农业区，即使如此，仍然显示出两浙更为精良的技术与人力投入。

如黄震、高斯得的记述，两浙的精耕农业，体现在农业生产的各个环节。农业生产以年为生产周期，每项技术都落实在农时中，两浙从春种、夏锄、秋收，各项农事活动在人力投入的同时，更多的是科学理念。

（一）土壤改良与积肥、用肥

两浙地区有优越的水热条件，但土壤性状并不理想，《禹贡》九州中扬州"厥田下下"，而两浙即属于古扬州境域，在九州之中土壤等级处于最低。

现代土壤学分类中，分布在东南地区的土壤属于红、黄壤，这类土壤大多质地粘重，结构性差，酸度大，速效养分含量低，具有粘、酸、瘦的

---

[1] [宋]黄震：《黄氏日抄》卷七八《咸淳八年春劝农文》。
[2] [宋]高斯得：《耻堂存稿》卷五《宁国府劝农文》。

特点。（1）粘：耕层物理粘粒常达60%，遇雨即成泥浆，容易遭受冲刷，缺水时土壤则板结不散。（2）酸：土壤溶液呈酸性及强酸性反应，红壤PH值一般在5.0—6.0，黄壤在4.0—5.0。（3）瘦：表土层有机质含量只有1%或少于1%，氮、磷、钾、钙均缺，尤其缺磷。红壤经开垦熟化形成的旱作土壤主要是红泥土，水田土壤主要是红黄泥田。这些土壤在初垦阶段熟化程度低，仍保持着红壤粘、酸、瘦的特点，耕性不良，保水保肥和抗旱能力弱，作物生长不良，产量很低。然而红黄壤不利于农业生产的特性，通过人力措施可以改良。尤其经过持续合理轮作、种植绿肥、使用有机肥料、施用磷肥和石灰，可以加速土壤熟化，逐步改变土壤理化特性，进而提高土壤肥力[1]。当代科学针对红、黄壤提出的改良措施，均经过严谨的科学论证，令后人感叹的是在宋人的生产实践中，已全然摸索总结了一套与现代土壤学完全吻合的理论思想与实施措施。

南宋农学家陈旉认为"土壤气脉，其类不一，肥沃硗埆，美恶不同，治之各有宜也"。针对南方土壤肥力不高的特点，陈旉提倡积肥，以及合理用肥。而积肥必先有置放之处，即"凡农居之侧，必置粪屋，低为檐楹，以避风雨飘浸。且粪露星月，亦不肥矣。粪屋之中，凿为深池，甃以砖壁，勿使渗漏"。乡间营建粪屋，并不随意，上有屋顶，以免肥性走失；凿以深池，防止渗漏。有了粪屋之后，各种肥源即可投入其中。"凡扫除之土，烧燃之灰，簸扬之糠秕，断稿落叶，积而焚之，沃以粪汁，积之既久，不觉其多。凡欲播种，筛去瓦石，取其细者，和匀种子，疏把撮之。待其苗长，又撒以壅之，何患收成不倍厚也哉。"如果说陈旉偏重于提倡，那么程珌看到的则是实情："每见衢婺之人，收蓄粪壤，家家山积，市井之间，扫拾无遗，故土膏肥美，稻根耐旱，米粒精壮。"[2]同样情景也在黄震的留意之中："浙间终年备办粪土，春间夏间常常浇壅。"[3]在宋人的记载中，我们看到，两浙一带的农户，为了积肥，投入很大精力，随时随处

① 中国科学院地理研究所：《中国农业地理总论》，科学出版社，1980年10月。
② ［宋］程珌：《洺水集》卷一九《壬申富阳劝农》。
③ ［宋］黄震：《黄氏日抄》卷七八《咸淳八年春劝农文》。

收集肥源，并堆放沤治。

两浙一带致力于改良土壤，肥源包括"扫除之土，烧燃之灰，簸扬之糠粃，断槁落叶"，种类繁多。各种肥源中，人畜粪便肥田效力最佳，农户不仅在乡间拾粪积肥，亦将城市垃圾粪便也购入乡间，作为肥源。《梦粱录》中就记载了这样的事件："杭城户口繁多，街巷小民之家，多无坑厕，只用马桶。每日自有出粪人溉去，谓之倾脚头。各有主顾，不敢侵夺，或有侵夺，粪主必与之争，甚者经府大讼，胜而后已。"[1]城里人粪便可以买卖，自然就有交易规则，"粪土，仰甲头，五日一次出卖"成为定例[2]。这些粪肥从城里通过水道运往乡间，"更有载垃圾粪土之船，成群搬运而去"[3]。

肥源之中，河泥可称之为上乘，南方水乡，河流密布，河泥并不短缺，宋人有诗咏道："竹罾两两夹河泥，近郭沟渠此最肥。载得满船归播种，胜如贾贩岭南归。"[4]将施过河泥之田，与经商所得巨利相比，可想其肥效之高。

除各种农家肥之外，宋人已经认识到矿物质对改良土壤所起的重要作用，宋濂文中就曾记载了婺州一带"凿石炼灰以腴稼"的现象[5]。东南地区遍布红、黄壤，土质呈酸性，施以石灰，既可以起到中和土壤性状的作用，也可暖土及防虫，故陈旉《农书》中也提到，"将欲播种，撒石灰，渥漉泥中，以去虫螟之害"。

土壤是农作物立足之处，如何将硗瘠土壤变为沃土，用肥十分重要。陈旉提出施肥"皆相视其土之性，以所宜粪而粪之，斯得其理矣。俚谚谓之粪药，以言用粪犹用药也"。粪为土之药，这一思想对于后世农学影响很大，元代王祯《农书》中再次强调这一点，并成为土壤施肥、用肥的基本准则。宋人改良土壤的努力，颇有成效，《禹贡》九州中处于"下下"

①　[宋]吴自牧：《梦粱录》卷一三《诸色杂卖》。
②　[宋]梅应发：《开庆四明续志》卷四《规式》。
③　[宋]吴自牧：《梦粱录》卷一二《河舟》。
④　[宋]毛珝：《吾竹小藁·吴门田家十咏》，载《江湖小集》卷一二。
⑤　[明]宋濂：《宋学士文集》卷六九《元故王府君墓志铭》。

的涂泥之地，经过一番改造，变为肥田沃土。秦观曾感叹地说："今天下之田称沃衍者莫如吴、越、闽、蜀，其一亩所出视他州辄数倍。彼闽、蜀、吴、越者，古扬州、梁州之地也。按《禹贡》扬州之田第九，梁州之田第七，是二州之田在九州之中等最为下，而乃今以沃衍称者，何哉？吴、越、闽、蜀地狭人众，培粪灌溉之功至也。"[①]

（二）《耕织图》与四时农事活动

两宋时期，两浙一带无论水田还是旱地，耕作方式与栽培技术都有重大进展，其中水田技术尤其令人瞩目。江南素称"水乡泽国"，与环境对应，水田比陆地的经济意义要大得多，因而生活在这里的人们，水田耕作技艺尤其精良。

"靖康之难"后，大量北方移民南下，人口与土地之间的矛盾顿时增大，提升现有土地生产力成为当务之急。南宋绍兴年间於潜县令楼璹绘制了《耕织图》，呈献高宗，深得高宗赞赏，一时朝野传诵。尽管楼璹《耕织图》已经散失，但后世元、明、清各代在传诵中都以楼璹《耕织图》为底，形成新的图本。这些《耕织图》的绘画者与绘画风格并不相同，但图画内容与楼璹《耕织图》无二。本文按照《耕织图》所示水田耕作时序，陈述宋代两浙水田精耕技术。

1.选种、浸种

陈旉十分强调选种的重要性，他认为秧苗瘦弱，就如同婴儿带有胎里病，将来很难健壮成长。

稻种下播前需要浸种，一般将选好的种子晾晒后，在清明取出，放入竹筐，用水润湿三日，待发芽后，在秧田中下种。浸种，能够有效地加速种子发芽进程，即在今天仍然是播种前的重要举措。《嘉泰会稽志》中就两浙一带水稻浸种有这样的记载："谷浸近兼旬，芽而后撒，此一种。但浸一夕，遽撒之也。"[②]这是两种不同的浸种方式，前者浸润多日，发芽后播种；后者只浸一个晚上，马上播种。大多数农家，采取带芽播种，这样

---

① [宋]秦观：《淮海集》卷一五《财用下》。
② [宋]施宿：《嘉泰会稽志》卷十七《草部》。

对于出苗很有益处。

2.耕治土壤

耕治土壤包括耕、耙、耖各个环节，这是梳理土壤的重要措施。水田一般分为秧田与稻田，耕治土壤的侧重有所不同。

秧田为水稻育秧之处，稻秧长得如何，对日后能否获得满意的收获产生重要影响。因此陈旉十分强调治秧田，"种谷必先修治秧田，于秋冬即再三深耕之，俾霜雪冻冱，土壤苏碎。又积腐槁败叶，划薙枯朽根荄，遍铺烧治，即土暖且爽。于始春又再耕耙转，以粪壅之，若用麻枯尤善。但麻枯难使，须细杵碎，和火粪窖罨，如作曲样；候其发热，生鼠毛，即摊开中间热者置四傍，收敛四傍冷者置中间，又堆窖罨，如此三四次，直待不发热，乃可用，不然即烧杀物矣。切勿用大粪，以其瓮腐芽蘖，又损人脚手，成疮痍难疗，唯火粪与焐猪毛及窖烂粗谷壳最佳，亦必渥漉田精熟了，乃下糠粪，踏入泥中，荡平田面，乃可撒谷种"。陈旉所述治秧田，重点在两个环节，其一是耕地，秋冬耕、春天耕，耕后再耙，令土壤细碎。其后则"以粪壅之"，但用粪却有深刻的道理，将麻枯（麻籽榨油后的麻饼）与烧过的枯枝落叶放在一起，在窖中沤治，这样制作的肥对于秧田最适宜，但秧田不宜使用大粪。我们在朱熹《劝农文》中看到几乎与陈旉一致的记载："耕田之后，春间须是拣选肥好田段，多用粪壤拌和种子，种出秧苗。"[1]

秧田在农田中所占面积并不大，广大稻田在插秧前同样要进行土壤梳理，陈旉《农书》认为："早田获刈才毕，随即耕治晒暴，加粪壅培，而种豆麦蔬茹，因以熟土壤而肥沃之，以省来岁功役，且其收又足以助岁计也。晚田宜待春乃耕，为其藁秸柔韧，必待其朽腐，易为牛力。"同是种植水稻，早稻收获后须及时翻耕土壤，从而为后茬作物提供基础；晚稻收获后，可待稻根秸秆腐烂而春耕，可省牛力。而"山川原隰多寒，经冬深耕，放水干涸，雪霜冻冱，土壤苏碎。当始春，又遍布朽薙腐草败叶，以

---

① [宋]朱熹:《晦庵集》卷九九《劝农文》。

烧治之，则土暖而苗易发作，寒泉虽冽，不能害也"。这是说地势较高处的水田，一定要深耕且放掉田中的水，用以保障冬季土壤冻裂破碎，春天再焚烧枯枝碎叶而暖土。虽然陈旉谙熟农耕，但身为文人，他更多地观察、体会乡间农夫的操作，并将其中的精华写在《农书》中。

对两浙一带精耕农业进行观察的不仅是陈旉，朱熹同样注意到，农户"须趁冬月以前，便将户下所有田段一例犁翻，冻令酥脆"，这是借自然力，利用冻晒自然松土，使土壤酥碎，而达到整治土壤的良方①。耕之后，则耖田，"浙间秋收后便耕田，春二月又再耕，曰耖田"②。

经过这样一番整治的土壤，可以插秧了。

3.插秧、耘田与施肥

稻种在秧田中大约生长一个半月，即可起秧，插入稻田。陆游诗中写道："浸种二月初，插秧四月中。小舟载秧把，往来疾于鸿。"③"时雨及芒种，四野皆插秧。"④范成大也有同样的诗句："乘除却贺芒种晴，插秧先插早籼稻。"⑤农历四月前后是江南插秧的季节，也是农事活动最忙的时候。

插秧之后，除草、耘田是精耕农业中田间管理的重要环节。楼璹《耕织图》将耘田分作一耘、二耘、三耘，反复耘田，保障稻苗茁壮生长。"禾苗既长，秆草亦生，须是放干田水，仔细辨认，逐一拔出，踏在泥里以培禾根，其塍畔斜生茅草之属，亦须节次芟削，取令净尽，免得分耗土力，侵害田苗。"⑥陈旉注重"草腐烂而泥土肥美"，在兼收肥田与除草之效的同时，总结乡间农业技术，强调"耘田之法必先审度形势，自下及上，旋干旋耘。先于最上处收潴水，勿致水走失。然后自下旋放令干而旋耘。不问草之有无，必遍以手排摅，务令稻根之傍，液液然而后已"。耘

① ［宋］朱熹：《晦庵集》卷九九《劝农文》。
② ［宋］黄震：《黄氏日抄》卷七八《咸淳八年春劝农文》。
③ ［宋］陆游：《剑南诗稿》卷二九《夏四月渴雨恐害布种代乡邻作插秧歌》。
④ ［宋］陆游：《剑南诗稿》卷三〇《时雨》。
⑤ ［宋］范成大：《石湖诗集》卷二六《梅雨五绝》。
⑥ ［宋］朱熹：《晦庵集》卷九九《劝农文》。

田与保水兼顾，这是水田必须注重的技术环节，两浙一带的精耕农业，将技术渗透到各个细节。精耕农业对于播种之后的田间管理非常重视，而除草与施肥几乎是并行的举措。陈旉《农书》列举道："五月治地，唯要深熟。于五更承露锄之五七遍，即土壤滋润。累加粪壅，又复锄转。七夕已后，种萝卜、菘菜，即科大而肥美也……七月治地，屡加粪锄转。八月社

图5-2　淤荫（元·程棨临摹《耕织图》）。淤荫是初秧后，田间拔除杂草、散撒草木灰的过程。

前即可种麦，宜屡耘而屡粪。"屡耘而屡粪"不仅限于水旱轮作，水田中每次耘田都伴随壅田、施肥。

4.灌溉与基塘农业

保证农田用水需求，兴修陂塘是必要的举措。两浙一带注重水利，在蓄水灌溉的前提之下，为土地综合利用探寻出一条新路。对此陈旉《农书》中有完整的记载："若高田视其地势，高水所会归之处，量其所用而凿为陂塘，约十亩田即损二三亩以潴畜水；春夏之交，雨水时至，高大其堤，深阔其中，俾宽广足以有容，堤之上疏植桑柘，可以系牛。牛得凉荫而遂性，堤得牛践而坚实，桑得肥水而沃美，旱得决水以灌溉，潦即不致于弥漫而害稼……高大圩岸环绕之。其欹斜坡陁之处，可种蔬茹麻麦粟豆，两傍亦可种桑牧牛。牛得水草之便，用力省而功兼倍也。若深水薮泽，则有葑田，以木缚为田坵，浮系水面，以葑泥附木架上而种艺之。其木架田坵，随水高下浮泛，自不潗溺。"陈旉记述的这一土地综合利用方式，即后世所称的"基塘农业"中的"桑基鱼塘"，首创于宋代两浙一带，太湖平原应是实施这一土地利用形式的典型区域。清代"基塘农业"盛行于珠江三角洲一带，当代地理学将其评价为良好生态循环的综合利用形式，却不知原创在两浙。

回顾宋代两浙平原地带精耕细作农业带来的成果，不仅后世为之赞叹，宋人更是感慨。"江浙闽中能耕之人多，可耕之地狭，率皆竭力于农，每亩所收者大率倍于湖右之田。"[1]仔细推敲，人口压力之下引起的土地短缺，成为推动两浙地区走向精耕农业的重要因素。

两浙地区实行这一系列精细的耕作方式，粮食亩产量一般都很高。以太湖平原为例，苏州一带在正常年景亩产一般在2—3石之间[2]，"上田一亩"则可收五六石。这样好的收成，虽与这里优越的水热条件有关，但与精耕细作的农业技术更是分不开的，对此宋人高斯得说："虽其田之膏腴，

---

① [宋]王炎:《双溪类稿》卷一九《上林鄂州》。
② [宋]范仲淹:《范文正公全集》卷一《答手诏条陈十事》。

亦由人力之尽也。"①早已点明了这一点。

二、大规模的围水造田活动

两浙地区自晚唐五代已渐感平旷之地不足，一向被视为渔樵之所的沼泽、丘陵已逐渐成为农垦地。这些地方在南北朝时代，南迁的权贵与土著豪门虽然也"封略山湖"，但因人口稀疏，劳动力短缺，大多仅仅占有而不垦。如谢灵运曾试图求得会稽回踵湖与始宁岆嵊湖，并决以为田，但因孟𫖮反对终未遂愿②。唐上元年间，江南有豪强企图侵占丹阳练湖为田，也不为时人所许③。贞元年间浙江鄞县民有请湖为田者，经御史李后素绳之以法，湖泊亦得不废④。唐代两浙一带人地矛盾并不突出，仍有许多废湖为田而未遂的事例，进入宋代，伴随南下移民增多，对于土地的需求增加，促使以围湖为主的围水造田活动大规模展开。

人口增长，是大规模围水造田的直接原因，为此将宋代两浙、两江、福建五路人口数据列为表5-3，从中可以看出东南地区人口变化的基本趋势。从北宋初至南宋后期，东南各路的户额，虽偶有减少，但总的趋势是不断增加。以各路总数而论，嘉定户额比太平兴国增加了5 611 463户，增长率为369%；比崇宁年间增加1 533 144户，增长率为27%。但各路的辖地面积大小不一，人口密度更能反映各地人口的实际变化情况，表5-4为宋代东南五路人口密度。综合表5-3、表5-4，可以看出宋代东南地区的人口变化，空间上在两浙一带形成人口高密度区；时间上北宋中期与南宋初年为人口大幅度增殖期。与此相应，东南诸路围水造田活动在地域上表现为东部比西部兴盛，即两浙路以及江东路的部分地区为围水造田的中心；时间上与人口增殖期吻合，也在北宋中期与南宋初年出现了两个造田活动高涨期。

① ［宋］高斯得:《耻堂存稿》卷五《宁国府劝农文》。
② 《宋书》卷六七《谢灵运传》。
③ ［唐］李华:《复练塘颂》,载《全唐文》卷三一四。
④ ［明］徐光启:《农政全书》卷一六《水利》,引［宋］王廷秀:《水利记》。

表5-3　宋代东南五路户数

年代＼路	两浙	福建	江东	江西	总计	资料来源
太平兴国初	705 710	67 815	157 112	591 870	1 522 507	《太平寰宇记》
元丰三年	1 778 953	1 043 839	1 127 311	1 287 136	5 237 239	《元丰九域志》
崇宁元年	1 975 041	1 061 759	1 096 737	1 467 289	5 600 826	《宋史·地理志》
绍兴三十二年	2 243 548	1 390 566	966 428	1 891 392	6 491 934	《宋会要辑稿·食货六九》
嘉定十六年	2 220 321	1 599 214	1 046 272	2 267 983	7 133 970	《文献通考·户口考》

表5-4　宋代东南五路人口密度（人/平方公里）

年代	两浙	福建	江东	江西
太平兴国初	12.45	18.37	9.12	22.47
崇宁元年	80.53	41.69	63.66	55.71
嘉定十六年	90.50	62.79	60.73	86.11

　　北宋中期，面对人地矛盾，已有不少有识之士疾声指陈两浙地区人口不断增殖、土地日益狭迫的严重问题。如苏轼曾经指出："天下之民，常偏聚而不均。吴蜀有可耕之人，而无其地。"[①]苏辙也有过同样的议论："吴越、巴蜀之间，拳肩侧足以争寻常尺寸之地。"[②]如苏氏兄弟所言，两浙地区不但平均人口密度大，苏、杭、湖、常、越、明等吴越之地，人口尤其集中。表5-5所列的就是上述诸州元丰、崇宁年间的人口密度，从中可以看出这些州的人口密度几乎都在100人/平方公里以上，远超当时两浙路的平均人口密度，因而人均耕地面积比其他地方显得更为狭小。

① ［宋］苏轼：《东坡后集·策》卷三《御试制科策》。
② ［宋］苏辙：《栾城应诏集》卷一〇《民政》。

从人口到耕地，本文选择了定海与苏州两地进行讨论。定海县政和年间有人口 8 万多，垦田面积仅 3 000 多顷，人均耕地约 4 亩。位于太湖平原的苏州人均耕地数与此相近，获得这一数字经过如下一番推算。范仲淹曾提到庆历年间苏州"一州之田，系出税者三万四十顷"①。这个数字是指所有的民田，而那些职田、学田等不纳税田不在此数，与纳税田相比，仅是极少的一部分，可以忽略不计，故将这一数字约略看作当时苏州的全部耕地。在宋代文献中没有庆历年间苏州的人口记载，与此距离最近的是元丰三年的户数，由于这四十年内没有促使人口大规模增减的社会变更，因此可以用元丰三年户额代替庆历户数来计算人均耕地占有面积。经计算可得出苏州的人均耕地为 3.5 亩。由此看来，人烟稠密的吴越地区，北宋时期的人均耕地约在 4 亩上下。

两浙地区属于人多地狭的狭乡，在豪门大户兼并土地的同时，无地少地的农民恐怕连这个最低的标准也维持不下去。少量有本钱的人放弃土地，从事商业，人称"吴越之地富庶，其民趋末而弥侈"②，这一风气大概与社会经济发达且地狭人众有关。然而有本钱做生意的人毕竟是少数，绝大多数农民还需附着在土地上生存，因而地寡人众成为当地社会生活中的重大压力。严酷的现实，迫使人们不但要十分看重"寻常尺寸之地"，也将目光投向了本来不宜耕种的山地和湖泊，大规模围水造田就是这一时期的产物。

表5-5　北宋时期浙江六州人口密度（人/平方公里）

年代	杭	苏	常	湖	越	明
元丰三年	125.8	107.0	90.9	126.2	83.2	107.2
崇宁元年	126.2	94.0	110.0	141.2	152.0	108.0

---

①　[宋]范仲淹:《范文正公全集》卷一《答手诏条陈十事》。
②　[宋]翟汝文:《忠惠集》卷二《两浙路提刑周邦式江东路提刑李公年两易制》。

圩田是宋代江南水乡的主要土地利用方式，也是围湖造田的基本形式。宋人称"江东水乡，堤河两岸，而田其中，谓之圩"[①]。圩田之制创始于宋代以前，唐代在两浙地区设营田司，其职责即包括管理圩田、堤防、闸堰等事，五代十国吴越割据江南时，为了保证丰产，十分重视农田水利建设，在前代的基础上，又进一步完善和巩固了太湖的塘浦圩田系统。入宋以后，随着人口增殖，圩田之制日益推广。这一时期的圩田不但在数量和面积上有所发展，形制、名目上也有所翻新。当时因水造田主要有下面几种形式：（1）圩田，又称围田。就其形制而言，围田与圩田没有本质不同。杨万里云"农家云，圩者，围也，内以围田，外以围水"[②]，可见二者本为一事。在宋人的习惯中，则往往将濒江者称之为圩，围湖者称之为围。（2）葑田，这是在"深水薮泽"，"以木缚为田坵，浮系水面，以葑泥附木架上而种艺之"[③]。（3）涂田，所谓涂田，根据元代王祯的解释，也就是开垦大陆或海岛的滨海滩涂地，实际上就是海边的"围田"。（4）沙田，"沙田乃江滨地，田随沙涨而出没不常"[④]，在其四周有"芦苇骈密，以护堤岸"[⑤]。沙田，实际上就是围垦江河的冲积沙滩。这些围水造田而派生的各种土地利用方式，是人们在长期实践中的创举。

元人王祯在其所著《农书》中，曾一一总结了这些垦殖形式的优越性和重要性。围田"凡一熟之余不惟本境足食，又可赡及邻郡"，是各种围水造田形式中最为重要的一种；而葑田则"无旱暵之灾，复有速收之效"；在涂田上布种"其稼收比常田，利可十倍"；耕殖在沙田上的庄稼更"以无水旱之忧"而胜于他田。尽管王祯的话有夸赞之嫌，但从中仍可以看出围田、葑田、涂田、沙田等围水造田形式取得了很大成功。

围水造田对于解决江南人多地少的矛盾，促进农业生产发展起到了巨大作用。但是在当时的社会制度和生产力水平下，围水造田活动中不可能

---

① ［宋］杨万里：《诚斋集》卷三二《圩丁词十解》。
② ［宋］杨万里：《诚斋集》卷三二《圩丁词十解》。
③ ［宋］陈旉：《农书》卷上。
④ 《宋史》卷三八四《叶颙传》。
⑤ ［元］王祯：《农书·农器图谱集之一》。

合理地处理造田与保护生态环境的关系。宋江东帅臣李光曾就围田对自然环境的影响，提出这样的问题："东南地濒江海，水易泄而多旱。历代以来，皆有陂湖蓄水以备旱岁。盖湖高于田，田又高于江海，水少则泄田中，水多则放入海，故无水旱之岁，荒芜之田也。"李光指出，尽管北宋自大中祥符、庆历年间起，民间已经开始有人盗围陂湖为田，但由于当时条约仍甚为严谨，盗围规模有限，因此尚未构成大患。北宋中期以后，围水造田活动兴盛，至政和年间两浙地区的湖泊已大有"尽废为田"的态势，于是也就出现了"涝则水增溢不已，旱则无灌溉之利"的景象，农民岁被水旱之患[1]。北宋中期以后湖泊水域被大量围垦已属事实，如著名的鉴湖、夏盖湖等就都是在这一时期被围垦成田的。

鉴湖本为越州境内蓄水、灌溉能力最强的湖泊，被围垦前可灌溉山阴、会稽两县境内地形条件允许的全部 9 000 顷农田，水量仍沛然有余。自北宋前期就开始有人盗湖围田，以后有增无已。大中祥符年间有 27 户，庆历年间有 2 户，治平年间 8 000 余户，围田 700 余顷[2]，至熙宁年间已增至 900 余顷[3]。鉴湖水面日益减少，严重影响了当地的农业生产，朝廷不得不派官前来调理。北宋熙宁年间，江衍出使浙东，处理围田侵湖问题。但他面对大片湖面已被围垦成田的现状，也无可奈何，只好采取了一个妥协之计，"立碑为界，内者为田，外者为湖"[4]。令现有湖、田两存，一方面承认既有围田的合法性，另一方面又企图限制围田的进一步拓展。这种软弱无力的做法自然丝毫不能阻遏围垦湖田的强盛势头，至宣和二年（1120 年），湖田面积已达 2 200 多顷，时人惊呼整个鉴湖已经"湮废尽矣"[5]。与鉴湖的情况相似，位于越州上虞县境内的夏盖湖、余姚县境内的汝仇湖、明州鄞县境内的广德湖等，也都是在这一时期开始大规模围垦。

---

① ［宋］李光：《庄简集》卷一一《乞废东南湖田札子》。
② ［宋］曾巩：《元丰类稿》卷一三《越州鉴湖图序》。
③ 《宋会要辑稿·食货八之一九》。
④ 《宋会要辑稿·食货八之一九》。
⑤ ［宋］庄绰：《鸡肋编》卷中。

鉴湖被如此迅速地围垦罄尽，其不合理性和弊端是显而易见的，对此宋人沈遘曾忧心忡忡地说："鉴湖千顷山四连，昔为大泽今平田。庸夫况可与虑始，万年之利一朝毁。"①沈遘所说的"万年之利"主要指湖泊调蓄水量的作用，大规模围垦湖面甚至竭泽而耕，必然会加剧水旱灾害。如夏盖湖曾是四周六乡数十万亩田地所仰赖的灌溉水源，湖面被围垦后，周围田地"若雨不时降，则拱手以视禾稼之焦枯"，若"一遇旱暵，非唯赤子饥饿，僵踣道路，而计司常赋亏失尤多，虽尽得湖田租课，十不补其三四"②。无限度围垦的恶果既然如此严重，朝廷也就不能不做出一些限制。像前述江衍在鉴湖立碑定界，就是一例。然而毕竟围田所带来的利益是直接的，弊病是间接的，而且人口的强大压力也必须马上解决，所以为了眼前的利益，朝廷有时又要开放对围田的限制。

表5-6　南宋时期杭明两州人口密度（人/平方公里）

年代　　州	乾道五年	绍熙元年	淳祐十二年	咸淳四年	资料来源
杭州	162.3		236.5	242.6	南宋临安三志
明州	126.6	141.0			《宝庆四明志》

两宋之际的"靖康之难"，迫使中原士庶纷纷南下，南方人口激增。仅太平州一处从两淮流徙入境的移民就达40余万人③。北宋时人口已高度集中的吴越，这时的人口密度更大了。如表5-5、表5-6所显示的数字，咸淳四年（1268年）杭州的人口密度比元丰三年增长了92.8%。由于人口剧增，北宋时已经感到十分狭迫的土地，这时显得更为紧张。而随着朝廷南渡的大批官宦也必然要千方百计地攫取土地，遂使兼并之风日益炽烈。

---

① ［宋］沈遘：《西溪集》卷三《鉴湖》。
② ［宋］施宿：《嘉泰会稽志》卷一○《水》。
③ 《宋史》卷四一六《吴渊传》。

这一切都促使人口与土地的矛盾更加尖锐。如前述明州定海县政和年间人均耕地4亩，至南宋中期人口较政和时增加了一半，而"垦田所加才三十之二"[①]，人均耕地下降为2.9亩。又如滨海地带的台州，嘉定年间台州六县人口已达133万人，而全部水田与旱地的总和才357.6万多亩，人均2.69亩。将山地也计算在内，人均土地勉强达到4亩[②]。在这种情况下，人们必然要努力扩大耕地范围。

开禧二年（1206年）朝廷"以淮农流移，无田可耕"，不得不开放曾一度下达的对围田的禁令，"诏两浙州县已开围田，许元主复围，专召淮农租种"[③]。围田初行之时，其意义本在"围田"，即将濒临湖陂的田地用堤坝圈围起来，这样旱可资湖水灌溉，涝可排泄余水，堤内农田则旱涝无虞。但到北宋中后期围田的意义已在很大程度上从最初的"围田"演变为"围水"，即将原本是湖陂的水域围圈起来，使之淤填成田，这就是盗湖为田。南宋时期势家大户"障陂湖以为田，日广于旧"[④]。盗湖为田之风，愈演愈烈。如明、越二州的湖陂，北宋时期就已开始被盗为田，南宋时盗田现象更为严重，成为朝臣瞩目的首要事务，史云"自壬子岁入朝者，首论明、越间废湖为田之害"[⑤]。这时除了前文所述及的鉴湖、广德湖等面积较大的湖泊，像白马湖、落星湖这些溉田不过百余顷的小湖，也相继被盗为田[⑥]。而太湖平原这处著名的水乡，数年之内"豪家势户围田湖中者大半"[⑦]。被称为"古来钟水之地"的白岘湖，南宋时"皆成围田"[⑧]。太湖水利亦因围田而受影响，练湖是太湖平原西北高亢地带的一个大型蓄水灌溉工程，南宋后期堤坝斗门"先后坍坏"，官府又无人过问修治，于是

---

① ［宋］戴栩：《浣川集》卷五《定海七乡图记》。
② ［宋］陈耆卿：《嘉定赤城志》卷十二《秩官门五》。
③ 《宋史》卷一七三《食货志上一》。
④ ［宋］陈造：《江湖长翁集》卷三三《吴门芹宫策问二十一首》。
⑤ 《宋会要辑稿·食货七之四三》。
⑥ ［宋］施宿：《嘉泰会稽志》卷一〇《水》。
⑦ ［宋］凌万顷：《玉峰志》卷上《水》。
⑧ ［宋］杨潜：《绍熙云间志》卷中《水》。

"流民、顽民仿效侵耕"占湖为田，大大削弱了原有的水利功能①。这种现象南宋后期更加普遍，人称"隆兴、乾道之后，豪宗大姓相继迭出，广包强占，无岁无之，陂湖之利日朘月削……三十年间，昔之曰江、曰湖、曰草荡者，今皆田也"。围水造田最初"只及陂塘，……已而侵到江湖"，范围逐渐扩大②。

因湖面减小所造成的水旱灾患十分严重，往往使农田"旱无所灌溉，水无所通泄"，故宋代有人将所有水旱之患，统统归为"弊在于围田"③。湖田本身固然是高产腴田，但傍湖被江民田，由于失去水利，"反为不耕之地"④。就面积来讲，湖田与湖外民田是无法相比的，因而湖外民田歉收，对整个社会经济与朝廷赋收都有重大影响。故高宗皇帝在江南一站稳脚跟，就开始发布废田为湖的诏令，禁止在围田最盛的两浙地区继续围垦。绍兴二年（1132年）诏"废绍兴府余姚、上虞县湖田为湖"。绍兴十一年"命提举常平官修复陂湖"。绍兴二十三年"禁诸军濒太湖擅作坝田"。高宗之后，南宋历朝皇帝大多执行了同样的政策。孝宗乾道二年（1166年）四月，"诏两浙漕臣王炎开平江、湖、秀围田"。五月"禁浙西修筑围田"。淳熙三年（1176年）"禁浙西围田"。八年"禁浙西民因旱置围田"。宁宗庆元三年（1197年）"禁浙西围田"⑤。开禧二年（1206年）"诏浙西提举司俟农隙开掘〔围田〕"⑥。这一系列诏令，既反映了围田对社会经济造成的重大影响，也说明朝廷"废田为湖"之令，实为虚文，并没有得到切实执行。

人口问题虽是大规模围田的根本原因，但有能力主持围湖的却是豪门大户，这些人权倾朝野，势连州县，即使是皇帝亲诏，也很难使他们放弃湖田之利，因而南宋时期两浙围田之风愈演愈烈，迄宋亡而未止。

---

① ［宋］赵必楝：《修复练湖议》，载［明］姚文灏编《浙西水利书》。
② ［宋］卫泾：《后乐集》卷一三《论围田札子》。
③ ［宋］龚明之：《中吴纪闻》卷一《赵霖水利》。
④ ［宋］卫泾：《后乐集》卷一五《郑提举札》。
⑤ 《宋史·高宗本纪》《孝宗本纪》《宁宗本纪》。
⑥ 《宋史》卷一七三《食货志上一》。

三、水利工程的兴修与农业生产的发展

农作物整个生长期几乎都需要灌溉，但降雨却不能因需而至，兴修水利是保证农业生产正常发展的基本举措，宋代两浙地区更是对此做了很大投入。

（一）太湖平原

宋人称太湖平原"膏腴千里"，乃"国之仓庾"[1]。的确，太湖平原温暖湿润的气候，深厚的冲积土层与密布的河湖港汊，为农业生产的发展提供了优越的条件。长期以来，这里经孙吴、东晋南朝至隋唐五代的开发，农业生产不断发展，经济地位逐步提高，至宋代太湖平原已经成为国家的衣食之源。太湖平原优越的农业生产条件，并不全是大自然的恩赐，人们长期的治理改造也起了重要作用。全面兴复太湖水利工程系统，提高排灌、航运、蓄调综合水利能力，是宋代为开发太湖平原所作的重大贡献。

太湖平原是一个四周高中部低的碟形洼地，除西部山区特高外，东南北三面沿海濒江地带也较中部的湖群稍高，因此中部低洼地区非筑堤围田不能耕种；沿海濒江的碟缘高田，非开浚沟池灌溉，不能取得丰收。历代太湖平原的劳动人民，治水与治田结合，治旱与治涝并举，兴建与管理并重，使太湖塘浦圩田系统基本达到了水系完整、堤岸高厚、塘浦深阔的水平，比较有效地抗御了旱涝灾害。但至宋代，有的堤塘已大半坠废，加之自然淤积与改造利用当中产生的新问题，使这些水利工程大多失去了原有的功能，严重影响了农业生产的发展。

由于原来的堤塘失去了作用，大片低洼地带的农田被淹没。如"长洲之长荡、黄天荡之类，皆积水不耕之田"，"其间尚有古岸隐见水中，……或有古之民家阶甃之遗址"[2]。没被淹没的农田，却因频繁的水旱之扰，而难得一个丰年。宋人郏亶说"高田常欲水，而水流不蓄，故常患旱"，自景祐至嘉祐二十多年中，只有一次大熟。"水田常患水，而水常聚不

---

① ［宋］范仲淹：《范文正公全集》卷九《上吕相公并呈中丞咨目》。
② ［宋］郏亶：《吴门水利书》，载［明］归有光编：《三吴水利录》卷一。

泄"，康定至至和十几年内也只一次大熟①。苏轼在杭州为官时，亲见水旱相继给农业生产造成的打击，他说："苏、湖、常、秀皆水，民就高田秧稻，以待水退。及五六月，稍稍分种，十不及四五，而又继之以旱，以故早晚皆伤。"②受灾老百姓的境遇极惨，大田被水，"洪潦汗漫连千里"③，为了抢救泡在水里的庄稼，"妇女老弱日夜车畎"④，有的举家"田苗没在深水底，父子聚哭，以船筏捞摅，云半米犹堪炒吃，青穟且以喂牛"⑤。

为了保证农业生产的正常进行与粮赋的供给，宋代朝野上下都非常重视太湖平原的水利问题。大约从北宋中期起，太湖水利系统开始全面兴复。松江是太湖湖水下泄入海的重要孔道，北宋初朝廷为保障江南漕粮顺利运往开封，毁掉了运河沿途妨碍漕运的堤岸堰闸，并顺运河植千柱于水中，筑长桥挽路，截松江而过，致使松江河道不畅，既阻塞了湖水下泄，又加速了下游泥沙的淤积，以致吴中水患增多⑥。天禧、景祐年间两浙发运使张纶与范仲淹先后主持了对松江河道的疏浚工程，他们的努力虽未能改变长桥阻水的事实，却也为短时期内减免水患作了贡献⑦。盘龙汇的截弯取直，是整治太湖水系河道的另一项著名工程，盘龙汇介于秀州华亭县与苏州昆山县之间，在直线长度仅十里的一段距离内，河道蜿蜒曲折，实际长度超过了四十里。每逢盛夏大雨，河水下泄不畅，往往泛滥成灾，"沦稼穑，坏室庐，殆无宁岁"。宝元元年（1038年）两浙路漕臣叶清臣主持了盘龙汇的截弯取直工程，水患遂息⑧。

在太湖平原各处兴修水利之风渐盛的时候，仁宗皇帝于庆历三年（1043年）诏令江淮、两浙转运司辖下州军，凡应修治的圩田、河渠、

---

① ［宋］郑亶：《吴门水利书》，载［明］归有光编：《三吴水利录》卷一。
② ［宋］苏轼：《东坡全集》卷六《上执政乞度牒赈济因修廨宇书》。
③ ［宋］郭祥正：《青山续集》卷三《和常父湖州界中》。
④ 《续资治通鉴长编》卷四五六，元祐六年三月乙酉。
⑤ 《续资治通鉴长编》卷四五一，元祐五年十一月己丑。
⑥ ［宋］苏轼：《进单锷书》，载［明］归有光编：《三吴水利录》卷二。
⑦ ［宋］朱长文：《吴郡图经续记》卷下。
⑧ ［宋］朱长文：《吴郡图经续记》卷下。

堤堰、陂塘等水利设施，于每年二月农作未起时兴役①，明令将兴修水利纳入一年的安排之中。这一诏令的下达，对太湖平原水利的兴复起了很大的促进作用。至和塘的整修工程就是仁宗诏令下达之后，最重要的一项修复工程②。经过这样一番治理，太湖平原的水利有了一定改观，同时也为进一步治理水旱灾害积累了经验。

在这样的基础上，郏亶父子及单锷总结了人们治水的得失成败经验，并对太湖流域进行了考察，形成他们独到的水利见解。郏亶提出"浚三江，治低浦"，"蓄雨泽，治高田"，即疏浚松江等太湖通海水道，治理太湖周围低洼农田，完善高田的蓄水灌溉工程。而实施这一方案的根本是复"古人之迹，五里为一纵浦，七里为一横塘"，有了这样纵横交织的塘浦系统，整个太湖平原就被堤堰围成一片片圩田状。堤防既成之后，水潦时高大的堤防阻挡了江水害田，旱时则又可打开水门，使江水灌田，这样不但低洼水田旱涝无虞，临江滨海的旱地也可得到灌溉③。郏亶这一逼太湖洪水迂迴塘浦间循序出海的主张是颇有见地的，虽在当时未引起人们的足够重视，但对宋以后治理太湖水利很有影响。

单锷的治水思想与郏亶不同，他认为"三吴之水，潴为太湖；太湖之水，溢为松江以入海"，但长期以来，由于常熟通江五浦的废弃，松江长桥挽路的修筑，以及海口泥沙自然淤积诸种因素的影响，太湖宣泄不畅，"海口湮灭，而吴中多水患"。故治理三吴水患的关键，在于疏通松江水道④。

单锷的治水思想对宋人影响很大，政和年间两浙路提举常平赵霖主持的苏、湖、秀三州治水工程，就是在单锷思想的基础上，加以引申后付诸实施的。这项工程是宋代太湖水利中兴工规模最大的一次，朝廷极为重视，不但将越州鉴湖租赋作为工费⑤，还特派使臣前往淮南、江南路及温、

① 《宋会要辑稿·食货七之一一一》。
② ［宋］朱长文：《吴郡图经续记》卷下。
③ ［宋］郏亶：《吴门水利书》，载［明］归有光编：《三吴水利录》卷一。
④ ［宋］单锷：《吴中水利书》，载［明］姚文灏编：《浙西水利书》。
⑤ 《宋史》卷九六《河渠志六》。

处等州购买木植材料①。在朝野的共同努力之下，工程于宣和二年（1120
年）竣工，这次工程对通江塘浦进行了系统的浚治，并于"常熟之北开二
十四浦，疏而导之江；又于昆山之东开一十二浦，分而纳之海"，使太湖
之水可以从两条水道顺利宣泄，进入江海②。这次工程是很成功的，直到
南宋还很受人们称道③。

　　北宋末期，像赵林主持的这样大规模的水利工程虽不多，但各州官吏
往往也能尽其职守，做些局部的补缀。如陈襄在常州为官时，因"运渠横
遏，震泽积水不得北入江"，而率众削望亭堰，民害遂除④。湖州知州胡宿
率众"筑石塘百里，捍水患，民号曰胡公塘"⑤。丁安仪在海盐为官时，
率民浚治了陶泾，"自是并泾高仰之田无旱岁"⑥。

　　宋室南渡以后，太湖平原的水利事业更为兴盛。由于"南渡后水田之
利富于中原，故水利大兴"⑦。这时太湖水利的特点，基本与北宋一致，
以疏浚河道、修复原有水利设施为主。南宋时原有的通江塘浦有的已埋
塞，有的"委曲仅一线之水"，因而重浚诸浦成为太湖水利的主要内容⑧。
淳熙前后是南宋时期各地兴修水利的盛期，这时常州、平江府、江阴军等
地开浚了多处港浦⑨，其他州府也多有建树，整个浙西兴修水利达 2 100 余
所⑩。如果说北宋时太湖平原的水利工程已为农业生产发挥了巨大作用，
那么南宋时就又前进了一步。仅从冀朝鼎的统计来看，北宋浙江的治水活
动为 86 次，南宋增至 185 次，比北宋高出一倍还多⑪。这些水利工程的兴

---

① ［宋］范成大：《吴郡志》卷一九。
② 《宋史》卷一七三《食货志上一》。
③ ［宋］龚明之：《中吴纪闻》卷一《赵霖水利》。
④ ［宋］陈襄：《古灵集》卷二五《陈先生祠堂记》。
⑤ 《宋史》卷三一八《胡宿传》。
⑥ ［宋］刘一止：《苕溪集》卷四九《丁居中墓志铭》。
⑦ 《宋史》卷一七三《食货志上一》。
⑧ ［宋］鲍廉：《琴川志》卷五《叙水》。
⑨ 《宋史》卷九七《河渠志七》。
⑩ 《宋会要辑稿·食货六一之一二四》。
⑪ 冀朝鼎：《中国历史上的基本经济区与水利事业的发展》，中国社会科学出版社，1981
年。

建减轻了水旱灾害，保证了农业生产的正常进行，为宋代社会繁荣、经济发展奠定了丰厚的物质基础。

经过治理的太湖平原"畎浍脉分，原田棋布。丘阜之间，灌以机械；沮洳之滨，环以菱楗"①。人们生活在其间"耕有余食，织有余衣，工有余材，商有余货"②，一片富庶景象。水利事业的兴修，大大提高了太湖平原的经济实力。太平兴国六年朝廷规定由江淮漕运往京师的粮食为400万石，至道六年增为580万石，大中祥符初年朝廷又将漕粮增至700万石③。在输往京师的巨额漕粮中，"江南所出过半"④，而吴门"赋入之上于大司农者，素甲于江浙"⑤。所以宋人说："苏、常、湖、秀膏腴千里，国之仓庾也。"⑥

除了往京师输送漕粮，太湖平原还是东南地区的主要粮食供给地。杭州是需要由太湖平原输入粮食的主要地方之一。杭州位于长江三角洲的南端，依山面海，境内平原面积狭小，有些属县已处于山区半山区地带。由于自然条件的限制，"自来土产米谷不足"，杭州城内居民的粮食，"全仰苏、湖、常、秀等州搬运斛斗接济"。假如太湖诸州歉收，"则杭州虽十分丰稔，亦不免为饥年"⑦。

南宋时期杭州的粮食需求量就更大了，随宋室南渡的皇族与庞大的官僚集团驻跸临安，加之南下避难的中原士庶，杭州人口骤增。依据《元丰九域志》与《咸淳临安志》计算，北宋元丰年间杭州人口密度为126人/平方公里，南宋乾道年间为162人/平方公里，淳祐年间为264人/平方公里，咸淳年间为270人/平方公里。自南宋中期杭州户额一直保持在40万户左右，以五口之家计算，有人口200多万口，比北宋中期翻了一番⑧。

---

① ［宋］郭受：《吴县记》，载《吴郡志》卷三七。
② ［宋］李觏：《直讲李先生文集》卷二八《寄上富枢密书》。
③ 《宋史》卷一七五《食货志上三》。
④ 《宋史》卷二八八《任中正传》。
⑤ ［宋］崔敦礼：《宫教集》卷一二《平江劝农文》。
⑥ ［宋］范仲淹：《范文正公全集》卷九《上吕相公并呈中丞咨目》。
⑦ ［宋］苏轼：《东坡文集》卷五六《论叶温叟分擘度牒不公状》。
⑧ ［宋］潜说友：《咸淳临安志》卷五八《风土》。

北宋柳永曾有咏钱塘词云城中有"参差十万人家"，但南宋时人说这已是元丰以前的旧话了，现在中兴百余年，户口蕃息，早已不只百万余家①，官府统计的户额多有隐漏，实际户额肯定比40万这个数字要大。人口增加，城市所消费的粮农产品也就更多了。朝廷所需的粮食，虽说要从全国各地征调，但"二浙每完秋租，大数不下百五十万斛，苏、湖、明、越其数太半，朝廷经费之源实本于此"②，其主要部分仍由太湖平原供给。朝廷所需粮食可以通过国家机器征调，民间的口粮则需由米客贩运。杭州人烟稠密，"细民所食，每日城内不下一二千余石"，宋人吴自牧说这些粮食主要"赖苏、湖、常、秀、淮、广等处客米到来"③。这里虽然除了太湖平原上的苏、湖、常、秀四州之外，还提到了淮、广等处，但淮南农业在南宋已十分衰敝，当地又有大量驻军需要巨额粮食，米商不可能贩运出多少粮食，两广山长水远，把粮食贩运到杭州也十分不易，因此苏、湖、常、秀应是杭州米市上粮食的主要来源地。杭州四门，人称"东门菜，西门水，南门柴，北门米"④，这"北门米"指的就是源源不断由太湖平原运来的粮食。

浙东的宁绍平原、温台沿海平原也时常需要太湖平原运粮接济，位于宁绍平原的绍兴"地狭人稠，所产不足充用，稔岁亦资邻郡"⑤。乾道九年（1173年）明州岁饥，当地州官"乃出二十万缗，遣人入籴于浙西"⑥。浙西路辖州虽多，能有余米运往他处的，只有太湖平原，因而此处所言的浙西都应指太湖平原。温台二州土地狭迫，平日粮食尚感不足，逢灾荒之年，往往也要籴米于浙西，乾道五年（1169年）"温台二州因风水漂损屋宇禾稼"，官府遣人往"浙西诸州丰熟处搬贩米粮"⑦。此外，两浙山区也往往需要贩入太湖平原粮米，如衢、睦等州"人众地狭，所产五谷，不足

---

① [宋]灌园耐得翁：《都城纪胜》。
② 《宋会要辑稿·食货七之四三》。
③ [宋]吴自牧：《梦粱录》卷一六《米铺》。
④ [宋]周必大：《文忠集》卷一八二《临安四门所出》。
⑤ [宋]朱熹：《晦庵集》卷一六《奏救荒事宜状》。
⑥ [宋]楼钥：《攻媿集》卷八六《皇伯祖太师崇宪靖王行状》。
⑦ 《宋会要辑稿·食货六八之六七》。

于食，岁常漕苏、秀米"①。

除以上两浙路内部州府外，福建、淮南等地也经常需要从太湖平原输入粮食。福建"地狭人稠，虽上熟之年，犹仰客舟兴贩二广及浙西米前来出粜"②。遇有水旱，更少不了浙西米粮的周济。真德秀在福州为官时，曾上奏朝廷，求浙西米以解乏食之急："去秋水涝，下田薄收……民食孔艰……乞行下浙西，少宽港禁，容本州给据付商旅，前去收籴十万石，回州散粜，以活一郡十二县百万生灵之命。"③北宋时期淮南虽是重要产粮区，但逢到灾荒时候也免不了由太湖诸州输入粮食。如"明道末，天下蝗旱，知通州吴遵路乘民未饥，募富者得钱万贯，分遣衙校航海籴米于苏、秀，使物价不增"④，就是其中一例。

太湖平原是重要的粮仓，每逢丰年，"舟车四出"⑤，外贩米粮，在向外运销米谷的船只中，有河舟也有海船，其中许多海船是驶往国外的。沿海州县，如华亭、海盐、青龙、顾径、江阴等地都有商人，广收米谷，"贩入诸蕃，每一海舟所容不下一二千斛，或南或北，利获数倍"⑥，其中金国就是由海上输入太湖平原粮食的国家之一。建炎四年（1030年）枢密院言："闻海、密等州米麦踊贵，通、泰、苏、秀有海船民户，贪其厚利，兴贩前去密州板桥、草桥等处货卖。"⑦这样的交易虽不为南宋政府允许，但私下由海道北上贩卖粮食还是常有的事情。

太湖平原是两浙，也是全国最富庶的地方，以上所述太湖粮米输往各地的情况就清楚地说明了这一点。

农业是社会经济中的主要部门，太湖平原的富庶归根结底是农业生产的发展，故元人周文英述及前代之事时说："江浙钱粮数倍各省，取办之

① [宋]苏轼：《苏东坡集·奏议》卷九《乞相度开石门河状》。
② [宋]赵汝愚：《赵忠定奏议》卷二《请支拨和籴米十万石付泉福兴化三州赈粜奏》。
③ [宋]真德秀：《真文忠公文集》卷一五《奏乞拨平江百万仓米赈粜福建四州状》。
④ [宋]王辟之：《渑水燕谈录》卷四。
⑤ [宋]王炎：《双溪类稿》卷二一《上赵丞相》。
⑥ 《宋会要辑稿·食货三八之四三》。
⑦ 《宋会要辑稿·兵二八之一〇》。

本多出农田。"①明确将农业与财政归为一体。

（二）浙东平原地带

浙东的平原面积都不大，北部靠近杭州湾的是宁绍平原，东部沿海地带属温台沿海平原。浙东平原的自然条件一般不如浙西太湖平原，这里不但平原面积狭小，且依山傍海，靠海民田受潮汐海暴影响，患在风涛盐卤；靠山之田则地势高亢，不雨即旱，正像当地人所形容的那样，"低田傍海仰依山，雨即横流旱即干"②。受自然条件影响，浙东平原不但开发进程落后于浙西的太湖平原，农业生产水平与综合经济实力也低于太湖平原。

在宋人记载中，两浙平原地带农业生产水平不平衡，主要体现在粮食产量、水田比例以及人口数量几方面。前已述及，太湖平原是全国粮食产量最高的地区，每年都有大量粮食输往四面八方，而浙东的平原地带却需要从外地输入粮食，两处的粮食产量由此可以概见。浙东温台一带粮食产量尤低，宋人说这里"一岁所收不敌浙西一邑之赋，举全州尽熟不如苏湖一顿之粥"③，言辞虽有夸张，产量不及苏湖却是事实。

除此之外，水田的开发比例也反映了农业生产发展水平。为了说明这一问题，下面在浙西太湖平原、浙东宁绍平原和温台沿海平原各选一县为例，做一对比。太湖平原上的苏州常熟县有水田2 419 842亩，旱地208 038亩，水田在总田亩中占92%④；宁绍平原上的明州鄞县有水田746 029亩，旱地149 005亩，水田所占比例为83%⑤；温台沿海平原上的台州临海县有水田637 955亩，旱地234 017亩，水田所占比例为73%⑥。从浙西太湖平原向东至浙东宁绍、温台沿海平原，水田在总田亩中的比例依次减少。水田是南方生产能力最强的土地类型，宋代南方普遍认为"天下之利莫大于

① ［元］周文英：《三吴水利》，载［明］归有光《三吴水利录》。
② ［宋］陈耆卿：《嘉定赤城志》卷三七《风土门二》。
③ ［宋］吴咏：《鹤林集》卷一六《知温州到任谢表》。
④ ［宋］鲍廉：《琴川志》卷六《叙赋》。
⑤ ［宋］罗濬：《宝庆四明志》卷一三《鄞县志二》。
⑥ ［宋］陈耆卿：《嘉定赤城志》卷一三《版籍门一》。

水田"①。因而水田面积的多寡，直接影响整个地区的农业经济水平。如前所述，浙西与浙东的平原地带，分别为粮食的输出与输入区，这与水田的开发比例也应有一定关系。

在农业社会的生产方式下，人口数量在一定程度上反映出生产力水平的高低，因而人口密度的差异也同样能反映出浙东、浙西平原地带各自的农业生产水平与经济实力。据《元丰九域志》所载人口数字推算，元丰初年浙西苏、湖、常、秀四州平均人口密度为104人/平方公里，浙东越、明两州平均96人/平方公里，温、台二州则为55人/平方公里，人口密度依次递减，说明三处平原经济发展并不平衡。显然发展程度最高的是浙西的太湖平原，浙东两处平原都落后于浙西，故宋代浙东籍人王柏说："两浙既号富饶，而东浙之贫不可与西浙并称。"②以贫相称，似乎太过，但高下之分还是存在的。

为了提高农业生产水平，宋代浙东人民作了各种努力，其中平原地带用力最深的就是各类水利工程。根据浙东平原地带的自然条件，这些水利工程大概分为下面几类：

1.拦海筑堤，保护农田。宁绍平原与温台沿海平原都濒临大海，海浪潮汐的侵袭，是这里农业生产的一大忧患。如嘉定六年（1213年）越州会稽濒海大堤"溃决余五千丈，冒民田，荡室庐，漂没转徙者二万余户。斥卤渐坏者七万余亩，岁失两乡赋入以万石计"③。温州永嘉四乡40万亩农田常因"咸潮巨害"，而中断生产④。为了保证农业生产正常进行，人们只能不惜工力，拦海筑堤。嘉定六年（1213年）汪惠在温州为官时，率民"障海潮，潴清流"，不但保护了农田免受海潮的侵袭，还修筑了相应的蓄水灌溉设施，集防海与溉田于一体⑤。黄度在温州瑞安县为县尉时，也曾

---

① ［宋］郏亶：《吴门水利书》，载［明］归有光编：《三吴水利录》卷一。
② ［宋］王柏：《鲁斋集》卷七《赈济利害书》。
③ ［宋］张淏：《会稽续志》卷四《堤塘》。
④ ［宋］杨简：《慈湖遗书》卷二《永嘉平阳阴均堤记》。
⑤ ［宋］杨简：《慈湖遗书》卷二《永嘉平阳阴均堤记》。

率民筑堤以捍海潮①。

拦海大堤在海浪的日激夜冲之下，时常损坏，因而修葺与建筑海堤一样重要，明州象山县宋初就曾因"堤堰损坏"，而影响堤内农田的耕作，当地官府曾于治平、元祐和绍兴年间先后三次组织人力进行修整。治平年间在原有堤堰上"增益而已"，元祐年间"始作石碶"，绍兴年间则"增其堤围，尽发旧址，革而新之"，进行了全面的更新②。从这些工程可以看到，宋人对于拦海堤堰的整修，不仅仅限于增修补葺，还时常为提高水利设施的功能，进行工艺技术上的改进和创新。此外各州县修整海堤的事例还很多，如明州慈溪县有捍潮"新堰"，因"堰以圮告"，宝祐五年（1257年）人们重筑石堤二十余丈，使"慈溪、定海两邑之田，无斥卤侵淫之害"③。越州余姚县旧濒海"有堤六十里"，绍兴年间因"岁久圮坏，民之垫于海者，呻吟相属"，当地官吏率民复之，"堤成而七乡并海之田，桑麻粳之饶尽复"④。

随着拦海护田工程的完善，涂田的利用也日益广泛。涂田本为"潮泥积淤"而成，若"善经理之，皆可以为田"，而若"稍失堤防，风潮冲击，则平田高岸，悉为水乡"⑤。因此，涂田是与拦海堤堰相辅相成的土地利用方式。据《嘉定赤城志》记载临海县有涂田24 771亩，黄岩县有11 811亩，宁海县有686亩，总计达3.7万多亩，这些涂田经改造都成了良田。

2.利用近山之便，修塘筑堰，导溪水灌田。这样的工程有仲夏堰、李溪闸等。仲夏堰修凿于四明山下，引山溪入堰蓄之，"溉田数千顷"⑥。李溪闸位于明州慈溪县，"潴文溪香山水，以溉民田"⑦。此外台州黄岩县的天赐湖，位于阻浪山下，经改造后可溉田千顷⑧。

① ［宋］袁燮：《絜斋集》卷一三《龙图阁学士通奉大夫尚书黄公行状》。
② ［宋］张津：《乾道四明志》卷一○《修朝宗石碶记》。
③ ［宋］梅应发：《开庆四明志》卷三《水利》。
④ ［宋］孙觌：《鸿庆居士集》卷三七《宋故左朝议大夫直显谟阁致仕汪公墓志铭》。
⑤ ［宋］罗濬：《宝庆四明志》卷一八《定海县志》。
⑥ ［宋］罗濬：《宝庆四明志》卷一二《鄞县志一》。
⑦ ［宋］罗濬：《宝庆四明志》卷一六《慈溪县志一》。
⑧ ［宋］陈耆卿：《嘉定赤城志》卷二四《山水门六》。

3.在低平地带加强对河湖水塘的改造，以扩大土地灌溉面积。位于台州境内的官河，在南宋时期经修治改造后，可溉农田71万多亩①，对于整个温台沿海平原有着很重要的意义。杨元光为黄岩县令时，曾率民疏治大渠，并对斗门等设施进行了改造，使"并渠之田，皆为沃壤"②。宁绍平原河湖众多，资以为水利也更普遍，其中见于记载的就有它山堰、小江湖、东钱湖、镇亭水、赵河、白杜河、朱储斗门、相木湖、黄山湖、余支湖、两溪湖、任屿湖等，这些河湖被利用改造后，在农业生产中都起了很大的作用，其中朱储斗门和它山堰溉田都在一二千顷以上③。

经过努力，宋代浙东平原地带的农业生产有了很大的起色，尤其在两浙主要平原中处于落后状态的温台沿海平原，发生的变化更大。温台一带早期的居民为东瓯人，"东瓯之俗率趋渔盐，少事农作"④，这种"少事农作"的习俗一直延续很久，直至唐代温台一带的农业生产在社会经济中还不占突出地位，人们多以渔盐经商为生。入宋以来，农业生产的地位不断提高，从事农耕的人口与农田面积都在增加，以至平原沃土"寸壤以上，未有莱而不耕者"⑤，就连海滨斥土，也变得"其耕泽泽，无不耕之田"⑥。农业也伴随着水利工程的兴建而得到发展，台州黄岩县是兴修水利用力最深的地方，在水利事业的推动下，这里粮食不但可以自给，丰年还可施惠他方，台州"一州四县皆所仰给，其余尚能陆运以济新昌、嵊县之缺"⑦。同时，旱地粮食作物得以推广，温台平原滩涂范围广大，"向也涂泥之地，宜植粳稻，罕种穄麦。今则弥川布垄，其苗蒙蒙，无不种之麦"⑧。农作物种类增加，标志着农耕水平的提高，特别是旱地粮食作物小麦广泛种植，一方面说明沿海涂田地带土地利用有了新的举措，另一方

---

① [宋]陈耆卿：《嘉定赤城志》卷二四《山水门六》。
② [宋]孙觌：《鸿庆居士集》卷四一《右从政郎台州黄岩县令杨元光墓表》。
③ 《乾道四明志》卷二、《宝庆四明志》卷一四、《嘉泰会稽志》卷四、卷二〇。
④ [宋]吴泳：《鹤林集》卷三九《温州劝农文》。
⑤ [宋]陈耆卿：《嘉定赤城志》卷一三《版籍门一》。
⑥ [宋]吴泳：《鹤林集》卷三九《温州劝农文》。
⑦ [宋]朱熹：《晦庵集》卷一八《奏巡历至台州奉行事件状》。
⑧ [宋]吴泳：《鹤林集》卷三九《温州劝农文》。

面则意味着靠山高亢旱地得到了更充分的利用。

宋代两浙平原地带创造了精耕农业的样板，由此也成为朝廷赖以依仗的物资供给地。

第三节　福建平原地带的人口压力与耕作技艺的提高

福建是东南地区平原面积最小的一路，完整的平原只有滨海狭长的一条，占全路辖境的10%左右。俗语所谓"八山一水一分田"，指的就是福建这种山多平地少的自然条件。自然条件的差异，直接导致地区内人口分布与农业生产不平衡。

宋代福建沿海共有四个州军，即福州、兴化军、泉州、漳州，其中福州辖12县，有9个县设置在沿海平原；兴化军辖3县，只有1县设在平原；泉州所辖7县中，4县位于平原；漳州4县中，1县位于平原。这就是说福州设在沿海平原的县占全州总县数的75%，兴化军占33%，泉州占57%，漳州占25%。大体上可以认为这些县在各州总县数中的比例，也是沿海平原户口在全州总户口中的比例。依此推算，福州居住在沿海平原的户口占全州的75%，兴化军占33%，泉州占57%，漳州占25%，依此比例根据《元丰九域志》所载各州户口计算，居住在沿海平原的人口为149万多人，再按全路总面积的10%来推算，沿海平原的面积为12 000平方公里左右，依此可以计算出元丰年间福建沿海平原平均人口密度为117人/平方公里左右。南宋时随着北方流民的南下，福建人口也相应大幅度增长。北宋元丰三年福建路共有1 043 839户[1]，南宋宝庆元年增为1 704 186户[2]，增长了63%，如果沿海平原的人口也按这个比例增长，那么宝庆年间，这里的人口密度为191人/平方公里左右。无论北宋，还是南宋，福建沿海平原的人口密度值都与太湖平原相近，难怪宋人每当提到福建时，总将"土地迫

---

①　《元丰九域志》卷九《福建路》。
②　《宋史》卷四一《理宗纪一》。

狭，生籍繁多”①作为地方突出特征而加以强调。

由于"地狭人稠"已成为宋代福建人民生活与社会经济中的突出矛盾，因而在农业生产中，无处不体现出人们与自然抗争，为生存而努力的成就。在山区，人们创建了梯田，"缘山导泉"②，变硗瘠为农田。平原是主要的产粮区，也是福建农业的中心，人们在这里用力更深。为了提高农作物的产量，以弥补因地狭人稠而带来的粮食不足问题，福建沿海平原普遍实行精耕细作。

提及宋代福建路，真德秀等撰写的几篇《劝农文》留给后人深刻印象："福之为州，土狭人稠，岁虽大熟，食且不足，田或两收，号再有秋，其实甚薄，不如一获。凡为农人，岂可不勤，勤且多旷，惰复何望。勤于耕畲，土熟如酥。勤于耘耔，草根尽死。勤修沟塍，蓄水必盈。勤于粪壤，苗稼倍长。勤而不惰，是为良农。"③泉州"濒海邦，半是硗埆地"，"五谷随其宜，勿惜多种莳，陂塘谨修筑，预作灌溉备，先民尝有言，惟勤则不匮，必须竭人力，乃可尽地利"④。"春宜深耕，夏宜数耘，禾稻成熟，宜卑收敛，豆麦黍粟，麻羊菜蔬，各宜及时。用功布种，陂塘沟港，潴蓄水利，各宜及时。用功浚治，此便是用天之道。高田种早，低田种晚。燥处宜麦，湿处宜禾。田硬宜豆，山畲宜粟。随地所宜，无不栽种。此便是因地之利。"⑤通常，地方官员以"劝农"形式劝告百姓勤于农事，往往是因农业生产投入人力不足，但福州、泉州一带的"劝"则不代表这一地区的整体农事活动特点。正如前文所述，即使福州、泉州也不全是平原，两州都存在数量不等的丘陵山地，因此"劝"的对象在山区。这些地带农业生产用力不足，疏于田间管理，是"劝农"的根本所在。正由于"劝农"之处在丘陵山区，真德秀才提出"随地所宜，无不栽种"的因平原与山地自然条件差异而因地制宜的农作物布局方式。与丘陵山区不同，

①　《宋史》卷八九《地理志五》。
②　《文献通考》卷七《田赋考七》。
③　[宋]真德秀：《西山文集》卷四〇《福州劝农文》。
④　[宋]真德秀：《西山文集》卷四〇《泉州劝农文》。
⑤　[宋]真德秀：《西山文集》卷四〇《再守泉州劝农文》。

福建沿海平原地带却有着与两浙平原一样的劳动投入，正如宋人陈傅良指出的那样："闽浙之土最是瘠薄，必有锄耙数番，加以粪溉，方为良田……然闽浙上田，收米三石，次等二石。"①以闽浙并称，不仅提及"锄耙、粪溉"这样的人力投入，且将闽浙两地产量示之于人，亩产二至三石，这是难得的产量，自应是精耕农业的结果。

福建地处亚热带南部，气候湿热，对发展农业生产有利，但"地狭瘠而水源浅远"②，土壤条件并不很好，而且滨海地带经常受海浪飓风的侵袭，有碱卤之害；靠山农田则苦于无水灌溉，受旱暵之扰。而"濒江善地，梁渎横纵，淡潮四达，而龙骨之声，荦确如语"。"寸泽如金，然而得水获必三倍。诗人谓：一掬清流，一杯饭。盖歌水难得也。"③面对这种自然条件，人们只能依靠辛勤劳作来弥补其不足。因而"勤"可以说是这里农民谋生的核心。真德秀在福建为官时，曾历数勤于人力的重要性，他说："勤于耕畲，土熟如酥；勤于耘籽，草根尽死；勤修沟塍，蓄水必盈；勤于粪壤，苗稼倍长。"④真德秀将影响当地农业生产的关键问题概括为四个环节，即"耕""耘""水""粪"，而其中最重要的是"水""粪"。

沿海平原"半是硗地"，虽"三时劳耕耘，收获尚无几"⑤。因而加强施肥，改良贫瘠土壤，是农业生产中的重要措施。为此宋人不但着力于勤施粪肥，而且根据不同作物，采取不同的施肥方法。如粟"以稻灰种之"⑥，植桑"多用粪壤"等⑦。

福建沿海平原不但有在一般地区防涝去旱、灌溉农田的需要，而且沿海地带的大量斥卤之地，全凭淡水冲灌。由于这样的原因，水利工程也因功能而分为两类。一类以防涝备旱为主要目的，这类工程以福州闽县境内的西湖为代表。西湖位于闽江下游，宋以前即已存在的蓄水工程，入宋以

---

① ［宋］陈傅良：《止斋文集》卷四四《桂阳军劝农文》。
② ［宋］方勺：《泊宅编》卷三。
③ ［宋］梁克家：《淳熙三山志》卷一五《版籍类六》。
④ ［宋］真德秀：《西山文集》卷四〇《福州劝农文》。
⑤ ［宋］真德秀：《西山文集》卷四〇《泉州劝农文》
⑥ ［宋］梁克家：《淳熙三山志》卷四一《土俗类三》。
⑦ ［宋］朱熹：《晦庵集》卷一〇〇《劝农文》。

来因围湖造田而严重影响了湖周四乡的水利。为了恢复西湖的调蓄功能，淳熙十年（1183年），赵汝愚进行了全面的兴复开浚，工程完工后，周围三县"承食水利民田总计一万四千四百五亩"[①]。嘉定三年（1210年）闽县知县朱定率民继续开淘与湖相通的河浦[②]。在以灌溉为目的的水利事业中，尤其要提出的是坎井，坎井主要开凿在"无陂塘可以灌注，无溪涧可以汲引"的平旷地带，为了灌溉取水方便，一般位于田塍之侧。坎井一般开挖"深及丈余，停蓄雨潦，以为干旱一溉之助"[③]。坎井实为福建人民的一项创举，这种坎井与西域诸国的坎儿井形制上是有别的，它很像近代西北干旱地区蓄水所用的窖井。坎井配合桔槔，为解决农田用水起了很大作用。

以灌溉为目的之外的另一类水利工程，是防潮兼利的捍海堤塘。福建沿海人民修筑海堤，抗御海浪卤水的侵害，已经有很长历史了。福州一带的拦海大堤，唐代就已频频见载于史籍。入宋以来，各类拦海工程的形制与数量都超过了前代，仅福州长乐县就有各类设施150余所。其中"大者为湖，次者为陂、为圳，捍海而成者为塘，次为堰"[④]。防潮兼备的综合性工程代表是木兰陂。木兰陂位于兴化军境内，建成于熙宁八年（1075年）。木兰陂的建成对周围地区的农业生产起了很大作用，它下能御海浪，上能截永春、德化、仙游三县流水，可灌田万顷。捍海陂塘的修建，对改良盐碱也有着重大意义。沿海的大片滩涂地，全凭淡水冲灌，才能变成可耕种的良田，捍海陂塘蓄截淡水，在这一方面起了很大作用。如仅兴化军莆田县胜寿、西街、大和、屯前、东塘五塘，就将一千余顷盐碱地淡化为田，使"八千余家"得以"耕种为业"[⑤]。

除"粪""水"这两个重要环节外，人们同样强调"耕""耘"在农业生产中的作用。"春宜深耕，夏宜数耘"是使土壤疏松，更覆杂草，保证

① ［宋］梁克家：《淳熙三山志》卷四《地里类四》。
② ［宋］梁克家：《淳熙三山志》卷一五《版籍类六》。
③ 《宋会要辑稿·瑞异二之二九》。
④ ［宋］梁克家：《淳熙三山志》卷一六《版籍类七》。
⑤ ［宋］蔡襄：《端明集》卷二六《乞复五塘札子》。

农作物旺盛生长的前提①。而"耕犁之功,全籍牛力"。为了保证畜力,当地官府颁布了"不得辄行宰杀"耕牛的规定②。这项规定的实施,不但保证了福建当地农业生产使用的畜力,而且还能支援他处。建炎战火之后,淮南残破,土地荒芜,耕牛殆尽。为了恢复农业生产,政府组织人力从各处贩牛至淮。当时全国各路中,能提供耕牛的只有福建、两浙、两广,而福建居首位③。

福建在全国各路中,人均耕地面积最小。据第三章订正数额,元丰初年福建有耕地 17 413 581 亩,有户 992 057 户,以五口之家计算,人均耕地 3.5 亩。土地狭迫,人口众多,土狭人稠的矛盾最为突出。故在福建为官的韩元吉在劝农时说:"闽中地狭小,民患无田可耕,而尚何必劝为。"④的确,福建地狭人稠,人们苦于无地可耕,一旦获得土地,"虽硗确之地"亦"耕耨殆尽"⑤。

在人口集中的沿海平原,沙田海涂自然成为人们垦辟的主要对象。沙田又叫"沙洲田",是由江水冲淤而成的,因此在利用时免去了淡水冲灌这一环节。沿江地带将沙洲改造为田是很普遍的。大观元年(1107 年)提举学事朱英在福州括沙洲田 140 顷;绍兴五年(1135 年)漳、泉、福三州及兴化军又不断括得江涨沙田;至淳熙年间,仅福州就有沙洲田 27 000 多亩⑥。

海边的涂田又叫海退淤田,开垦海退淤泥地为农田,关键在于淡水冲灌,而与淡水冲灌相配合的工程措施,就是捍海堤塘的修筑。为此沿海"田家率因地势筑捍,动联数十百丈,御巨浸以为堤塍"。外捍海水,内蓄清流,将大片海退淤泥改造为农田,淳熙年间仅福州就有海退淤田 12.3 万多亩⑦。

---

① [宋]真德秀:《西山文集》卷四〇《再守泉州劝农文》。
② [宋]朱熹:《晦庵集》卷一〇〇《劝农文》。
③ [宋]叶梦得:《建康集》卷七《又与秦相公书》。
④ [宋]韩元吉:《南涧甲乙稿》卷一八《又劝农文》。
⑤ 《宋史》卷八九《地理志五》。
⑥ [宋]梁克家:《淳熙三山志》卷一二《版籍类三》。
⑦ [宋]梁克家:《淳熙三山志》卷一二《版籍类三》。

经过人工改造，大片沙田海涂的出现，虽然对缓和地狭人稠的矛盾起了一定作用，但耕地不足仍是一个普遍的社会现象。民间为了使全家能在小块土地上继续生存下去，计产育子成风。政府为了缓解人口的压力，也多次组织无地农民，进行劳动力输出。如《续资治通鉴长编》载元丰元年（1078年）进士李复等人，曾募闽、蜀民至开封府界种稻。南宋时募闽人前往两淮垦荒的事例就更多了。宋代离乡出走的福建人，最主要的去处是两广。苏辙谪居岭南时看到当地人"农亦甚惰，其耕者多闽人"①。福建人在两广多从事农耕，对推动那里农业生产的发展起了很大作用。周去非将岭南人口分为五种来源，其中之一就是由福建人构成的射耕人②，可见福建进入岭南辟耕者之多。

福建是个多山的地方，平原滨海且狭窄，有限的宜农之地聚拢了大量的人口，为了获得理想的产量，平原地带农业具有精耕特征。

第四节　江东平原地带圩田的发展

江南东路的平原主要分布在长江沿岸，从地形图上看，占全路总面积的35%~45%。

正是在这一平原地带，宋代将圩田作为主要土地利用类型。

江东的圩田大致分布在由建德经池阳、南陵、宣城、宁国、广德至镇江这样一个范围内。宋人杨万里曾从建康深水县乘小舟考察江东圩田，经过实地考察后，赋诗曰："上通建德下当涂，千里江湖缭一圩。"③这是说溯江而上，至建德仍能看到圩田的分布。自建德县向西，开始进入丘陵地带，而圩田是平原地区盛行的土地利用形式，丘陵地带则不会出现圩田，因此建德县就构成了江东圩田分布的西界。江东圩田分布的南界，是从沈括的记载中得到的。仁宗时期江东地方官曾招集因饥荒而逃移的宣城、宁

---

① ［宋］苏辙：《栾城后集》卷五《和子瞻次韵陶渊明劝农诗》。
② ［宋］周去非：《岭外代答》。
③ ［宋］杨万里：《诚斋集》卷三二《圩丁词十解》。

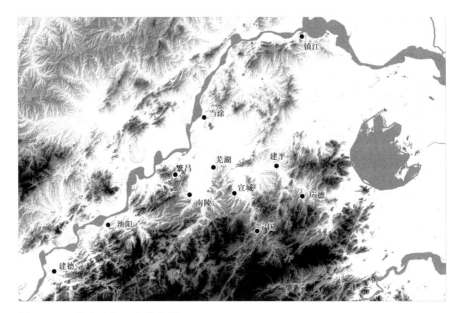

图 5-3　江南东路圩田分布范围

国、南陵、当涂、芜湖、繁昌、广德、建平八县流民，治理废毁的芜湖万春圩①。在这八县之中当涂、芜湖、繁昌均位于长江沿岸，是圩田最集中的地带，其余各县也均位于平原上，属于圩田分布区，如宣城一带的圩田就很著名。由南陵、宣城、宁国、广德一线以南就进入了丘陵地带，圩田只能分布在这一线以北的平原上，故南陵、宣城、宁国、广德一线构成了江东圩田分布的南界。官府之所以要招集这八县的饥民来修治万春圩，就是因为这里是圩田分布区，人们有治圩经验。由广德向北至建康、镇江两府，境内主要是平原，圩田也很集中，因此江南圩田分布的东界，也就是江南东路的东界，即由广德一直向北延伸至镇江。根据以上分析中圈定的圩田分布区域推算，江东圩田区约占全路总面积的23%。比例虽不很高，但圩田旱涝无虞的优良特性，使这里成为江东的主要产粮区。

　　宋代江东圩田数量多，规模大，在社会经济中所起的作用也最突出。

① [宋]沈括:《长兴集》卷九《万春圩图记》。

当时著名的圩田有太平州芜湖县的万春、陶新、政和、犹山、永兴、保成、咸实、保胜、保丰、衍惠诸圩，当涂县的广济圩，宣州化成、惠民圩，建康永丰圩等①。这些圩的规模都很大，其中"宣州化成、惠民二圩相连，长八十里，芜湖县万春、陶新、政和三官圩共长一百四十五里，当涂县广济圩长九十三里"②。在这些大圩周围又有许多小圩，如太平州延福等五十四圩周一百五十余里，当涂诸圩共四百八十余里③。圩内土壤肥沃，加之排灌兼宜的水利设施，使农田一般"有丰年而无水患"④。正如诗人称颂的那样"圩田岁岁镇逢秋，圩户家家不识愁"⑤。因此圩田为朝廷提供的粮食也很可观，其中宣州化成圩每年纳租米二万四千余石⑥，建康永丰圩岁纳租米三万石⑦。宣州、太平州圩田最为集中，每年为朝廷提供的租米也最多，因此时人称其"岁入租课浩瀚"⑧。

圩田在农业生产中的意义如此重大，因此也很受人们的重视。宋代江东的圩田已发展得十分成熟，主要表现在如下几个方面：

1.宋代江东圩田规模大，构造完善，往往"每一圩方数十里如大城，中有河渠，外有门闸。旱则开闸引江水之利；潦则闭闸拒江水之害"⑨。江东圩田在形制上多有两层，圩堤之外，还有大堤，"包套逐圩在内，抵涨湖水"，即使圩堤稍有损坏，一时也不至于使圩内农田受害⑩。

2.宋代圩田管理与养护方法非常合理，首先对圩内农田进行有计划的布局，如芜湖万春圩，圩内农田为一千二百七十顷，每顷农田为一方，全圩分为一千二百七十方，按照天地日月山川草木取一千二百七十字，为每一方田定名。为了便利农田排灌和人员往来，每方四周围之以沟，"为一

---

① 《建炎以来系年要录》卷一六五，绍兴二十三年十月壬申。
② 《建炎以来朝野杂记》卷一六《圩田》。
③ 《宋史》卷一七三《食货志上一》。
④ ［宋］杨万里：《诚斋集》卷三二《圩丁词十解》。
⑤ ［宋］杨万里：《诚斋集》卷三四《题广济圩》。
⑥ 《宋会要辑稿·食货七之六》。
⑦ 《宋史》卷一七三《食货志上一》。
⑧ 《宋会要辑稿·食货七之四〇》。
⑨ ［宋］范仲淹：《范文正公全集·奏议》卷上《答手诏条陈十事》。
⑩ 《宋会要辑稿·食货七之五〇》。

区",相互贯通,使"一家之浍可以舫舟"①。这样规整的规划对集约农业进一步发展起了很大推动作用。

其次圩堤的修整维护采取了人工与生物措施相结合的方式。从工程角度加固圩堤,这是治圩的主要方面,人们用力也最深。为了加强圩堤的抗潮强度,人们将圩堤的用料由泥土换为石板。杨万里形容这些圩堤"岸头石板紫纵横,不是修圩是筑城"②。为了使堤岸更加坚固,人们在堤岸上种植各种树木,深植于堤中的树根勾络在一起,成为护堤的屏障。芜湖万春圩"夹堤之脊列植以桑"③,更多的圩堤则是种植杨柳,"古今圩岸护堤防,岸岸行行种绿杨"④,描写的就是杨柳护岸的情景。

3.配套的人工管理系统是实行圩田之制的重要内容。宋代官圩有圩吏⑤,私圩则有圩长⑥。官圩的维护由官府出面组织人力;私圩则由圩长召集圩丁,在每年雨季之前维修圩堤。"年年圩长集圩丁,不要招呼自要行。万杵一鸣千畚土,大呼高唱总齐声。""儿郎辛苦莫呼天,一岁修圩一岁眠。"⑦这些诗句描写的都是一年一度圩长带领圩丁维修圩堤的热闹场面。正由于有这样的管理系统,才保证了圩堤的正常维修与养护。

宋代江东圩田发展虽然取得了很大成绩,但在圩田的发展过程中也存在一些问题,其中对农业生产影响较大的,是一些圩田的位置措置失当。江东沿海平原地势低洼,发源于南部山地的河流溪水往往汇集到这里宣泄入江。如圩田的位置安排不当,就会成为水流下泄的障碍,造成水道堵塞,河流涨溢。如建康永丰圩就是一个例子。北宋政和年间,永丰圩围湖成田,不但使湖面缩小,而且堵塞了南来河流的入江通道,虽然圩建成后几十年内,圩内农田旱涝无虞,成为江东极负盛名的圩田,但圩堤"横截

---

① [宋]沈括:《长兴集》卷九《万春圩图记》。
② [宋]杨万里:《诚斋集》卷三二《圩丁词十解》。
③ [宋]沈括:《长兴集》卷九《万春圩图记》。
④ [宋]杨万里:《诚斋集》卷三二《圩田》。
⑤ [宋]沈括:《长兴集》卷九《万春圩图记》。
⑥ [宋]杨万里:《诚斋集》卷三二《圩丁词十解》。
⑦ [宋]杨万里:《诚斋集》卷三二《圩丁词十解》。

水势"①，加剧了河水泛涨，尽管永丰圩自身"六十里如城"，坚固牢靠，足以抗住风涛，可是周围的民圩却无法与之相比，每每深受其患②。永丰圩四周原有民田千顷，自永丰圩开修，"可耕者只四百顷"③。像永丰圩这样横截水势，致使周围农田受损的现象，在其他圩田所在之处也时有发生，如宁国府焦村圩"梗塞水面，致化成、惠民圩频有损坏"，也是相类的事例④。

随着圩田的发展，南宋时期这类情况也越来越多。由于圩田的建造位置直接影响到农业生产，因而逐渐引起人们的重视。乾道九年（1173年）度支员外郎朱儒指出："江东圩田为利甚大，其所虑者水患而已。"可人们只知"增筑埂岸，以固堤防为急，而不知废决隘塞以缓奔冲之势"⑤。朱儒这一席话，说明当时已有人认识到圩田位置的重要性。至南宋中期，人们在建造新圩时，已经开始考虑圩址与水道的关系。淳熙十年（1183年）建康上元县境内有废弃荒圩可重新利用，在人们正式修整之前，官员们首先勘察了地形水道，然后上奏："上元县荒圩并寨地五百余顷，不碍民间泄水，可以修筑开耕。"⑥在圩田的发展中，虽然出现过类似建造位置不当，梗塞水流这样盲目利用自然的弊病，但是在实践中，人们还是认识到了自然规律不可违背，并不断更改以前的错误做法，使圩田在农业生产中一直起着重要作用。

与东南地区其他地方一样，江东沿江地带也存在大量沙田。北宋时期江东沙田并没有受到足够的重视，那一时期的文献中很少提到沙田。宋室南渡以后，随着人口增加与土地紧张，沙田的地位逐步提高。建炎元年（1127年），即高宗正式定都江南的第一年，官府就招谕无田农民投买江涨沙田、海退泥田等自然淤涨出来的土地⑦。绍兴年间，朝廷正式派官管理

①　《宋会要辑稿·食货八之三》。
②　[宋]韩元吉：《南涧甲乙稿》卷二《永丰行》。
③　《宋会要辑稿·食货八之三》。
④　《宋会要辑稿·食货八之一二》。
⑤　《宋会要辑稿·食货八之一六》。
⑥　《续资治通鉴长编》卷一四八，淳熙十年六月己酉。
⑦　《宋史》卷一七三《食货志上一》。

江滨沙田。绍兴二十七年（1157年）首先遣两浙路转运使赵子潚措置镇江府沙田，轻立租课，佃民就耕[1]，其后又相继派漕臣至江东、浙东等路理沙田事。绍兴二十八年（1158年）朝廷又派户部员外郎莫濛视察两浙、江东、淮南各路沙田[2]，并括得沙田253.7万余亩[3]。这么大面积土地的出现，也引起了权势之家的垂涎，从绍兴年间起，豪门强占沙田芦场并与官争利的事不绝于史，但这一切却也促进了沙田的全面开发。南宋中期，沙田已成为滨江州县重要的土地资源之一，仅建康府一处就有沙田16.1万亩[4]，其中上元县沙田占全部耕地的15.2%，江宁县占8.8%[5]。在沙田的开发过程中，人们根据距江远近和灌溉条件而区分出沙田和沙地："凡为沙田，则起催小麦、米、丝，沙地则起催豆、麦、丝、麻。"[6]宋代南方习惯将水田称之为"田"，旱地称之为"地"，因此沙田具有水田性质，沙地则有旱地的特点。由此可见，宋代江东人根据自然条件的不同，在沙田上也实行着不同的耕作方式。

宋代江南东路平原地带的农业生产，几乎都建立在围水捍田、与水争田的基础上，这样的土地利用形式，是在人力改造下而具备了农作物立足的条件，不仅成为宋代农业的一项创举，而且为后世水乡用地拓展了思路。

第五节 江西平原地带的开发与粮食外运

江南西路境内地形东、西、南三面属于丘陵山地，中部为鄱阳湖平原，注入鄱阳湖的赣、信、抚、修四条大河流域也都有一定面积的平原，共同构成了江西境内农业生产的基础。

---

① 《宋会要辑稿·食货一之三九》。
② 《宋史》卷一七三《食货志上一》。
③ 《宋史》卷三九〇《莫濛传》。
④ ［宋］周应合：《景定建康志》卷四〇《田赋志》。
⑤ ［宋］周应合：《景定建康志》卷四〇《田赋志》。
⑥ 《建炎以来朝野杂记》卷一五《都下马料淮浙江东沙田芦场本末》。

　　江南西路各处平原土壤肥沃，又有充沛的水利资源可资利用，都成为江西主要的产粮区。在宋代士人的诗文中留下了大量关于江西各平原州军农业生产状况的描述。如洪州"其田宜粳，其赋粟输于京师，为天下最"①。抚州"于江西为富州，其田多上腴"②。吉州"户口繁衍，土沃多稼"③。饶州"地沃土平"④。建昌军"地宽平陆……水土衍沃"⑤。这些州军都堪称富庶，其中又以洪州、抚州、吉州最为突出。

　　洪州位于鄱阳湖平原，鄱阳湖水利为这里的农业生产带来了极大的便利，特别是在旱季，"山田小旱熟湖田"⑥，"旁州不熟我州熟"⑦，水利的优势显示得尤其充分。鄱阳湖平原便利的水利条件，既有自然的"恩赐"，也因大量的人力投入。其中赣江下游的堤防工程，始终是兴工整治的重点。赣江是鄱阳湖水系中最长的一条河流，下游在洪州境内注入鄱阳湖，因而赣江下游的堤防，对保证鄱阳湖平原农业生产的正常进行有着重要意义。北宋时洪州知府赵概曾率众在赣江上筑堤二百丈⑧，南宋时期李燔又主持整修了赣江大堤的工程，使堤外农田尽得水利，"田皆沃壤"⑨。洪州一带是鄱阳湖平原的核心，由于有了优越的水利条件，旱涝无虞，成为江西主要的产粮区，前所引述曾巩称"其赋粟输于京师，为天下最"，虽然有些夸张，但甲于江西，却当属事实。抚州临抚水而设治，这里土壤肥沃，又有"陂池川泽之利"⑩，"故水旱螟蝗之灾少，其民乐于耕桑以自足"⑪。是江西有名的富州。吉州位于赣江中游，"户口繁衍，田赋浩

①　[宋]曾巩：《元丰类稿》卷一九《洪州东门记》。
②　[宋]谢薖：《竹友集》卷八《狄守祠堂记》。
③　《方舆胜览》卷二〇《赣州》。
④　《方舆胜览》卷一八《信州》。
⑤　《舆地纪胜》卷三五《江南西路·建昌军》。
⑥　[宋]赵蕃：《淳熙集》卷一七《投王饶州日勤四首》。
⑦　[宋]张孝祥：《于湖集》卷二《鄱阳使君王龟龄闵雨再赋一首》。
⑧　《宋史》卷三一八《赵概传》。
⑨　《宋史》卷四三〇《李燔传》。
⑩　[宋]谢薖：《竹友集》卷八《狄守祠堂记》。
⑪　《舆地纪胜》卷二九《江南西路·抚州》。

穰"①，尤其以产米著称②。南宋时，随着人口的增多，水利事业进一步受到人们的重视，对农业生产顺利发展起了很大作用。其中影响最大的是寅陂的修复。寅陂是吉州安福县境内著名的蓄水工程，曾一度被土豪擅利。南宋初年当地官员率民疏浚溪港，修复堤岸，灌田一万二千多亩。逢旱岁，陂水所溉水田独得不槁，"民赖其利"③。

洪、抚、吉三州是江西经济最发达的地方，也是主要的粮食产区。三州之外，其他平原地带的农业生产也有了长足的发展，尤其是位当南北通道的河谷地带。宋代随着岭南地区不断开发与经济逐步发展，南岭两侧的经济与文化往来越来越频繁，以赣江为主的河谷地带是当时南北交往的要道之一，因而位于赣江上游，地当"岭表咽喉之冲"的赣州④，自然成为"广南纲运，公私货物所聚"之地⑤，商贾之外，"朝廷之有事于交广者出入"，也"必过焉"⑥。在交通条件的刺激下，赣州的农业有了一定发展。乾道年间，别州逢饥，赣州则有余粮"移粟济邻郡"⑦。兴修水利，赣州人民采取的施工方法，尤其先进。北宋时，赣州城附近的章、贡两江泛滥成灾，当地人民"伐石为址，冶铁锢之"⑧。以石为堤，是宋代沿江滨海人民与水患作斗争经常采取的方式，但熔炼铁水以固石堤的方法却不多见。这种方法不但加大了石堤的强度，而且使石块连为一体，耐冲击、耐腐蚀，在当时真是一种先进的技术。赣州之外，处于河谷地带的南安军、建昌军、临江军不是"通道交广"⑨，就是"抗御七闽、牵制百越"⑩的"舟车辐凑"之处⑪，都处在南北往来的通道上，交通条件对这里农业生产

---

① 《舆地纪胜》卷三一《江南西路·吉州》。
② [宋]文天祥：《文山集》卷五《与知吉州江提举万顷》。
③ [宋]王庭：《庐溪集》卷二《寅陂行》。
④ 《舆地纪胜》卷三一《江南西路·赣州》。
⑤ 《舆地纪胜》卷三一《江南西路·赣州》。
⑥ [宋]陈渊：《默堂集》卷二一《陈伯瑜宣义行状》。
⑦ 《宋史》卷三七三《洪皓传》。
⑧ 《宋史》卷二九七《孔道辅传》。
⑨ 《舆地纪胜》卷三四《江南西路·临江军》。
⑩ 《舆地纪胜》卷三五《江南西路·建昌军》。
⑪ 《舆地纪胜》卷三六《江南西路·南安军》。

的发展同样产生了影响。

总之，宋代江西平原各州农业生产都有了不同程度的发展，对增加整个江西的经济实力起了很大的作用。宋代江西是输往京师的东南漕粮的主要来源地之一，除太湖平原之外，数江西所出漕粮量大，"东南岁米六百万石……而江西居三之一"①。除此，江西粮米还常运籴江东，以补江东粮食的不足②。因此成为东南地区内除太湖平原外的主要粮食输出区之一。

大量粮食输出，无疑是农业生产发展的标志，但同时也与江西粮食生产与自身消费的对比有关。以《元丰九域志》记载的户额来计算，江西人口密度最高的地方是临江军，为79.52人/平方公里，其余如洪州、抚州、吉州都在50—60人/平方公里之间，这样的人口密度比两浙、江东、福建平原地带都低。由于江西人口密度不大，人均耕地也比其他地方高。据第二章对《文献通考》所载耕地数的订正，元丰年间江西人均耕地在10.3亩以上。人口少，当地粮食的自身消费量也就低，加之土地有余，自然就有余粮可剩。

由于人口密度不大，江西的人地矛盾也不突出，这对农业生产有有利的一面，也有不利的一面。其不利之处在于，由于人口压力相对较低，没有提高土地利用率的迫切要求，因而有些地方耕作粗放，疏于管理，如南康军一带就是这样。这里"土风习俗大率懒惰，耕犁种莳即不及时，耘耨培粪又不尽力，陂塘灌溉之利废而不修，桑柘麻苎之功忽而不务"③。不仅南康军如此，被称为"于江西为富州"的抚州，其耕作方式在浙人眼中也是粗陋不堪的。浙江籍的黄震曾就耕、肥、耘、水几个方面指陈了抚州一带农业生产的用力不精。（1）耕："浙间秋收后便耕田，春二月又再耕，曰耖田。抚州收稻了，田便荒版……五月间方有人耕荒田，尽被荒草抽了地力。"（2）肥："浙间终年备办粪土，春间夏间常常浇壅。抚州勤力者，斫得少些柴草在田，懒者全然不管。"（3）耘："浙间三遍耘田，次第转

---

①　[宋]吴曾：《能改斋漫录》卷一三《纪事·唐宋运漕米数》。

②　[宋]朱熹：《晦庵集》卷八八《刘公神道碑》。

③　[宋]朱熹：《晦庵集》卷九九《劝农文》。

折，不曾停歇。抚州勤力者耘得一两遍，懒者全不耘……田间野草反多于苗。"（4）水："浙间才无雨便车水，全家大小日夜不歇……〔抚州〕有水处亦不车，各人在门前闲坐，甚至到九井祈雨。行大溪边，见溪水拍岸，岸上田皆枯坼裂，更无人车水。"[1]耕、耘、肥、水是农业生产中的几个重要环节，黄震就这几个方面对浙、抚两地所作的比较，深刻地反映了抚州一带，以至整个江西农业生产方式的不足。无论朱熹，还是黄震都看到了一个重要的事实，江西鄱阳湖平原以及各大江河流域，实行的耕作方式绝不能算作精耕，当地人对于农业的投入力度并不大，他们文中提到的"懒"与"闲"十分恰当，没有生存压力，一切均处于闲适状态。

江西平原地带农业生产条件具有很大的优越性，既没有福建沿海平原寸土寸金的压力，也没有江东、两浙围水造田的需求，当地的粮食除了满足自己，还能输往京师。江西平原地带人口密度并不大，由此也没有其他地区的人地矛盾，人们几乎没有在农业中投入更多劳动力的愿望，农业生产举措近于粗放。

第六节　宋代东南丘陵山区的开发与农业生产引发的环境问题

东南七路的平原地带在宋代经济中发挥着重要作用，但整个地区大部分属于丘陵山地，从北向南分别有淮阳丘陵、皖南丘陵、浙闽丘陵以及赣东西丘陵。丘陵山地占地面积很广，大约占七路全部面积的70%。宋代有1 450多万人口生活在这里，因此无论从地理意义还是经济意义上观察，丘陵山区的农业生产在整个东南地区都不能忽略。

一、东南丘陵山区人口增长

两宋三百多年间，是东南丘陵地区的主要开发时期。虽然自两晋以来，东南地区就不断开发，但那时人口与后来相比还不算多，人们的经济

---

[1]　[宋]黄震：《黄氏日抄》卷七八《咸淳八年春劝农文》。

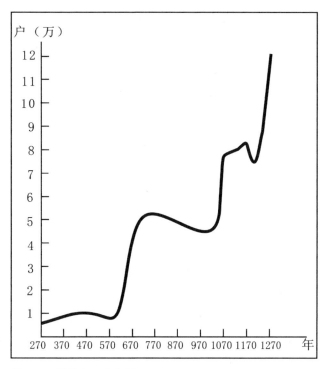

图5-4　严州人口变化图

活动主要集中在平原地区，丘陵地带人口还很有限。经唐至两宋时期，人口激增，人们虽然采取了围水造田和深化精耕细作等方式来提高平原地区的土地承载能力，但是仍然无法缓解平原地区巨大的人口压力。在这种情况下，人们自然要走向丘陵山区，去开拓新的土地。

下面以严州、歙州以及台州为例，来说明自两晋至宋代，东南丘陵地带的人口增长情况。严州位于浙闽丘陵的北部，宋代隶属浙西路。据《严州图经》及《景定严州续志》记载，晋武帝时严州有5 560户，刘宋孝武帝时增至10 253户，隋文帝时由于战争影响降到7 343户，唐高祖时又回升为12 064户，唐玄宗时激增到54 961户，唐穆宗时稍减为54 710户。北宋元丰年间有76 301户，南宋绍兴九年（1139年）有72 256户，淳熙十三年（1186年）为88 867户，至景定四年（1263年）达到119 267户。在这前后一千年内严州实际增加了11.8万多户。从晋武帝时起至南宋景定年间，出现过两次户额大幅度增长时期，一次为唐玄宗时期，户额较唐初高祖时期增加了4万多户。这一次人口大幅度增加与"安史之乱"以后，北方人口大量流入南方有着密切关系。第二次人口增长的高潮从北宋中期一直持续到南宋，这一时期正是南方经济发展的兴盛时期，"靖康之难"后涌入南方的中原人口大增，严州在一百多年内，增加47 000余户，相当于晋武帝时至唐中期近五百年内的户口增长量（图2-6）。

歙州在南宋改名为徽州，地处皖南丘陵南部，属江南东路。歙州的人口变化情况与严州十分相似。据《新安志》记载，晋置新安郡时只有5 000户，刘宋时增为12 058户，隋时为6 154户，唐天宝年间增为38 320户，北宋元丰年间达到106 584户，南宋乾道年间又较北宋时增加了近2万户，户额为120 083。九百多年内增加了11.5万多户。但实际上，入宋以来歙州的户额增长值可能比这还高。这是因为宋代歙州辖境"狭于晋宋五之二"①，即宋代的歙州仅是晋代和刘宋时的五分之三，因此我们看到的户额背后的州域面积是不等的，宋代州域面积小，囊括其中的民户自然也少，如果按同样增长比例将州境面积恢复到刘宋时期来计算宋代的人户数额，那么至乾道八年（1172年）这一区域内实有户额应在20万以上。

台州位于浙闽丘陵的东部，东面濒海，隶属于浙东路。《嘉定赤城志》载台州"晋不满二万户，至唐武德始及八万三千八百六十"，"宋兴天下平……户口浸衍"，自大观三年（1109年）至嘉定十五年（1222年）户额由24.3万增至26.6万。九百多年内增加了24万多户。

比较这三州的人口变化，其趋势完全一致，即在西晋至两宋这段历史时期内，都有两次人口增长高潮期，即唐中期与北宋中期至南宋时期，而后一人口增长高潮期的增长幅度又大大超过前一人口增长高潮期。可见宋代是东南丘陵人口增长率最高的时期。宋代东南丘陵地区的人口增长速率不仅超过了以往任何一个时期，而且也远远超过了其所邻近的平原州军。

---

① ［宋］罗愿：《新安志》卷一《户口》。

斯波义信曾对唐代中后期至北宋中期这段时间内，中国各地的人口变化情况进行过统计，根据他的统计，在东南地区中人口增长率大于 1 000% 的有泉、漳、汀、建四州，400%—999% 的有吉、袁、福三州，300%—399% 的有洪、江、衢、信、饶、婺、黄、蕲、苏九州和南康军，200%—299% 的有虔、庐、楚、濠、泗、滁六州及无为军，100%—199% 的有歙、温、处、光、明、台六州[①]。在这些人口增长率超100%的州军中，80%以上处于丘陵山区，与此形成鲜明对照的是在太湖平原上除了苏州以外，其他州的人口增长率都低于100%，可见相对于平原地区，丘陵山区呈现出人口高增长的趋势。当然，丘陵山区人口增长率高也与这里的人口基数低有关，但无论如何人口增长带来的必然是土地开发，在当时的社会生产方式下，农业经济的发展与人口数额基本上成正比，因此两宋三百多年间是东南丘陵山区农业经济的全面开发时期。

二、东南丘陵山区农业开发与环境

东南丘陵山区农业开发，重点在于坡地垦殖与旱地经营。丘陵山区在东南七路中占据的面积虽大，但大部分为低山缓丘，在山丘的环抱中，形成了一个个小块的山间盆地。因而人们往往将坡度较小的山坡辟为旱地，水利条件较好的山间盆地则开成小块水田。宋诗中"连山断处围平陆，有地可耕无十六"的诗句[②]，描写的就是山峦丘陵间的耕地分布状态。从中可以看出，东南七路的丘陵地带水田面积显然是很小的。徽州水旱田的比例，可以具体地说明这一点。根据宋人程珌的记载，徽州"其地十，为山七八，田仅一二"[③]。这就是说水田仅占 10%—20%。据《淳熙新安志》记载，乾道年间徽州共有田地 291 953 亩，依 10%—20% 的比例计算，水田约在29.2万至58.4万亩之间，取其中值为43.8万亩，仅占全州土地面积

①　转引自[美]彼得·丁·戈雷斯，李辅斌译：《宋代乡村的面貌》，载《中国历史地理论丛》1990年第2期。

②　[宋]陈造：《江湖长翁集》卷八《繁昌县感旧》。

③　[宋]程珌：《洺水集》卷七《徽州平籴仓记》。

的2.5%。水田少旱地多，平地少坡地多，这是东南丘陵地区农田的共同特征。如严州与徽州相邻，地形相似，农田形态极为相近，也是"山居其八，田居其二"①。丘陵山区水田如此稀少，自然有大量人口耕垦山坡旱地。

山区农业开发过程中，人们首先开辟利用的土地一般是自然条件最好的山间盆地，然后逐渐向山麓地带推进，最后延伸到条件较差的坡地。从两晋至宋代，东南丘陵已经有了八九百年的开发历史，那些灌溉条件较好的山间盆地与山麓地带，大多已经开辟出来，两宋时期人们重新增辟土地，只能转向较高的山坡。因而宋代东南丘陵农业开发的一项重要内容就是山地垦荒。

南方丘陵山区林深草密，茂盛的植被是古代人们开发山区的巨大障碍，因而在山地开垦的原始阶段，一般都采用火耕畲田的耕作方式。宋代这种耕作方式仍然通行于一些山区。江西籍文人曾敏行在家乡时，常看到人们"烧畲于山岗"②。吕惠卿的父亲为福建漳州漳浦县令时，因山林蔽翳，"教民焚燎而种"，以改山林为农田③。在某些自然条件较好的地方，往往"火耕"伴随"水耨"同时进行，如杨亿称浙东处州"火耕水耨"④，就是其中一例。火耕虽然是山地初开阶段行之有效的耕作方式，但随着人口的不断增加，仅仅依靠这种原始手段继续开发山区，显然是不现实的。尤其是在那些土壤硗瘠，而且已被开垦较久，谈不上有荒燎可烧的地方，火耕就更没有意义了。当人口增长到一定数量以后，山区的土地也显得紧张起来，以致在一些地区出现了"一寸之土，垦辟无遗"⑤，"寸壤以上未有莱而不耕"的现象⑥。为了获得更好的收成，人们只能改变以往原始的粗放经营方式，改以"细种为生"⑦。

---

① [宋]吕祖谦:《东莱集》卷三《为张严州作乞免丁钱奏状》。
② [宋]曾敏行:《独醒杂志》卷五。
③ 《宋史》卷四七一《吕惠卿传》。
④ [宋]杨亿:《武夷新集》卷一二《贺再稻表》。
⑤ [宋]倪朴:《倪石陵集》卷一《投巩宪新田利害札子》。
⑥ [宋]陈耆卿:《嘉定赤城志》卷一三《版籍门一》。
⑦ [宋]陈著:《本堂集》卷五二《嵊县劝农文》。

所谓"细种"也就是引进平原地区精耕细作的经营方式，以求得产量的提高。南宋刘爚在福州为官时，劝督当地百姓在山区耕作时除了要"勤于耕畲"之外，还要"勤于耘籽""勤修沟塍""勤于粪肥"①。然而不管人们怎样尽可能地去精耕，由于自然条件限制，山地毕竟是不能与平田相比的。宋人有诗云："人说山田薄有收，不如平壤水交流。深耕早种将勤补，亦胜当初无寸畴。"②这首诗不仅表述了山地与平田的巨大差距，也道出了人们迫不得已走向山地的原因。

表5-7　徽州各县埧、塘数额表

县	埧	塘	县	埧	塘	县	埧	塘
休宁	210	510	绩溪	117	95	黟县	190	
祁门	975	337	歙县	226	1207	婺源	17	150

山区不仅土壤瘠薄，水旱灾害也很频繁。"晴稍久，则农田已忧枯槁；雨稍多，则山水便见横流"。故徽州有俚谚云："三日天晴来报旱，一声雷发便撑船。"③形象地反映了山地农田水旱交加，灾害接连不断的情形。兴修水利工程在丘陵山区的农业生产中非常重要，随着山区农田开发的深入，宋代东南丘陵的部分地区已兴建有比较系统的水利工程。适于山区地形特点的水利工程主要有两种：一种是"因溪堰水"的"埧"，一般兴建在溪流所经之处，或地形高仰的山间谷地；另一种是"凿田堰水"的"塘"，一般修建于山间盆地等平坦地段④。《淳熙新安志》对江南东路徽州各县的埧、塘数目有详细记载（见表5-7），从表5-7可以看出徽州山区的水利工程数目是非常可观的。这些水利工程在当地农业生产中发挥了很大作用，据《淳熙新安志》记载，徽州上田亩产可达2石，中田应有1.5石

---

① ［宋］刘爚：《云庄集》卷七《福州劝农》。
② ［宋］陈文蔚：《克斋集》卷一六《视新买徐七坞田》。
③ ［宋］袁甫：《蒙斋集》卷二《知徽州呈便民五事状》。
④ ［宋］袁甫：《蒙斋集》卷二《知徽州呈便民五事状》。

左右，下田也在 1.3 石上下①。这样的产量在山区已经很了不起了，它相当于黄河中下游地区膏腴土地的产量。

丘陵山区引水灌溉，应数福建人用力最勤。福建除了沿海地带的平原，整个境内"重山复岭，绵亘连属"②，地狭土瘠，人口又多，迫使人们不得不广泛"垦田陇为田"。为了提高粮食产量，人们不惜工力，"远引溪谷水以灌溉"③。以致当地官员感叹说："水无涓滴不为用，山到崔嵬犹力耕。"④浙东路处州、松阳、遂昌旧有通济堰，始建于梁，原可溉田 20 万亩，至宋代堰已废弃多年。范成大为处州知州时，率众寻故迹，横雍溪流，筑垒石岸，并置 49 闸，前后历经两年，使废弃多年的水利工程又恢复了原有的功能⑤。浙西路杭州於潜一带，将山地溪流两侧的田地称为"大源田"。这种大源田虽然濒临溪水，但是要想很好地利用山溪水利资源，仍然需要修建水利工程，故当地视陂塘堤堰为"田之寿脉"，在县内六乡共修建大小堰塘等水利设施 400 余处。在这些水利设施的保障下，大源田成了当地"藉以为民命"的沃土⑥。

丘陵山区的开发史上，梯田的出现具有最为重要的意义。梯田始于何时，史无明文，但从历史文献记载来看不会早于宋代，大约北宋中后期是梯田的肇始时期，至南宋则已在南方各地推行。南宋张侃有诗云"山田叠叠之字转"⑦，徐经孙诗中"好山四面似螺堆"⑧，描写的都是梯田满山的景色。但那时的梯田与后世相比，还有很大不同，在以一家一户为生产单位的自然经济状态下，人们还无力兴建水平面积较大的梯田，田面一般都

---

① [宋]罗愿：《淳熙新安志》卷二《税则》载："大率上田产米二石"，并规定上田秋苗收米二升，中田一斗七升，下田一斗三升。如果秋苗数额是依产量而定的，那么依上、中、下田秋苗比例，中田亩产应为 1.54 石，下田 1.3 石。
② [宋]王铚：《雪溪集》卷九《福州连江县潘渡石桥记》。
③ [宋]方勺：《泊宅编》卷三。
④ [宋]方勺：《泊宅编》卷三。
⑤ [宋]周必大：《文忠集》卷六一《资政殿大学士赠银青光禄大夫范公成大神道碑》。
⑥ [宋]潜说友：《咸淳临安志》卷三九《山川》。
⑦ [宋]张侃：《拙轩集》卷四《陈家渡至上乘院》。
⑧ [宋]徐经孙：《矩山存稿》卷四《和临湘奉议孙敷山归田十咏》。

很小，"指十数级不能为一亩"①，以致耕作的农民"不可展足，播殖之
际，人则伛偻蚁沿而上，耨土而种，蹑坎而耘"②。由于梯田狭小，"快牛
剡耜不得旋其间"③，耕作主要还要依靠人力。尽管宋代的梯田处在初创
阶段，还很不足，但这种新的土地利用方式，比原来的坡耕向前迈进了一
步。它不仅可以保持地力，蓄截水分，缓解原来坡耕的严重水土流失，而
且人们可以凭借这一优势，在原来因水土流失严重而无法开垦的较为陡峻
的山坡上开垦梯田，使山区农田开发向更多的山地发展。因此，梯田的出
现，使山区开发进入了一个划时代的新阶段。

　　在东南七路中，大概福建兴建梯田最早，至南宋时不但"山化千般
障，田敷百级阶"已经成为福建山区常见的风光④，而且许多梯田还配有
相应的灌溉工程⑤。有了水源，种稻也就成为可能。"种稻到山顶，栽松侵
日边"，就是王十朋在福州所看到的情景⑥。福建以外，其他各路也都有梯
田。浙东温州冯公岭一带的梯田是很有名的，"百级山田带雨耕"，就是宋
人楼钥在那里留下的诗句⑦。江东徽州与浙西严州相邻，都是设在"万山
之间"的州，徽州山中梯田"层累而上"⑧，严州山中则"一亩之地高覆
低节，级级如横梯"⑨。南宋时江西的梯田修筑也很见功夫，范成大去广
西赴任时，途经江西看到"岭阪上皆禾田，层层而上至顶"⑩。浙东明州
是一个人口密度较大的州，为了获取土地，人们在山中从山巅直至水湄，
"累石堑土"，将坡地建为梯田⑪。从以上事例中可以看出，宋代东南各地
丘陵山地中，梯田的分布是到处可见的。梯田的修建和开垦对于东南丘陵

①　[宋]罗愿：《淳熙新安志》卷二《叙贡赋》。
②　[元]王祯：《农书·农器图谱集之一》。
③　[宋]罗愿：《淳熙新安志》卷二《叙贡赋》。
④　[宋]陈藻：《乐轩集》卷一《建州途中即事》。
⑤　[宋]方勺：《泊宅编》卷三。
⑥　[宋]王十朋：《梅溪后集》卷一七《入长溪境》。
⑦　[宋]楼钥：《攻媿集》卷七《冯公岭》。
⑧　[宋]罗愿：《淳熙新安志》卷二《叙贡赋》。
⑨　[宋]方逢辰：《蛟峰文集》卷六《田父吟》。
⑩　[宋]范成大：《骖鸾录》。
⑪　[宋]罗濬：《宝庆四明志》卷一四《奉化县志一》。

山地的广泛开发起到了关键性作用。

丘陵山区自然条件复杂，如何根据地理环境，合理安排农作物种类，是农业生产中的重要问题。宋代山区人民基本依循因地制宜的原则，对于作物进行了合理的安排。譬如关于粮食作物的播种，韩元吉总结有"高者种粟，低者种豆，有水者艺稻，无水源者播麦"的经验①。由于各地的自然条件彼此不同，每种农作物的种植比例不尽相同。如严州、徽州一带，山田多，水田少，粟、麦就成了主要的粮食作物，人们"惟陆耕是力"②。而浙东的处州、越州等地则与此不同，由于这里山地水利资源比较充沛，"山越之俗，陆种甚微，所仰者水田，所食者粳稻"③，水稻是这里的主要粮食作物。江西分宁县的山地之中，则据"田高下饶腴，随所宜杂殖五谷"④。除了粮食作物，桑、麻、茶果之类经济作物也是东南山区的重要种植种类。在宋人的记载中可以看到，福建山区不但种植桑柘、茶、果，而且还栽培瓜、蔗⑤。仅仙游一县所产蔗糖，"岁入浙淮者"就"不知其几万坛"⑥。浙西严州山区除陆种外，"惟蚕桑是务，惟蒸茶割漆是利"⑦。浙东明州"山谷之民"，也"耕桑乐业"⑧，普遍栽种桑树。丘陵山区自然条件复杂，充分利用山区多样的自然条件，从事多种经营，是东南丘陵山区农业经营的一个特点。

两宋时期，东南各丘陵山地的开发，人们做出很大努力，但是由于自然条件的限制，山区的农业生产总体水平仍然落后。以水利事业而论，宋代东南各地虽然都很重视山区农田水利的兴建，但由于自然条件与人力、财力、物力的制约，仍有许多水利未及的地区。如前述杭州於潜县临近溪流的大源田修有许多塘堰可资灌溉，可是远离大源田的坡地就没有任何水

① ［宋］韩元吉：《南涧甲乙稿》卷一八《建宁府劝农文》。
② ［宋］童弅：《严陵集》卷九《均减严州丁税记》。
③ ［宋］杨亿：《武夷新集》卷一五《奏雨状》。
④ ［宋］《元丰类稿》卷一七《分宁县云峰院记》。
⑤ ［宋］韩元吉：《南涧甲乙稿》卷一八《建宁府劝农文》《又劝农文》。
⑥ ［宋］方大琮：《铁庵方公文集》卷二一《乡守项寺丞博文》。
⑦ ［宋］童弅：《严陵集》卷九《均减严州丁税记》。
⑧ ［宋］罗濬：《宝庆四明志》卷一八《叙县》。

利设施可以利用，以致"水皆无及"，使"其所资以灌溉者"，唯有一些"浅涧断溜"而已。虽然在风调雨顺的年景，这里的产量也"几于大源"，可是"一有旱暵"，只好"拱手待槁"，没有任何解救办法①。山区本来土壤硗瘠，如果工力再稍有不至，或者遇到水旱灾害，产量就更不如人意了。如宋人描述严州山区的农田，"苗稼疏薄，殆如牛毛"，显得很不景气，产量自然也不会高，即使丰年，这里的人们"犹不足食"②，"常仰籴他郡"③，一旦遇到凶岁灾年，情况也就可想而知了。又如福建山区的长福、兴泉等县的情况也与严州大体相同，即使是在大熟之年，当地收成的粮食也只够半年食用，其余短缺者只能"专仰南北之商转贩以给"④。至于那些"虽号丰年仅能卒岁，一遇小歉，民以乏食告"的州县更不在少数。粮食不足，自然无法养育过多的人口，因而严州、福建等地都有计产育子的风习。

　　恶劣的自然条件是山区农业生产发展的严重障碍，人们开发山区付出的艰辛甚于平原，而得到的报偿却远不如平原。在山区，一场自然灾害往往使多年的建设毁于一旦。譬如陈师中提到过，江淮、两浙、福建等地的近山民田，遇到秋天山水暴发，往往被泥土石块涨塞，很难重新开垦，辛辛苦苦开垦的农田就这样变成了废地⑤。较高的山田虽然一般不会被土石淤塞，但有时遇到"山水暴出，则粪壤与禾荡然一空"⑥，土壤表层多年积累的具有肥力的耕作层被冲荡一空，土壤也就失去了利用价值，人们也只好另辟新地。山区频频而至的自然灾害，对当地农业生产的破坏是很大的。虽然那些在平原地区生活不下去的农民不断走向山区寻求生路，可是生活在山区的人们，却因"人穷怕饿死"而计产育子⑦。

　　宋代东南丘陵山地的普遍开发，虽然对整个东南地区的人口增殖发挥

①　[宋]潜说友：《咸淳临安志》卷三九《山川一八》。
②　[宋]吕祖谦：《东莱集》卷三《为张严州作乞免丁钱奏状》。
③　[宋]高斯得：《耻堂存稿》卷五《严州劝农文》。
④　[宋]真德秀：《西山文集》卷一五《奏乞拨平江百万仓米赈粜福建四州状》。
⑤　《宋会要辑稿·食货七〇之九》。
⑥　[宋]罗愿：《淳熙新安志》卷二《叙贡赋》。
⑦　[宋]方逢辰：《蛟峰文集》卷六《田父吟》。

了一定作用，但是在当时的社会环境和生产力水平下，急速、普遍地毁林开荒，特别是在一些地区还实行火耕烧畬的经营方式，必然要引起严重的水土流失问题，造成环境的恶化。正如宋人在诗中所形容的那样，那些前来山区垦荒的人几乎"家家垦田日兼窄，荒林翳荟惜虚掷"[1]。斧斤所至，林地迅速变成农田。山区失去林草保护的裸地，一遇山洪，土壤泥沙随之滚滚而下，往往山上山下一齐受害。对于毁坏植被所造成的严重水土流失问题，宋人是有清楚的记载和认识的："昔时巨木高森，沿溪平地竹木亦甚茂密。虽遇暴水湍激，沙土为木根盘固，流下不多，所淤亦少。近年以来，……斧斤相寻，麾山不童，而平地竹木亦为之一空。大水之时，既无林木少抑奔湍之势，又无包揽以固沙土之留，致使浮沙随流奔下，淤塞溪流，至高四五丈，绵亘二三里，两岸积沙，侵占溪港，皆成陆地，其上种木有高二三丈者，由是舟楫不通，田畴失溉。"[2]因此在山区大面积毁林开荒，虽然会促进山地农业开发，但同时也会给整个环境带来灾难。

丘陵山区是农业开发充满矛盾的地带，迫于生计，无地的农民进入山区，为赢得未来截水修堰、兴建塘堨、拓展土地、毁林开荒，但山区开发带来的并非都是福祉，由此引发的环境问题，也影响深远。

宋代是东南地区农业发展的转折阶段，宋以前中国农业北方胜于南方，宋以后南方胜于北方，此处的南方指太湖平原所在的浙西一带。北宋时期北方重军事，东南重劝农，进入南宋，在经济重心南移的背景下，东南各地均彰显出巨大的活力，整体迈入一个新的发展阶段。

---

① ［宋］陈造：《江湖长翁集》卷七《垦山叟》。
② ［宋］魏岘：《四明它山水利备览》卷上《淘沙》。

第六章　湖区与山区

——宋代荆湖地区的农业生产与土地利用

　　荆湖地区的范围，包括荆湖南、北两路，为了保持自然地理区域的完整性，此处将属于京西路的金、均、房、随、郢、襄州以及光化军、信阳军也纳入其中，大致相当于汉水、桐柏山以南，南岭以北，川峡以东，两江以西的全部地区。荆湖地区南北跨度大，区内自然条件比较复杂，从北向南依次分为大巴山、桐柏山区，云梦泽、洞庭湖平原以及湘西丘陵、湘中丘陵等地貌单元，山区、湖区占整个境土的大部分（图6-1）。

　　荆湖地区与东南地区相邻，因区内大部分属于山区与湖区，开发进程相对滞后，时至宋代，农业生产仍处于粗放阶段，不但与两浙等地形成巨大反差，就是与两江地区相比，也显得十分不足。

第一节　荆湖南、北两路的人口与地区开发

　　宋代荆湖地区人口稀少，以《元丰九域志》所载户额为据，北宋元丰初年荆湖南北两路平均人口密度为27.7人/平方公里，比与之相邻的江东、江西两路都低。其中云梦泽边缘地带的江陵府、鄂州、襄州是荆湖地区人口密度最高的地方，平均值也仅47.8人/平方公里，这里正当北通淮汉、南下荆广，西控巴蜀，东启吴越的"九省通衢"之地，人口聚集受交通位

图 6-1　宋代荆湖地区（出自《中国历史地图集》）

置的影响很大，从事农耕生产的仅是其中的一部分。位于洞庭湖平原的潭
州、岳州、澧州、鼎州平均人口密度只有25.7人/平方公里，甚至低于荆
湖地区的人口密度平均值。宋代劳动力缺乏，对于整个荆湖地区，无论湖
区，还是山区，都是普遍存在的问题。

　　劳动力缺乏，首先影响的是土地利用状况。依《文献通考》所载的垦
田数额，元丰年间荆湖两路的土地垦殖率虽都不低，但实际土地利用却并
不充分，南北两路都存在大片旷土。如沅州"官田并山畲、园宅等荒闲甚

多"①。荆门"山童田芜，人踵希少"②。不仅山区如此，就是位于洞庭湖平原上的岳州，也存在"土广人稀，开垦未遍"的现象③。鄂州一带的平原旷土"虽有陆地，不桑不蚕，不麻不绩"④，土地利用率很低。劳动力缺乏，也影响到复种指数。荆湖区一般"陆田只种麦、豆、麻、粟，或莳蔬栽菜，不复种禾，水田乃种禾"⑤，复种之制几乎不存在，即使是水田，一年也只种一季。如朱熹在潭州为官时，见到这里"只有早稻，收成之后，农家便自无事"⑥。

　　人口稀少，劳动力缺乏，必然导致粗放经营的后果。宋人赵蕃在辰州一带见到"大麦虽黄草与长"的情景，麦与草俱长的情景在地少人多的狭乡是不会有的，所以赵蕃也明确地将其归为"应坐人稀地力荒"之故⑦。彭龟年在湖北为官时，也记载了那里由于地广人稀，劳动力缺乏，"耕种灭裂，种而不莳"，实行"漫撒"式的种植方式⑧。宋人王炎在文中讲道："大抵湖右之田与江浙闽中不同，虽有陆地，不桑不蚕，不麻不绩，而卒岁之计，惟仰给于田，缘其地广人稀，故耕之不力，种之不时，已种而不耘，已耘而不粪，稊稗苗稼杂然并生，故所艺者广，而所收者薄。"⑨宋代长江中游北部的云梦泽水体尚存，农业开发围绕湖水边缘进行，鄂州就是当时主要从事开发之地。据宋人记载，鄂州一带"膏腴之田一亩收谷三斛，下等之田一亩二斛"⑩。宋制一斛为五斗⑪，三斛即一石五斗，这个数

①　《续资治通鉴长编》卷二七四,熙宁九年四月庚寅。
②　[宋]陆九渊:《象山集》卷一七《与牟叔贾》。
③　[宋]王炎:《双溪类稿》卷二〇《上章岳州书》。
④　[宋]王炎:《双溪类稿》卷一九《上林鄂州》。
⑤　[宋]陆九渊:《象山集》卷一六《与章德茂书》。
⑥　[宋]朱熹:《晦庵集》卷一〇〇《约束榜》。
⑦　[宋]赵蕃:《章泉稿》卷四《自桃川至辰川》。
⑧　[宋]彭龟年:《止堂集》卷六《乞权住湖北和籴疏》。
⑨　[宋]王炎:《双溪类稿》卷一九《上林鄂州》。
⑩　[宋]王炎:《双溪类稿》卷一九《上林鄂州》。
⑪　据吴承洛《中国度量衡史》,上海书店,1984年。

字与"闽浙上田收米三石"[①]，苏湖"上田一亩收五六石"[②]，是无法相比的。

　　劳动力缺乏必然影响到人们对自然环境的治理改造，荆湖地区的主要平原多靠近江湖，地势卑下，因而在平原上兴建水利排灌体系，是发展农业生产的必行之举。但宋代文献中仍没有看到人们在洞庭湖平原等主要平原上兴建较大规模系统水利工程的记载，平原上仍因地卑临江湖而常遭水患。如"澧阳地湫底，夏雨无时休，疏恶三尺城，民阤为鱼忧"[③]。岳州"临近江湖，被水冲荡"[④]。至于盛行于江浙一带的圩田，至南宋后期才在荆湖北路开始实行[⑤]。凡此种种，严重影响了整个荆湖地区的农业生产水平。

第二节　荆湖南、北两路农业生产发展的差异

　　宋代整个荆湖地区的农业生产水平都较低，但在南北两路之间，仍显示出农业生产发展的不平衡。宋代荆湖北路辖境极广，包括长江峡谷地段以及整个湘西丘陵。这些地方自然条件险恶，人口稀少。根据《元丰九域志》所载计算，元丰初年归州人口密度为4.9人/平方公里，辰州1.2人/平方公里，沅州4.3人/平方公里，诚州4.5人/平方公里。虽然这些州都分布有一定数量的少数民族人口，未加入编户统计，但为数有限。山区少有平地，土壤硗瘠，加剧了开垦困难，这些州成为荆湖地区农业生产最落后的地方，其生产能力在整个地区所占的地位极低。除去这些州郡，荆湖北路其余地区主要以平原为主，大致包括云梦泽边缘及洞庭湖平原的大部分，

---

①　[宋]陈傅良：《止斋文集》卷四四《桂阳军劝农文》。

②　[宋]高斯得：《耻堂存稿》卷五《宁国府劝农文》。

③　[宋]沈辽：《云巢编》卷一《澧阳大水》。

④　[宋]王炎：《双溪类稿》卷二《上章岳州书》。

⑤　见石泉、张国雄：《江汉平原的垸田兴起于何时》，载《中国历史地理论丛》，1988年第1期。

宋人说"湖北路平原沃壤，十居六七"①，指的就是这些地带。荆湖南路潭州位于湘江下游洞庭湖平原南部，沿湘江溯源而上进入衡阳盆地，平原、盆地之外，几乎都是丘陵山区。

一、以湖区为主的平原地带

如果对荆湖南、北路进行比较，据《元丰九域志》所载，元丰初年荆湖北路平原地区平均人口密度为30.3人/平方公里，而整个荆湖南路的平均人口密度为31.3人/平方公里，两处的人口疏密状况极为相近。依《文献通考》所载耕地数额，荆湖北路上述地区的土地垦殖率为24.7%，整个荆湖南路则为24%，也相差无几。但荆湖南、北路自然环境差异性还是比较明显，荆湖北路多水，江北的云梦泽是长江中游最大的湖泊，固然时至宋代已经进入这处湖泊发育的晚期，水域面积大幅度缩减，但仍然不可小视，而江南的洞庭湖水域全部位于荆湖北路范围之内；荆湖南路多山，除了洞庭湖平原与湘江流域，以丘陵山区为主。在传统农业社会，湖沼与山区都成为农业开发的障碍。直至南宋淳熙年间，范成大由四川顺江东下，经长江中游时，仍见这里"皆湖泺菱芦，不复人迹"，俗称"百里荒"②。宋代湖沼江畔不仅农业开发力度低，人口也很稀少，大片土地未垦，即使已耕农田，也因"耕种灭裂"而收成微薄，就是在"丰稔之年"，也"仅足赡其境内"而已③，余粮很少。因而在朝廷规定的各路和籴粮米数额中，荆湖北路仅占35万石，在两浙、两江、两湖六路中，居于最末。所谓的"和籴"，就是将各路"所产之多者"聚在一起，由官府出面调剂各地粮食盈缺的一种手段④。因此通过对各地和籴粮食数额的比较，可以看出荆湖北路的土地开发程度与农业生产状况。

---

① 《宋会要辑稿·食货六之二九》。
② [宋]范成大:《吴船录》卷下。
③ [宋]彭龟年:《止堂集》卷六《乞权住湖北和籴疏》。
④ 《宋史》卷一七五《食货志上三》。

　　无论与北方中原地区，还是江浙一带的来往，荆湖北路都比南路更具优势，因此，提高土地利用率，改变荆湖北路旷土弥望的局面，就显得十分必要。北宋时期，官府就实行鼓励狭乡之民到荆楚垦荒的政策。在官府的鼓励之下，由吴越、巴蜀等地流入荆楚，成为当时人口移动的主要方向之一。进入荆湖北路的人户，主要从事农耕业。苏辙在《襄阳乐》一诗中，生动地描写了由两浙迁移至云梦泽北缘襄阳一带的越人，为当地人耕种水田的情景："里人种麦满高原，长使越人耕大泽。泽中多水原上干，越人为种楚人食。"①襄阳位于云梦泽北缘，不仅地处荆楚地区北上进入中原的交通要道，而且距云梦泽水体不远，沼泽沮洳是四周最常见的自然景观。在泽中耕种水田是一件很辛苦的事，来自吴越一带的水乡农民，成为开发湖畔的主要力量。从南阳至襄阳，前来垦荒的农民人数有限，主要集中于平原地带，进入山区的数量极少。为此北宋政府曾在地处湘西丘陵地区的沅州一带设立了屯田务，召军士应募，但其效果不佳。沅州知州谢麟只好请命于上，采取自西北边地河州等处发配罪人屯耕之法，以解决劳动力短缺②。

　　宋金战争爆发以后，荆湖地区相继遭到金人铁蹄与农民起义军的轮番打击，农业生产遭到了严重的破坏。"湖右之田，屡经兵火，荡为瓦砾之场，鞠为草莱荆棘之墟。"③江陵本是荆湖路最繁华的地方，"平时十万户，鸳瓦百贾区"，经"火猎而兵屠"，"遗民百存一"④。"长沙自昔号繁雄，兵火连年一扫空。"⑤属于京西路的"金州残弊特甚，户口无几"⑥。"荆湖南北路州县居民，近年以来初遭钟相、孔彦舟作过，迁徙失业……湖南潭、衡、全、邵、道、永、郴、桂阳，湖北岳、鄂、鼎、澧并属县等例皆

<hr>

① ［宋］苏辙：《栾城集》卷一《襄城乐》。
② 《续资治通鉴长编》卷二五八，熙宁七年十二月乙酉。
③ ［宋］王炎：《双溪类稿》卷一九《上林鄂州》。
④ ［宋］胡寅：《斐然集》卷一《登南纪楼》。
⑤ ［宋］李纲：《梁溪集》卷二九《初入潭州二首》。
⑥ 《宋史》卷三六七《郭浩传》。

残破，居民存者百无一二，田土荒芜。"①从以上所列文献记载中，不难看出战乱的骚扰破坏几乎遍及各州。但战乱破坏的程度各地不尽相同，荆湖北甚于荆湖南。从《元丰九域志》的记载来看，元丰初年荆湖南路有87万多户，北路有65万多户，荆湖南路比北路多21万多户。至南宋嘉定十六年（1223年），荆湖南路户额比元丰年间增加了43.6%，而荆湖北路却减少了43.8%②。嘉定十六年距南宋初年建炎兵火已近百年了，可见当时破坏之惨重，使本来就地广人稀的荆湖北路，显得更加凋敝了。

为了改变这种状况，屯田招募人户垦荒，在淮南、荆湖一带同时实行起来。绍兴元年（1131年），屯田、营田在江汉地区归州、峡州、荆门军、江陵府、德安府、复州、汉阳军等地开始实行，并以水田亩赋一斗、陆田五升的低额赋税及蠲免口赋的优惠政策，来吸引人户垦荒③。此时前来荆湖一带垦荒的主要仍是吴、蜀两处狭乡的农民。在官府的劝诱下，"江南狭乡百姓，扶老携幼，远来请佃"④。由于"湖北有可耕之田，川蜀有可耕之民"⑤，故高宗皇帝也令"劝诱四川农民到湖耕凿"。在战后的废墟上，重新恢复生产有许多困难。首先屯田军民具有"且守且耕"的双重任务，"兵退田家始"⑥，农业生产只能选择战争间隙中进行。荆楚、淮汉一带缺少耕牛，北宋时期即已显露出来，南宋时耕牛又丧失了大半，屯田军民垦荒主要用"人耕之法"，二人曳一犁以代畜力⑦。在这样的耕作方式之下，垦荒的结果自然不会理想。宋人评价荆湖地区屯田说："自戎马平宁之后，亦岁时阅历之多。田土膏腴，莫尽新耕之利，人烟萧瑟。"⑧"襄阳

---

① ［宋］李纲：《梁溪集》卷六六《具荆湖南北路已见利害奏状》。
② 《文献通考》卷一《户口考》。
③ 《宋史》卷一七六《食货志上四》。
④ 《宋史》卷一七四《食货志上二》。
⑤ ［宋］李石：《方舟集》卷一六《邓承直墓志铭》。
⑥ ［宋］张嵲：《紫微集》卷二《防江》。
⑦ 《宋史》卷一七六《食货志上四》。
⑧ ［宋］张栻：《南轩集》卷八《江陵到任谢表》。

屯田兴置二十余年，未能大有益于边计。"①有了这样一番努力，结果如何呢？荆湖北路荆南府、安州、复州、岳州、鄂州、汉州等地仍"污莱弥望，户口稀少"，水乡湖区，一时很难有根本改观。但鼎州、澧州因"地接湖南，垦田稍多"②。

荆湖南路在南北宋之际的战乱中，虽然也遭到了一定程度的破坏，但由于远离战场，农业生产很快就恢复起来。南宋时期规定鄂州、江陵一带屯兵所需粮给，主要由湖南各州提供，就是很好的证明③。南宋时期，进入湖南的移民，主要是来自江西路袁州、吉州等地的农民，这些农民在新土定居以后，"深耕概种"④，为推动湖南的开发起了很大作用。

二、开发湘鄂丘陵山区

荆湖地区内的丘陵山区按其地理位置可分为三部分，一部分位于汉水流域的金、房等州；一部分位于长江沿线的归、峡等州；还有一部分就是湘中与湘西丘陵。

宋代对山区的开发利用中，对湘中丘陵用力最深。湘中丘陵的大规模开发较晚，北宋初年，大将潘美率军平定湖南时，见这里山田大量荒闲，于是下令"月给马刍皆输本色"。所谓本色就是一律输纳实物，不允许以钱相代。而马刍不外即豆、大麦等作物，因而在将这道命令付诸实施的过程中，必须开垦山田，种植旱地作物，才能保证月输马刍之额，于是"山田悉垦"⑤。湖南平定以后，由李允则任潭州知州，在他的任上，"湖湘山田民不耕垦"的现象依然存在。为了促进山田的耕垦，李允则实行了与潘美同样的政策，以军刍输本色为手段，使山田开垦"遂无遗利"⑥。入宋

---

① 《宋史》卷一七六《食货志上四》。
② 《宋史》卷一七四《食货志上二》。
③ 《宋史》卷一七五《食货志上三》。
④ 《宋史》卷八八《地理志四》。
⑤ 《续资治通鉴长编》卷四七，咸平三年四月己未。
⑥ [宋]曾巩:《隆平集》卷一六《武臣》。

以来，其他守土官吏也都留意于山区开发。北宋中期，章惇在湖南为官时，对梅山一带的开发作过很大贡献。湖南虽多土山缓丘，但梅山却与众不同，"梅山万仞摩星躔，扪萝鸟道十步九曲折"，从章惇"人家迤逦列板屋，火耕硗埆名畲田"的诗①，可以看出梅山一带在引进新的耕作方式之前，仍保持着落后的火耕畲田。章惇就任之后，教山民牛耕、植稻，使这里的人们逐渐放弃畲田，变为"丁口渐蕃息""植桑插稻输缗钱"的国家编户②。宋代荆湖地区人口稀少，山区劳动力更加缺乏，像梅山这样被开发的山区并不多，南宋时期，范成大去桂林赴任，途经潭州、衡州、永州、全州，逆湘江而入桂，沿江所见"小山坡陀，其来无穷，亦不间断，又皆土山，略无峰峦秀丽之意，但荒凉相属耳"③，可见这些都是未垦荒山。

京西八州军大多位于山区，这里山高土瘠，除郢州"土饶粟麦"④，均州"桑麻蔽山"⑤，有其可称道之处外，即使襄州，宋初也很萧条。襄州与唐、邓、汝等州为邻，北宋前期这里"地多山林，人少耕植"。熙宁年间以后，人口渐增，大片土地才被开垦为田⑥。西部的金、房两州尤其贫穷，宋初金州洵阳县仅有主户一千一百户，汉阴县主户六百户，都在"人户凋疏，路岐荒僻"之处⑦。房州为郡"束以群山，可耕之地什三，而膏腴无几"⑧。由于"金房土瘠"，故"无稻田"⑨。而居于山僻之处的人户，仍以烧畲为田，妇人以绩麻为布，因而这里不但无稻，也无丝帛⑩。生产工具更为落后，"水旱丰歉，一委之于天，人力不至，且不知用水

① [宋]章惇：《开梅山》，载于[明]杨慎：《升庵全集》。
② [宋]章惇：《开梅山》，载于[明]杨慎：《升庵全集》。
③ [宋]范成大：《骖鸾录》。
④ 《舆地纪胜》卷八四《郢州》。
⑤ 《方舆胜览》卷三三《均州》。
⑥ 《宋会要辑稿·食货九之一三》。
⑦ 《续资治通鉴长编》卷四八，咸平四年二月壬戌。
⑧ [宋]陈造：《江湖长翁集》卷二五《上涮剑洞龙书》。
⑨ [宋]刘学箕：《方是闲居士小稿》卷上《早耕早布》。
⑩ 《舆地纪胜》卷八六《房州》。

车"①。宋金战争全面爆发以后，京西八州正当南北相峙之地，深受战火
摧残。宋人张嵲在战争前后两次到过房州竹山县，战前的竹山县是一片令
人心醉的田园风光，"青山忽断开平陆，鸡犬人烟太古风。野老诛茅宁有
意，一生身在翠微中"②。战后的竹山却变为一片荒凉，"衰草连云鸦乱
飞，荒城寂历澹寒曦。屋庐烧尽民居少，只有青山似昔时"③。战火的洗
劫，使本来就贫硗的山区，变得更加凄凉。

归、峡一带是荆湖地区最落后的地区，这里主要的耕作方式是刀耕火
种，"畲田，峡中刀耕火种之地也。春初斫山，众木尽蹶，至当种时，伺
有雨候，则前一夕火之，藉其灰以粪，明日雨作，乘热土下种，即苗盛倍
收，无雨反是，山多硗确，地力薄，则一再斫烧，始可艺，春种麦豆作饼
饵以度夏，秋则粟熟矣"。由于地力薄，农业生产方式落后，粮食产量也
低，故"官输甚微"④。据归州地方官自言，归州仓"岁收夏秋二料麦、
粟、粳米共五千余石，仅比吴中一下户"⑤。当地的峒民因耕种获利甚微，
也兼事渔猎以为生计⑥。

湖区、山区，是宋代荆湖地区特出的环境特点，而这两类自然环境对
于农业开发都存在障碍，因此无论人口，还是开发力度，荆湖地区在长江
流域均表现出明显的滞后。

---

① [宋]陈造：《江湖长翁集》卷六《次程帅劝农和陶诗韵》。
② [宋]张嵲：《紫微集》卷九《竹山道中》。
③ [宋]张嵲：《紫微集》卷九《再到竹山》。
④ [宋]范成大：《石湖诗集》卷一六《劳畲耕》。
⑤ [宋]陆游：《入蜀记》卷六。
⑥ [宋]陆游：《剑南诗稿》卷二《书驿壁》。

第七章 巴山蜀水，天府之国
——宋代西南地区的农业生产与土地利用特征

西南地区包括北宋初期划定的益州路（后改称成都府路）、梓州路（后改称潼川府路）、利州路、夔州路，即宋人所称的川峡四路，相当于今四川省的全部，贵州省、陕西省及甘肃省的一部分（图7-1）。

西南地区自然条件复杂，区内主要的地形单元有四川盆地、汉中盆地以及盆地边缘的高山峻岭。四川盆地的西缘已经进入青藏高原的边缘地带，这里地势高亢，气候寒冷，不利于农作物的生长。受自然条件的限制，文州"无可耕之野"[①]，"阶州高山不堪耕种"[②]，西和州"地瘠少田"[③]。这些地方农田比重很小，但牧草丰盛，大多数地方都是优良牧场，因而畜牧业成为这里主要的生产部门。从事畜牧业的除聚居在这里的西戎诸族外，当地的汉人也杂以羌俗，"务农习猎"。由此向东的广大地区都属农耕区，受自然条件影响，区内农业生产发展进程差距很大，生产方式最先进与最落后的农业区都分布在这里，彼此间形成鲜明的特点。

---

① 《方舆胜览》卷七〇《文州》。
② 《宋会要辑稿·食货一之四〇》。
③ 《方舆胜览》卷七〇《西和州》。

图7-1　宋代西南地区（出自《中国历史地图集》）

第一节　华夷杂居的人口分布特征

　　西南地区历来就是一个多民族杂居区域，这里居住着被中原民族称之为蛮、夷、猺、獠等的民族与族群。自秦汉以来，西南地区逐步接受中原文化，宋代许多蛮、夷民族已被同化、融合，成为华族中的一部分，但也仍有一部分蛮、夷民族居住在交通不便的山区，仍保持着原有的生产方式与生活习俗，过着十分闭塞的生活，仍被人们称为蛮、夷。宋代这些民族在西南地区分布很广，长江以南几乎均为华夷杂居区，或单一少数民族聚居区。官府在夔州路设立了六个州、军，其中有四个属华夷混居区。在官府未设州、县的广大地区，或是少数民族聚族而居；或是以羁縻州的形式，在名义上归官府管辖。由于这些少数民族与朝廷之间的隶属关系比较松散，因而一般不著版籍。这种情况反映在人口分布图上，就形成了梓州路与夔州路长江以南地区的大片人口空白（图7-2）。

川峡诸路的长江以北地区，虽没有像长江以南那样，形成在人口比重上占优势的少数民族聚居区，却也在相当范围内存在华夷杂居现象。仅从文献记载的情况来看，就有17个州、军居住有大量少数民族。这些州、军主要分布在川西与吐蕃交界地带及长江沿线，有的地方因少数民族聚族而居，人口数量大，官府也设置了羁縻州。其中黎州统有羁縻州54个，雅州46个，茂州17个，威州2个，戎州30个，泸州18个，施州5个，黔

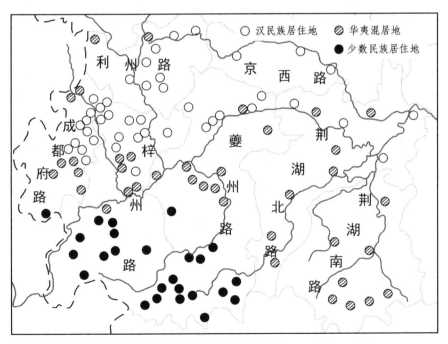

图7-2 宋代长江上中游地区民族分布图（底图为《中国历史地图集》）

州6个[①]。

分布在西南地区的少数民族虽然有许多族属，但按活动区域大致可归为两类，即南蛮、西戎。所谓南蛮包括聚居在荆湖路及川峡南部的少数民族部落，而西戎则主要指分布在川西雅、黎、文、茂、龙、兴、邛等州的诸蕃族。这两部分少数民族生活地域不同，生产方式与生活习俗也有很大差异。

属于南蛮的少数民族在几千年的历史进程中，与汉民族接触比较密切，深受汉文化影响，在他们的经济生活中，农业生产都占有一定地位。宋代大多数蛮人都习于农耕，如黔州治所黔江县，曾为哥罗蛮聚居地，入宋以后，大量蛮人归附朝廷，成为编户，官府在此设一县，辖二乡七里[②]。天禧年间夔州境内蛮人相率归顺，官府划分田土，令其耕垦[③]。一些蛮族豪酋，往往同时也是大地主。如渝州巴县、南川的熟夷李光吉、王充、梁承秀等，各有客户数千家，甚至没入贫弱汉户土田，诱胁投充为客户[④]。从以上事例可以看出，宋代农耕生产在西南地区蛮人的经济生活中具有普遍意义，虽然这时畜牧、狩猎、采集也都占有一定地位，但农耕生产的重要性仍超于其他部门之上。

属于西戎的少数民族，多与青藏高原的吐蕃族以及党项、吐谷浑等游牧民族有着比较密切的族源关系，畜牧业在他们的经济生活中，仍占有极其重要的地位。关于宋代西戎诸族畜牧业发展情况的记载虽然不多，但仅从朝廷所需战马的供给情况也能看出一斑。宋代国土蹙缩，丧失了最利于马匹生长的西北地区，因而国家所需战马每每要从边地购买。北宋时期市马地点还较多，河东府州、岢岚军，陕西秦、渭、泾、原、仪、环、庆、阶、文州及镇戎军，川峡益、黎、戎、茂、雅、夔州及永康军皆置市马务[⑤]。"靖康之难"以后，宋王朝又丧失了北面的半壁河山，原置于河东、

① ［宋］曾公亮：《武经总要前集》卷一九、卷二〇。
② ［宋］黄庭坚：《山谷集》卷一七《黔州黔江县题名记》。
③ 《续资治通鉴长编》卷九二，天禧二年五月丁卯。
④ 《续资治通鉴长编》卷二一九，熙宁四年正月壬子。
⑤ 《续资治通鉴长编》卷四三，咸平元年十一月戊辰。

陕西的市马务也随国土一起拱手于人。于是川峡市马务就成为国家战马的主要来源。南宋朝廷规定文州、西和州等地的市马事务属秦司领辖，余下各州属川司领辖。乾道年间额定川司马匹六千匹，秦司五千九百匹。庆元年间川司为四千八百匹，秦司为六千一百匹。嘉泰年间川司为五千一百匹，秦司为七千七百匹。在每年一万多匹战马的额数中，来自西戎诸族的是其主要部分①。战马的供给虽不能反映西戎诸族畜牧业经济的全貌，但已充分显示出其畜牧业的发达程度。

第二节　宋代西南地区的农业生产方式与地域差异

西南地区农业生产的主体是四川盆地与汉中盆地，但无论是四川盆地内部，还是四川盆地与汉中盆地之间，自然条件仍然存在着差异。古代经济开发不平衡，主要表现为农业发展的不平衡。而自然条件的差异，则是其主要因素之一。宋人曾根据川蜀基本自然、经济状况，将其划为三种类型区：第一类是成都府路即益州路，这里不但"水田多，山田少"，而且有渠堰灌溉之利。第二类为潼川府路即梓州路，这里"多是山田，又无灌溉之利"。最后是夔州路，土壤"最为荒瘠，号为刀耕火种之地"②。这三个区域的划分，基本符合川蜀的实际情况。三个区域之外，以大巴山与汉中盆地为主的利州路，自然与社会经济状况与其他三区又有所不同。因而川峡四路实际上是开发程度不同的四类经济区。

川峡四路四类经济区中，显然成都府路的农业生产发展程度最高。成都平原是成都府路的核心，这里自秦汉以来即因都江堰水利工程的兴建，而成为西南著名的农耕区，素称"沃野千里，天府之国"。经过近千年的发展，至唐代拥有"扬一益二"的盛名。成都平原与长江下游太湖平原，成为当时经济最发达的两个地区。入宋以来，吴、蜀二地仍是被人并称的两块沃土。如果说人口数额是农业生产发展水平的重要标志，那么据此而

---

① 《建炎以来朝野杂记》卷一八《川秦买马》。
② ［宋］汪应辰：《文定集》卷四《御札问蜀中旱歉画一回奏》。

论，宋代蜀地的人口密度在全国居于首位。宋人说"成都府，永康军，彭、汉、邛、蜀、眉州"，所辖境域"皆平川之地，止三百余里之中，而为州七，为县三十四"①。上述府、州基本位于成都平原之上，据《元丰九域志》与《宋史·地理志》所载户额来计算，成都府以及蜀州、彭州的人口密度均在200人/平方公里以上，远远超过同时期太湖平原上苏、湖、常、秀诸州人口密度。南宋时期成都平原的人口更多，由于文献中没有南宋时期州、府一级的户口记载，为了取得这一数据，只有依靠其他材料进行推算。据《元丰九域志》记载，元丰三年（1080年）成都府的户额占全路19.6%。南宋嘉定十六年（1223年）整个成都府路的户额为1 139 790户②，如果这时成都府户额占全路户额的比例不变，那么成都府应有223 399户，人口密度为337.7人/平方公里。依同样的方法，可以计算出其他有关各州的人口密度（表7-1）。这一时期成都府、蜀州、彭州的人口密度都在300人/平方公里以上，又超过了同一时期的太湖平原诸州。仅从人口一项指标就可以看出，宋代成都平原无疑是全国农业生产水平最高的地区之一。

表7-1　成都平原各州、府人口密度表（人/平方公里）

府、州	元丰三年(1080)	崇宁元年(1102)	嘉定十六年(1223)
成都府	255.6	275.2	337.7
眉州	124.3	118.9	163.9
蜀州	292.9	251.7	386.2
彭州	295.6	234.8	387.7
汉州	139.4	214.6	183.8
邛州	109.0	107.9	143.8

---

① ［宋］吕陶:《净德集》卷四《奉使回奏十事状》。
② 《文献通考》卷一《户口考》。

川峡四路中，除成都平原人口高度集中外，其地区人口密度都不大。以各路平均人口密度而言，成都府路为90人/平方公里，潼川府路为34.4人/平方公里，利州路22.7人/平方公里，人口密度最低的是夔州路，仅13.2人/平方公里。

川峡四路素以多山著称，除成都平原、汉中盆地这样面积较大的平原外，主要的地貌形态是丘陵山地，而夔、利两路的山区面积尤其广大。山区土硗地瘠，交通闭塞，人口数量自然不会很多。宋人云"夔峡之间，大山深谷，土地硗确，居民鲜少"①，这是对当地人口和农业生产状况的真实记录。施、黔等州虽不在峡中，却也"界分荒远，绵亘山谷，地旷人稀"②。利州路巴州"地硗瘠，合五县户口不满三万"③。这些地方人口之稀少，与成都平原高度密集的人口状况，形成了鲜明的反差。

在封建社会的生产方式下，人口的多少往往决定着农业生产的发达程度。人口数量多寡，首先影响到的是土地垦殖状况。川峡地区人口密度值最高的是成都平原，土地垦殖指数最高的也是成都平原。据第二章所考，元丰初年成都府路共有耕地3 300多万亩。成都府路除成都平原七州府外，黎、雅、茂、威四州中，雅州人口密度为20人/平方公里，其余三州均低于6人/平方公里。这里地广人稀，杂以羌俗，畜牧业经济占很大比例，而且土地"多石瘠卤"④，自然条件也不利于农耕，因而分布在这里的耕地是很有限的。陵井监是全路中除成都平原七州府外，人口密度最大的地方，达101.7人/平方公里，但这里人口之所以集中，不是因为农业生产的发达，而是井盐业的兴盛，大多数人是为求取井盐之利汇集而来。陵井监地处"崎岖山谷之中，城垒邑屋与蛮岭涧壑相为上下"，且"土田瘠卤"⑤，发展农业生产极为不利。因而这里的人们像所有山区农民一样，

①　[宋]度正：《性善堂稿》卷六《重庆府到任条奏便民五事》。
②　《宋会要辑稿·食货六九之八六》。
③　[宋]魏了翁：《鹤山集》卷七九《知达州李君墓表》。
④　[宋]魏了翁：《鹤山集》卷三九《雅州振文堂记》。
⑤　[宋]文同：《丹渊集》卷二八《陵州谢上任表》。

"侧耕危获"①。在这样落后的农业生产状态下，土地垦殖量是不会很大的。况且这里以产井盐著称，取盐为利的民户"为者甚众"②，从事农耕的人户仅是其中的一部分。因而在计算土地开垦数额时，陵井监和黎、雅、茂、威四州一样，可忽略不计。这样剩下的只有绵、嘉、简三州，假定人口与耕地开垦数额成正比的话，那么依《元丰九域志》记载，这三州人口约占全路总人口的27%，按照这个比例，三州应有耕地970多万亩。除三州外，全路剩余的耕地约2 470万亩，基本上都集中分布在成都平原，成都平原土地垦殖率达80%。整个平原上除去城镇、江河、渠塘、道路、民宅、墓地等非农田用地，几乎达到无尺寸旷土的程度。故宋人说这里地膏腴，亩千金，以致"无闲田以葬"③。成都平原以外，利州路土地垦殖率为1.2%，夔州路为0.16%，都远远低于成都平原。

与其他自然条件优越的平原地区一样，成都平原必然存在土狭人稠的问题。依上文所述耕地数额，北宋时期成都平原户均耕地28.5亩，以五口之家计算，人均耕地5.7亩。北宋人丁度说过："蜀民岁增，旷土尽辟，下户才有田三五十亩，或五七亩，而赡一家十数口。"④这段记载与上述计算结果基本是吻合的。南宋时期，由于大量北方流民入川，土地显得更为狭迫。以嘉定十六年（1223年）户额计，较元丰初年增加了31.9%，人均耕地下降到4.3亩。面对成都平原这种人稠地狭的状况，从北宋到南宋，朝臣们屡屡建议实行徙民宽乡的政策。南宋人口大量增加以后，迁民于宽乡更势在必行。绍兴二十六年（1156年）高宗皇帝"令劝诱四川农民，至湖外耕凿，官给牛具"⑤。又以蜀中"地狭人稠"而劝民至京西、淮南开垦官田⑥。这些措施对缓解成都平原人口压力起到一些作用，但不能根本改变人口高度集中的状况。

---

① 《方舆胜览》卷五三《隆州》。
② [宋]文同:《丹渊集》卷三四《奏为乞差京朝官知井研县事》。
③ 《宋史》卷三四四《王觌传》。
④ 《续资治通鉴长编》卷一六八，皇祐二年六月乙酉。
⑤ 《建炎以来系年要录》卷一七二，绍兴二十六年三月戊子。
⑥ 《建炎以来系年要录》卷一七二，绍兴二十六年三月己巳。

成都平原是川峡四路中农业生产水平最高的地区，宋人汪应辰依自然条件和农业生产状况，将川蜀分为三个开发程度不同的地区，这三个地区从成都府路、潼川府路至夔州路，由西向东自然条件逐渐变差，农业生产发展水平也相形降低。"东蜀地险而民贫，不如西蜀之厚"①，指的就是由于自然环境不同，而导致的人们物质生活与生产水平的差异。

一、成都府路农业生产与土地利用

人口与土地垦殖率都标志着农业生产的发达程度，因而从人口密度与土地垦殖率两项指标来看，成都平原显然是川峡地区农业生产最发达的地区。用宋人的话说："蜀地险隘，多硗少衍，侧耕危获，田事孔难。惟成都、彭、汉平原沃壤，桑麻满野。"②成都平原周围的简、绵、嘉等州，自然条件虽然略逊于成都平原，但也"人饶地腴"③，"土地肥美"④。因而成都府路的大部分地区农业生产水平都比较高，平原沃土固然是这里进行农业生产的优越条件，人们的辛勤劳动才是农业生产发展的决定因素。精耕细作是成都平原及附近地区普遍实行的耕作方式。宋人高斯得在《宁国府劝农文》中，详细介绍了蜀人春耕、布种、耘草、耕耨等一系列耕作过程："方春，耕作将兴，父老集子弟而教之曰，田事起矣，一年之命系于此时，其毋饮博，毋讼诈，毋嬉游，毋争斗，一意于耕。父兄之教既先，子弟之听复谨，莫不力。布种既毕，四月草生，同阡共陌之人通力合作，耘而去之。置漏以定其期，击鼓以为之节，怠者有罚，趋者有赏。及至盛夏烈日如火，田水如汤，薅耨之苦尤甚。农之就功尤力，人事勤尽如此，故其熟也常倍。"高斯得将蜀人治田之精与浙人并称⑤，可见精耕细作是成都平原一带农业生产的重要特色。

兴治水利事业也是成都平原人民为保证农业生产顺利进行，而采取的

---

①　[宋]苏辙：《栾城集》卷二七《何正臣知梓州》。
②　[宋]魏了翁：《鹤山集》卷一〇〇《汉州劝农文》。
③　《方舆胜览》卷五四《绵州》。
④　《方舆胜览》卷五二《简州》。
⑤　[宋]高斯得：《耻堂存稿》卷五《宁国府劝农文》。

重要措施。宋代人们除对都江堰水利工程进行了全面的修治外，还进行了其他一些水利工程的建设。北宋天圣年间韩亿为益州知州时，率民疏通九升江口，溉民田数千顷①。熙宁七年（1074年），蜀州民修复新堰。蜀州新堰为唐代所建，宋初被水冲溃，水流散漫，为害一方。自新堰修复后，"大患自弭"，溉田三万九千亩②。南宋时期，成都平原上用力最多的水利工程是眉州通济堰的修复。通济堰始建于建安时期，灌溉范围及于蜀、眉二州，溉田达三十四万亩，堰毁于建炎年间。通济堰毁坏之后，原灌区失去水源，"尽为荒野"。绍兴十五年，龙庭实主持了修复工程，"前日荒野，尽为沃壤"③。这些水利工程的兴治，对农业生产发展起了重要作用。

二、潼川府路农业生产与土地利用

潼川府路在地理位置上虽位于盆地中部，但在农业生产经营方式上已与川东接近。境内大多数州、军蛮汉杂居，刀耕火种是南部山区普遍使用的农业生产经营方式。如泸州"地无桑麻，每岁畬田，刀耕火种"④，富顺监"土瘠事刀耕"⑤。文献中虽然没明确说明其他州军的农业生产经营方式，但蛮汉杂居则是明显的人口构成特征。其中戎州"夷夏杂居"⑥，昌州"有夏风，有獠风"⑦，荣州"夏人少，蛮獠多"⑧，资州"夷汉杂居"⑨。这一人口构成特征，说明农业生产仍处于落后阶段。在此以北的州、军，蛮夷民族的比例虽然有所减少，不再作为州内主要特征而被载入文献，但自然条件仍然很差。普州"土瘠民贫"⑩，昌、合二州"四境皆

---

② [宋]吕陶：《净德集》卷一四《蜀州新堰记》。

③ 《建炎以来系年要录》卷一五四，绍兴十五年十一月戊辰。

④ 《舆地纪胜》卷一五三《泸州》。

⑤ 《舆地纪胜》卷一六七《富顺监》。

⑥ 《方舆胜览》卷六五《叙州》。

⑦ 《舆地纪胜》卷一六一《昌州》。

⑧ 《舆地纪胜》卷一六〇《荣州》。

⑨ 《方舆胜览》卷六三《资州》。

⑩ 《方舆胜览》卷六三《普州》。

大山，地瘠民贫"①，带有明显的山区自然与经济特征。潼川府路自然条件最好的地方，在其北部潼川府周围，这里"江山明润，土田平夷"②，是全路农业生产发展水平最高的地区。除此之外，其他地区山田居多，因而农作物种类中"绝少稻田"，以种粟为主③。

三、夔州路农业生产与土地利用

夔州路位于四川盆地东部，"蜀分四路，而夔峡地土瘠薄，稼穑艰难，最为下下"④。夔州路不仅自然条件差，农业生产经营方式也很落后，"号为刀耕火种之地"⑤。刀耕火种是农业生产进程中最原始的耕作方式。人们在山林或草莽之中，使用简陋的生产工具，砍伐林木，放火焚烧。然后在撒满草木灰的土地上点播种子，不再进行田间管理，只待收获⑥。在刀耕火种的生产过程中，一般不使用畜力，所以山民"不习服牛之利"，李周通判施州时，就因当地人民不会使用牛耕，为了辟田供给军粮，只好"选谪戍知田者，市牛使耕"⑦。在刀耕火种的耕作方式下，粮食产量一般很低，且作物种类单一，多为旱地作物。故夔州路面积虽大，只有涪州、梁山军、渝州一带稍有种稻⑧。其余如施州、黔州、夔州、峡州，甚至涪州的部分地区多以刀耕火种为主要耕作方式，稻田甚为罕见。

四、利州路农业生产与土地利用

川峡四路中，除了成都平原，农业生产发展程度较高的就是汉中盆地了。汉中盆地属利州路。利州路内除汉中盆地所在的兴元府，大多数州、

① ［宋］度正：《性善堂稿》卷六《重庆府到任条奏便民五事》。
② 《舆地纪胜》卷一五四《梓州》。
③ 《建炎以来系年要录》卷一四一，绍兴十一年九月庚戌。
④ ［宋］度正：《性善堂稿》卷六《重庆府到任条奏便民五事》。
⑤ ［宋］汪应辰：《文定集》卷四《御札问蜀中旱歉画一回奏》。
⑥ ［宋］范成大：《石湖诗集》卷一六《劳畬耕》。
⑦ 《宋史》卷三四四《李周传》。
⑧ 《舆地纪胜》卷一七四《涪州》。

军以多山的地形为主。蓬州"大山峻谷，侧耕危获之地居多"①。利州"山狭土瘠民贫"②，文州"无可耕之野"③，剑州"山高人尽耕"④，巴州"少田平，每苦天宇窄"⑤，阆州虽有"地僻人富"之说⑥，但其开发程度是不能与汉中盆地相比的。汉中盆地是历史悠久的产粮区，入宋以来，农业生产一直平稳发展。盆地内"平陆延衺，凡数百里，壤土衍沃，堰埭棋布，桑麻粳稻之富引望不及"⑦。利州路内所开垦的一百二十多万亩耕地主要分布在这里。这里出产的粮食除了满足本地需要，一部分输往陕西，以济宋夏边境军队所需。自北宋末年，随着金人的南下，宋金双方长期鏖战在大散关一带，汉中盆地也遭到了战争的劫难。吴泳在诗中写道："汉中在昔称梁州，地腴壤沃人烟稠。稻畦连陂翠相属，花树绕屋香不收……自从铁骑落武休，胜事扫迹随江流。道傍人荒鸟灭没，独有梨花伴寒食。"⑧诗中生动地描写了汉中在战争前后的盛衰变迁之状。

汉中的农业生产重新恢复起来，是从绍兴五年（1135年）吴玠率军屯田开始的。为了抗御金人的南下，屯驻在汉中一带的军队有九万七千多人⑨。汉中既已残破，军饷只能靠蜀中辇运，蜀道艰难，民夫"多毙于道，运粮一石，民间费钱数十千"，面对如此沉重的负担，人们忍不住呼道："养兵所以保蜀，而苦民如此，蜀可保乎?"⑩由蜀中运粮不但劳民费工，而且因道路艰辛，军饷常常不继。为此，绍兴五年吴玠率军在汉中一带屯田。继吴玠之后，其他统兵将领也都继续奉行这一政策，屯田地点遍布兴元府、洋州、金州、凤州、西和州、阶州、成州等地⑪。使汉中一带又出

① 《舆地纪胜》卷一八八《蓬州》。
② 《舆地纪胜》卷一八四《利州》。
③ 《方舆胜览》卷七〇《文州》。
④ 《方舆胜览》卷六七《隆庆府》。
⑤ 《舆地纪胜》卷一八七《巴州》。
⑥ 《方舆胜览》卷六七《阆州》。
⑦ 〔宋〕文同：《丹渊集》卷三四《奏为乞修兴元府城及添兵状》。
⑧ 〔宋〕吴泳：《鹤林集》卷二《汉中行》。
⑨ 《建炎以来朝野杂记》卷一八《关外军马钱粮数》。
⑩ 〔宋〕熊克：《中兴小纪》卷二一。
⑪ 《建炎以来朝野杂记》卷一六《王德和括关外屯田》。

现了"边城处处乐耕桑"的喜人景象①。

汉中平原的重要水利工程是兴元府山河堰，此堰相传为汉相萧何所修，至宋已使用了一千多年，汉中平原南郑、褒城等县数十万亩良田，全凭山河堰一水灌溉。因此宋代守土之官都将山河堰的维修工程视为重要政绩。北宋时期许迪为兴元府知府时，就曾率民大修山河堰②。北宋末年金人的南下，山河堰也随之废毁。为了恢复汉中的农业生产，绍兴年间在兴置屯田的同时，吴玠以及后来的将领，相继主持了对山河堰的修治工程，基本恢复了其原有的功能，对汉中一带农业生产的恢复与发展起了很大作用③。

绍兴年间汉中农业生产虽然逐渐恢复起来了，但农业生产水平仍与成都平原存在很大差距，特别是盆地边缘地带生产方式尤其粗放。绍兴十九年（1149年）洋州知州宋莘用"勤与惰之异"来评述蜀中与洋州农业生产之不同，在他所撰述的劝农文中，将洋州一带农业生产的不足归为这样几点：（1）住宅"四周不栽桑、麻、果木"。（2）"田虽膏腴，不使粪壤"。（3）"麦田一耕便布种"，"稻田一耕便立苗"。（4）"农器皆陋弱不堪"④。洋州位于汉中盆地的东缘，这里虽不能完全代表整个盆地的生产面貌，但从中仍能看出汉中与蜀中的农业生产差距。

川峡四路的农业生产发展是很不平衡的。川西成都平原是全国农业生产最发达的地区之一，川东地区却仍然保持着几千年前先民们创基立业时的生产手段，在生产发展进程上东西之间出现了巨大反差。入宋以来，官府竭力想改变这种现象，在鼓励蜀中人向荆湖地区迁移的同时，也劝诱人户赴夔州一带垦荒，熙宁年间诏令布衣李复、王谌等募人前往川峡开垦荒地就是一例⑤。此外由官府组织人力在人烟稀少的夔州路屯田，也是当时扩大耕种面积，提高编户数额的一项措施。北宋时期夔州路转运使薛颜在

①　[宋]员兴宗：《九华集》卷三《与利州守》。
②　[宋]欧阳修：《文忠集》卷二五《司封员外郎许公行状》。
③　《宋史》卷三六六《吴玠传》。
④　陈显远：《陕西洋县南宋〈劝农文〉碑再考释》，载《农业考古》1990年第2期。
⑤　《续资治通鉴长编》卷二四七，熙宁六年十月丁丑。

施、黔等州垦荒屯田，曾取得了"岁获粟万余石"的好收成①。除官府的劝诱以外，随着狭乡人口与土地之间的矛盾越来越尖锐，必然有一些无地农民自发地由平原向丘陵山区移动。因此在人地矛盾的推动下，丘陵山区人口的绝对值虽然远低于平原，但这些地区的人口增长率却远在平原之上。这一点在宋代川峡四路的人口变化中，显示得最清楚。从太平兴国初年至乾道九年（1173年）近二百年内，成都府路人口增长率为112%，潼川府路为159%，利州路为152%，夔州路为282%②，潼、利、夔三路人口增长率均高于成都府路。由此看来，人口由平原向山区迁移是宋代川峡四路人口流动的重要趋向。事实上这种人口流动趋向并不是起始于宋代，唐代已经有了动向。日本学者斯波义信曾统计了742—1078年中国各地的人口增长率，在他的统计中，人口增长率最高的为1 000%，仅有六个南部沿海府州属于此类。其下为增长率400%—999%，在属于此类的19个州军中，位于川峡四路的有7个，其中6个在夔州路③。人口的增加，加速了落后山区的开发，同时也减轻了平原地区的人口压力。此外来自生产水平较高的平原地区的农民，也将他们的耕作方式带到了山区，为改变山区面貌起了很大作用。如前述熙宁年间，由布衣李复等募往川峡一带垦荒的农民，就在刀耕火种、山畲为习的夔峡等地种植了水稻。

宋代川峡四路即古代巴蜀之地，巴山蜀水形成环境差异鲜明的四个区域，其中成都平原早在战国时期就拥有"天府之国"之称，田肥土沃，成为四路中农业生产水平最高的地方，其他地区以丘陵山区为主，生产手段落后，农业生产存在地域性的不平衡。

---

① 《宋会要辑稿·食货四之二》。
② 《太平寰宇记》《宋会要辑稿·食货六九》。
③ 据（美）彼得·J.戈雷斯，李辅斌译：《宋代乡村的面貌》，载《中国历史地理论丛》1991年第2期。

第八章 地旷人稀，田稼卤莽
——宋代岭南地区的农业生产与土地利用特征

岭南地区包括广南东、西两路，大致相当于今两广及海南省的全部地区。横亘东西的南岭山脉是本区北界的一道天然分界线，也是中国一条重要的自然地理界线，南岭南北两侧，不但自然条件迥异，而且农业生产发展也处于完全不同的两个阶段（图8-1）。

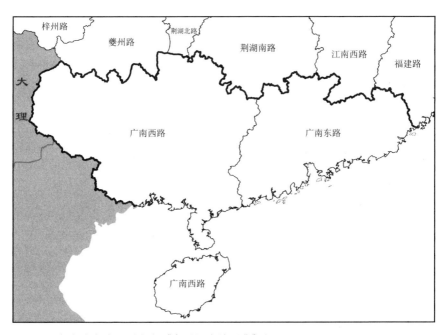

图8-1 宋代岭南地区（出自《中国历史地图集》）

　　岭南地处南亚热带与热带，区内气候炎热，长夏无冬，各种林木繁多。这在今天看来十分有利的地理条件，在科学技术落后、人口稀少的古代，却是发展农业生产的巨大障碍。首先，南亚热带丛林中的"瘴气"就是人们生存的严重威胁。宋人描摹瘴气说："似中州伤寒。盖天气郁蒸，阳多宣泄，冬不闭藏，草木水泉，皆禀恶气。人生其间，日受其毒，元气不固，发为瘴疾。轻者寒热往来，正类病疟，谓之冷瘴。重者纯热无寒，更重者蕴热沉沉，无昼无夜，如卧灰火，谓之热瘴。最重者，一病则失音，莫知所以然，谓之哑瘴。冷瘴未必死，热瘴久必死，哑瘴治得其道，间亦可生。"①古人言语中的瘴气，从科学角度看，恰恰是地区农业开发程度低的重要标志。由于农业开发程度低，宋代岭南大部分地区仍保持着南亚热带原生态的地理环境，林木郁闭，动物繁多，那些密林中长年存在大量动植物遗体，腐烂后会散发毒气。当地人久居于此已经适应，内地人初来此地，水土不习，往往为瘴气所中，稍甚即被夺去性命。所以广西昭州、广东新州在宋代因瘴气郁盛，竟有"大法场"之称②。宋人所谓"大法场"虽然只有这两个州，但是瘴气之害几乎遍布岭南各地，处处都可伤人毙命，如"春州瘴毒可畏，凡窜逐黥配者必死"③；英州也有"小法场"之称④，瘴毒之甚，仅略逊于昭、新二州。故范成大说两广无瘴之地唯有桂林，而"自是以南，皆瘴乡矣"⑤。由于瘴气存在，内地人对这里不能不视为畏途，严重阻碍了人口的移入。

　　此外，郁闭的林木以及山林中的毒蛇野兽，也为土地开发增添了许多困难。岭南距离人口稠密的中原地区路途遥远，而历史上中原地区由于社会动乱而激发的人口南迁，往往是由河至淮、由淮至江，再由江至闽、至粤，逐次南徙，在其他地方尚可容足的情况下，很少有人投身岭南。虽然自东晋南朝开始，在几次大的人口南迁浪潮中也有一定数量的移民进入岭

①　[宋]周去非：《岭外代答》卷四《风土门》。
②　[宋]周去非：《岭外代答》卷四《风土门》。
③　[宋]周密：《癸辛杂识》前集《改春州为县》。
④　[宋]周去非：《岭外代答》卷四《风土门》。
⑤　[宋]范成大：《桂海虞衡志·杂志》。

南定居，但这些为数不多的拓垦者所进行的努力，并没有对改变岭南面貌起到很大作用。如前所述，直至宋代这里仍是令人望而生畏的烟瘴之乡，以致各州的令佐、监押"并用广南人充"，只留得一名知州归由朝廷派遣①。由于环境险恶，朝廷还特将当地知州的任期由三年一任的定例改为一年一任，并优其秩奉，以示奖勉。但即使这样也没有人甘愿万里投荒，来这里赴任的官员，不是开罪了朝廷，就是冒犯了权贵，大多是受贬谪而至。岭南这种环境特点，不但阻碍了人们的开发进程，同时也在开发利用过程中留下了深深的印记。

第一节　人口构成及其地理分布

岭南人口构成很复杂，处于不同发展阶段的民族有着完全不同的生产方式与经济发展水平，因此弄清各民族人口的地理分布，是研究岭南农业开发的前提。

宋人周去非在《岭外代答》中按其来源将岭南人分为五类。一曰土人，乃"自昔骆越种类也，居于村落"。二曰北人，本西北流民，自五代动乱，流移到岭南。三曰俚人，即"史称俚獠者也"，乃"自蛮峒出居"。四曰射耕人，本福建人，"射地而耕也"。五曰疍人，"以船为室，浮海为生"。在这五类人中，土人应属于岭南土著闽越、百越人的后裔，他们受汉文化影响时间悠久，程度也深，尽管语言"殊不可晓"，还有所隔阂，但他们也和汉族人一样"居于村落"，显然是过着农耕生活。北人与射耕人本为一类人，虽然他们南下的原因和时间略有不同，但"语言平易"，乡音均未改变，都是以农耕为生的农民，宋代这部分人对开发岭南起了重大作用。土人、北人和射耕人有着基本相同的生产经营方式，他们或是汉人，或者深受汉文化影响，因此将他们统称汉人进行论述。俚人是指当地的少数民族，也就是宋人一般所说的蛮人，他们的生产经营方式仍很落

后，与汉人有着很大差距。疍人多以捕鱼为生，居于海滨，数量有限，故不作专门论述。

一、蛮人的族群与地理分布

蛮人是古人对南方少数民族的通称，其中包含有"曰猺、曰獠、曰蛮、曰黎、曰蜑"的诸多民族，而"通谓之蛮"①。

猺人是中国历史上迁徙较多的民族之一。秦汉时其先民当聚居于湘江、资江和沅江的中下游和洞庭湖沿岸地区，其后屡屡向外迁徙。隋唐时长沙、武陵、零陵、桂阳、衡山、澧阳、熙平等郡中都有猺人分布②。其分布范围大致包括今湖南大部、广西东北部和广东北部等地区。宋代猺人仍然分布在湖南西南部之辰、沅、靖诸州，湖南东南部之桂阳监、郴州，广西北部之贺州、静江府和融州，广东北部之连州、韶州，甚至潮州等地。马端临将猺人的分布地域概括为"介于巴蜀、湖广间，绵亘数千里"③。其中，两广北部山区是猺人的重要聚居区。《宋史·蛮夷列传》载："庆历三年，桂阳监蛮猺内寇，诏发兵捕击之。蛮猺者，居山谷间。其山自衡州长宁县属于桂阳、郴、连、贺、韶四州，环纡千里。蛮居其中，不事赋役，谓之猺人。"这里指出了广西西北部的贺州和广东东北部的连、韶二州是猺人的一个分布中心。贺州西面的静江府、融州猺人分布也很集中。周去非在《岭外代答》中记述说："静江府五县，与猺人接境；曰兴安、灵川、临桂、义宁、古县……山谷弥远，猺人弥多。"祝穆在《方舆胜览》中也记载了融州"民猺杂居"的情况④。广东东北部濒海的潮州，猺人分布虽然已经远不如上述各地集中，但是仍然有一些呈零星点状分布的猺人聚居点，如距潮州六七十里，有"地名山斜，猺人所聚，自耕土田，不纳官赋"⑤。

① [宋]范成大：《桂海虞衡志·蛮》。
② 《隋书》卷三一《地理志下》。
③ 《文献通考》卷三二八《四裔考》。
④ 《方舆胜览》卷四一《融州》。
⑤ [宋]赵汝腾：《庸斋集》卷六《资政许枢密神道碑》。

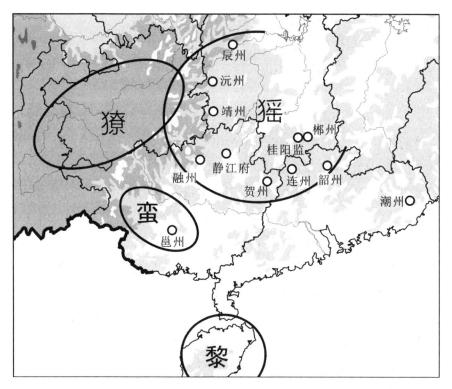

图8-2　宋代岭南及其毗邻地区民族分布示意图（底图为《中国历史地图集》）

　　獠人为中国西南地区最古老的民族之一，据《汉书·地理志》所载，西汉时期在西南设有牂柯郡，共领县十七，范围十分广阔。牂柯郡辖境大致包括今贵州全境、云南曲靖地区东南部以及文山州和红河州的一部分，还有今广西西部右江上游一带。汉代牂柯郡的主要居民是僚人，以后獠人又有过多次迁徙，除前述地区外，荆湖、巴蜀都有其足迹。宋代岭南的獠人主要集中在广西，其中"右江西南一带甚多，殆百余种"①。朝廷在这一带设置了田州、思恩等十余个羁縻州，统归邕州管辖。广东的獠人虽不及广西那样集中，但在许多州府中都有零星分布，如肇庆府"夷獠杂

---

① 《文献通考》卷三二八《四裔考》。

居"①，德庆府"夷獠相杂"②，雷州更是"人惟夷獠"③。

黎人主要居住在海南岛，随其聚居地的近易僻远不同，又分为生、熟黎。生黎不受政府辖制，不供赋役；而"耕作省地，供赋役者"则为熟黎④（图8-2）。

宋代居住在岭南的除上述民族外，《文献通考》还记载了居住在邕州一带的西原蛮、宜州附近的南丹蛮与扶水蛮。从总的分布情况来看，广东的蛮人远不如广西分布得那样广泛和集中。宋代曾在广西邕州设立44个羁縻州，在宜州设立10个羁縻州，又在邕州设立5个羁縻县、1个羁縻洞，来管辖聚居在这一带的蛮人。而广东由于蛮人数量少且分散，加之相当一部分已被列为编户，因而没有采用羁縻州的管理办法。聚居在岭南的蛮人究竟有多少，因为缺乏明确记载，无法做出令人信服的估算。羁縻州县的规模也由于各地部落规模的大小不同等原因而有很大差别。如北宋中期张庄向朝廷奏报广西"宽乐州、安沙州、谱州、四州、七源等州纳土，计二万人，一十六州，三十三县，五十余峒"，平均每个羁縻州才一千多人。而在此稍前"安化上三州一镇地土及恩广监洞蒙光明、落安知洞程大法、都丹团黄光明等纳土，共五万一千一百余户，二十六万二千余人"⑤。如将各镇、洞、团作一个州来计算，则平均每州还有65 000多人，与宽乐等州差别悬殊。

总的来看，宋代岭南的蛮人占有很大比例，由于羁縻州内的蛮人和未向朝廷"归化"的蛮人一样，并没有被列为正式编户，因而这部分潜在人口就成为后来岭南人口数额大增的一个重要因素。如南宋嘉定十六年（1223年），广西户额较元丰初年增长了104%，其中一部分为南渡的汉人，另外一部分应是当地的蛮族被列入编户。

蛮人聚居之地较为闭塞，在宋代，其大多数地方农业生产方式还处于

---

① 《方舆胜览》卷三四《肇庆府》。
② 《舆地纪胜》卷一〇一《德庆府》。
③ 《舆地纪胜》卷一一八《雷州》。
④ 《文献通考》卷三三一《四裔考》。
⑤ 《宋史》卷三四八《张庄传》。

原始阶段。

二、汉人地理分布与移民路径

居住在岭南地区的汉人，绝大部分是由内地迁入的。早在秦始皇统一六国时期，就派发了50万士卒戍守五岭，这大概是内地汉人大规模进入岭南的最早记载。其后随着中原地区的每一次大规模动乱，都或多或少有一部分内地居民避乱于岭南。入宋以来，进入岭南的移民，除为躲避战乱之外，还有相当一部分是为了寻觅土地，如周去非所讲的来自福建的"射耕人"就是其中一部分。正由于内地移民是岭南人口的重要来源，因此这里人口分布呈现出与人口流动路径完全吻合的特征。《元丰九域志》记载了元丰初年全国各州的户口数，依此可计算出两广各州的人口密度。宋代岭南地广人稀的特点仍然很明显，人口密度最高的桂州为43.6人/平方公里，除此之外人口密度超过20人/平方公里的有广州、韶州、循州、潮州、连州、贺州、南雄州七州，这八个州构成了岭南人口的高值区。

上述人口高值区按照其地理位置可以划分为两类：一类处于陆路交通要道，另一类地当海港码头。属于前一类的人口密度高值区包括桂州、韶州、潮州、循州、连州、贺州和南雄州。由内地翻越南岭进入两广的道路主要有三条，即如宋人所言："凡广东、西之通道有三：出零陵下漓水者由桂州；出豫章下真水者由韶州；出桂阳下武水者亦由韶州。"[1]而韶州"治城居武水东、真水西，境压骑田、大庾二岭"，实际上又汇结着分别自骑田岭和大庾岭南来的两条道路，"由湘衡而得骑田，故武水最要；今天子都大梁，浮江淮而得大庾，故真水最便"[2]。这三条南岭通道自西向东依次为湘桂道、骑田道、大庾道。湘桂道是由湘江经灵渠下漓江而至桂州，这是一条以水路为主的通道，一般去广西的人多经此路，如范成大去广西赴任就是由此路入桂的[3]。桂州当湘桂道之冲要，自然要受其很大影

---

① [宋]余靖：《武溪集》卷五《韶州真水馆记》。
② [宋]余靖：《武溪集》卷五《韶州新修望京楼记》。
③ [宋]范成大：《骖鸾录》。

响。骑田道由湖南衡、郴等州越过骑田岭，循武水进入韶州，大庾道由吉、赣等州越过大庾岭循真水过南雄州入韶州，两条道路在韶州合为一路南下，使这里的交通尤为便捷。其中大庾岭一道路途比较通畅，北宋人余靖谓此道"唯岭道九十里为马上之役，余皆篙工楫人之劳，全家坐而致万里。故之峤南虽三道，下真水者十七八"①。此道之平易逾于湘桂道，且从中原沿汴河南下转赴岭南，或从人烟稠密、经济发达的长江下游地区去往岭南，从江西走大庾道确实要比从湖南走湘桂道捷近，这应当是人们乐于取道大庾岭的一个重要原因。南宋迁都临安以后，朝廷官吏往来，走江西大庾岭一路更为近便了，故南宋人陈渊称江西赣州一路，不仅"贵人达官常往来"，而且"朝廷之有事交广者，出入必过"②。因此，南雄州和韶州的交通往来自然也日益繁剧。

除了上述三条要道上的桂州、韶州和南雄州以外，潮州、循州、连州和贺州也都处在次一级的越岭南北通道上。潮州是由福建漳州入广东的"漳州路"首经的地方，循州是由福建汀州入广东的"循梅路"途经之地③，连州自秦代起就是中原南通广东的要冲，有道路北通湖南。汉武帝时路博德征南越，"出桂阳，下汇〔湟〕水"④，走的就是这里。宋代连州仍然是由湖南南出岭表的通道之一⑤。贺州北出有一条大道连通湖南道州，再沿潇水顺流而下就可到达零陵，因此与岭北的交通联系也很密切⑥。

明白了当时的交通形势，就可以看出，上述桂、韶诸州均位于岭北人口南下的首经之地，因而自然会有许多移民来这里。桂、贺、连、韶、南雄、循诸人口高值州，沿岭南两广北界东西一线排开分布，反映出从岭北迁徙而来的移民，过岭后大多停留居住下来，没有继续南下。这一方面与路途艰辛，人们宁愿就近落脚有关；另外也是因为岭南南部的许多河谷平

---

① [宋]余靖：《武溪集》卷五《韶州真水馆记》。

② [宋]陈源：《默堂集》卷二一《陈伯瑜宣义行状》。

③ [宋]周去非：《岭外代答》卷一《地理门》。

④ 《史记》卷一一三《南越列传》。

⑤ [宋]周去非：《岭外代答》卷一《地理门》。

⑥ [宋]周去非：《岭外代答》卷一《地理门》。

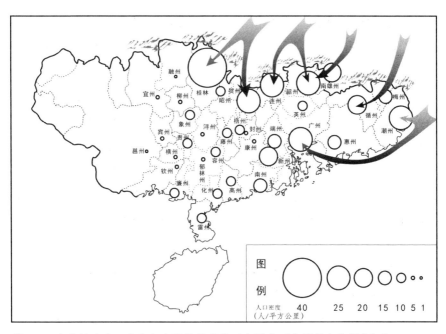

图8-3　宋代岭南人口密度与主要越岭道路（底图为《中国历史地图集》）

原地带开发程度还很低，而且越向南气温越高，令人望而却步的瘴气也相
应地越多，那里的农业生产和生活条件对于岭北移民来说并没有吸引力，
反不及邻近岭北的一些地区宜于居住。譬如桂林，宋人称其气候与江浙颇
为相类，而过桂林城南数十里便大为不同，"宜人独桂林"①，最为内地人
惧怕的瘴气也是"唯桂林无之"②。因而在桂林落脚定居的人最多，以致
其人口密度远远高出岭南各州，甚至比珠江三角洲沟通南海的重要港口广
州还要高46%。当然，农业开发的基础条件也并不都是越向北越好，个别
区域尽管地当南北交通大道而且也邻近岭北，但由于一些特殊的自然原
因，有时也反不及偏南一些的地区，例如梅州的情况就是这样。梅州是沿
"循梅路"由福建进入广东的第一站，可是其人口密度却只有13.9人/平方

---

① ［宋］周去非：《岭外代答》卷四《风土门》。
② ［宋］范成大：《桂海虞衡志·杂志》。

公里，远远低于南面相邻的循州，说明许多福建南迁人口并没有在此多事停留，而是稍稍向南，进入了循州。梅州出现这种情况，恐怕与当地"炎疬颇甚"具有密切的关系①（图8-3）。

属于第二类人口密度高值区，即海港码头的广州，是中国南海最早的通商港口，也一直是岭南的政治、经济和文化中心，地区开发程度较高，有良好的生产和生活基础，因此吸引了许多内地人移居到此地。早在汉代，广州即已成为引人瞩目的海内外货物集散地，从唐代开始在这里正式设立市舶司，以管理日趋繁盛的对外贸易活动。入宋以来，广州是宋朝沿海诸港中第一个设立市舶司的城市。在日益兴旺的对外贸易刺激，以及珠江三角洲肥沃土地的吸引下，不仅内地汉人纷至沓来，同时吸引了许多海外商人在此定居。北宋景祐年间，朝廷诏令"广州海南番商毋得多市田宅"②。这说明广置田宅、侨居广州已经是海外番商的通行做法。

宋代内地移民是岭南地区重要的农业生产劳动力，这部分内地移民不但数量很大，而且掌握着先进的农业生产技术。因而内地移民集中的地带，也就是岭南地区农业开发程度较高的地区。从上文的论述可知，北宋时期这样的区域有两处，一处是在南岭南坡下的桂、韶等州，一处是珠江三角洲上的广州。从人口和面积来看，两广北边从桂州向东直至海边潮州这一长条地带，显然应该是北宋时期岭南最重要的农业经济区。

宋代是岭南地区人口增长较快的时期。由于岭南各州人口基数低，入宋以来新增加的人口往往超过原有居民人口数额，增长率惊人。在本文前面的第二章中，曾经引述过日本学者斯波义信对唐代中期至北宋中期中国各地人口增长情况所作的统计，统计中人口增长率较高的基本上都是落后地区。这一方面与原有基数低有关，另一方面也反映了入宋以来落后地区的迅速开发。据斯波义信的统计，岭南地区潮、循二州人口增长率都超过了1 000%，贺州次之，在400%—999%，柳、贵、容、雷四州在200%—299%，昭、浔、广、韶、康、端、新、宾诸州在100%—199%之间。从

---

① 《宋史》卷九〇《地理志六》。
② 《续资治通鉴长编》卷一一八，景祐三年四月辛亥。

上述统计数据中可以看出，宋代显然是岭南地区人口的大幅度增长时期。

宋代岭南人口变化大致分为两个阶段，即北宋与南宋。

北宋初年两广地区的人口仍很稀少，岭南初定时，由于人口稀疏，太祖曾命广州知州潘美与转运使王明"度其地里"，并省州县①；由于民少事简，太祖还命琼州知州周仁俊在儋、崖、振、万安四州"不必别命正官"，只要在当地择人，"因其俗治之"，也就可以了②。至北宋中期，岭南地区的人口虽然较宋初已有了相当程度的增长，但"土旷民稀"的局面并未就此而完全改变③。

两广之中，广西人口尤为稀少。据《元丰九域志》统计，元丰初年广西的人口仅是广东人口的44%，有25万人左右。这一数字可以从当时的广南西路提举常平使刘谊那里得到证实。刘谊说："广西一路户口才二十余万，盖不过江淮一大郡。"④北宋时期进入岭南的移民大多是为寻求土地而逐渐自然迁入，南宋就不同了。岭南地区人口的急剧增长是在南宋初期，当时北方战乱，迫使大量人口南下，涌入两广，以致"诸路州军多有西北流寓人民"⑤。绍兴三十二年（1162年）广西路户额比元丰初年增加89%，嘉定十六年（1223年）又比绍兴年间增加了8%⑥，人口呈直线上升趋势。这些新增的人口，除有一部分为当地少数民族接受朝廷管理，被增列为正式编户之外，另外的大部分就应该是前来避难的内地移民。

从南宋的实际情况来看，上文所引述的《文献通考》及《宋会要辑稿》关于南宋广西的人口记载是符合历史实际的，但是其所记载的南宋广东户口却令人费解。《文献通考》和《宋会要辑稿》二书所记载的南宋广东人口数字不但没有较北宋有所增加，却反而有减少的趋势，这在情理上显然是很难讲通的，因为无论是从内地移民的徙入路线，还是从入广以后

---

① 《续资治通鉴长编》卷一三，开宝五年夏四月庚寅。
② 《续资治通鉴长编》卷一三，开宝五年闰二月庚戌。
③ [宋]苏辙：《栾城集》卷三〇《黄𫗧知宾州钱师孟知横州》。
④ 《续资治通鉴长编》卷三〇一，元丰二年十一月戊申。
⑤ 《宋会要辑稿·食货六九之五六》。
⑥ 依据《宋会要辑稿·食货六九》、《文献通考》卷十一《户口考》计算。

的定居条件来看，广东都有着明显优于广西的地理条件，当内地人口大量南下的时候，人口只有增加的可能，而没有减少的道理。南宋时期广东的户口变化情况究竟怎样，从以下几条材料，可以看出其梗概。在本章开头，曾经提到广东新州素有"大法场"之称，环境险恶。北宋人邹浩说："新州最为恶地，飕凌空而飞瓦，瘴暝昼以成烟。"在这种环境下，即使是当地土著居民，"亦多沉疾"，外乡人至此自然也就如入法场了①。显然这时还很少有内地移民前来居住。但到了南宋初年，情况就大为不同了，胡寅当时在诗中描述新州风土的变化说："新州州土尜岚瘴，从来只是居流放。于今多住四方人，况复为官气条畅。"②可见南宋时期新州已经由罪因放逐之地，变成了四方移民的家园。既然连被视为"大法场"，环境最为险恶的新州都已经荟萃四方之人，那么更何况广东那些自然条件更好的地方呢！事实上其他州府外来的移民更多，潮州的情况就可以作为例证。宋人曹勋说北宋时潮州一带尚且"居民鲜少"，"故岁计租赋一皆赡足。自中原兵火，西北工商士庶，散处其地。以鲜少之种，供亿兆之用，又官司科调，四时有之，以此民颇困乏"③。由此看来，南宋以后涌入潮州的移民比新州要多得多。潮州与新州是广东诸州中自然条件优劣悬殊的两个典型地区，这两处同时都因移民的涌入而增加了许多人口，故从整体上来看，广东路的其他州府一般也不应有人口只减不增的道理。所以我认为《宋会要辑稿》与《文献通考》中所记载的南宋时期的广东户口，颇有失实之处。《建炎以来系年要录》中另外记载了一个南宋时期两广的户口数额。据记载绍兴五年（1135 年）广东有 61 万户，广西有 42 万户④，广东户额较元丰初年增长了 5%。这一数字还是接近事实的，但与前述广西路绍兴年间比元丰年间户额增长 89% 的幅度相比，显然与实际情况仍然相差很远。广东户额之所以会出现这样严重的失实现象，应当与新增流寓人口的户籍

① ［宋］邹浩：《道乡集》卷二四《袁州与监司启》。
② ［宋］胡寅：《斐然集》卷二《赠朱推》。
③ ［宋］曹勋：《松隐集》卷二三《上皇帝书十四事》。
④ 《建炎以来系年要录》卷九六，绍兴五年十二月戊辰。

管理不善有关。

第二节 宋代岭南地区农业生产的地域特征

宋代岭南地区人口成分可以概括地分为汉人与蛮人两大类，汉人是传统的农业民族，其分布集中的地方往往也是农耕业比较发达的地区；被称为蛮人的各个民族与族群虽然都不是单纯以农耕为谋生手段，在他们当中还存在着渔猎、采集以及经商贸易等谋生之道，但农耕业仍普遍占有主导地位。

岭南猺人、黎人和獠人的经济生活中都存在农业，如黎人"所种粳，不足于食，乃以芋、杂米作粥糜以取饱"①。猺人"耕山为生，以粟、豆、芋魁充粮"②。同样居于山中的獠人，也是赖耕垦为生，景定六年（1265年）康州峒獠因不满豪吏渔侵而发生变乱，后被政府招抚，率"纵遣归农"③。这一事件说明，獠人原来就是以农为业的，否则就不会有"归农"之辞了。此外，西原蛮"民田计口给民，不得典卖，惟自开荒者由己，谓之祖业口分田"④。抚水蛮"官月给生料盐以抚之，犹日侵省地以耕"⑤。这些民族或族群情况大同小异，基本相类。由此看来，岭南地区虽然民族构成复杂，风俗习惯不一，但农耕业却是其共同的基本经济部门。

由于岭南和内地其他地区一样以农耕为主，因而宋代来岭南任职的官吏自然也和在内地一样，以发展农耕业作为主要政务。为发展农耕业，当地官员采取了两方面的措施：第一是增加人口数量，扩大耕地面积；第二是提高耕作技术，改良经营方式。

增加人口数量，扩大耕地面积，对地旷人稀的岭南来说，有着尤为重要的意义。虽然岭南各地都有农耕业存在，但由于人口稀少，劳动力有

① ［宋］赵汝适：《诸蕃志》卷下《海南》。
② ［宋］周去非：《岭外代答》卷三《外国门上》。
③ 《宋史》卷四一六《冷应激传》。
④ 《文献通考》卷三三〇《四裔考》。
⑤ 《文献通考》卷三三一《四裔考》。

限，土地垦殖率很低。元丰初年，广东土地垦殖率为2.3%，广西为0.02%①。当然，实际垦辟田地比例比这个数字要高，因为许多少数民族居民未被列为编户，没有履亩纳税的义务，其所垦土地也没人来经界亩数。但是即使将这些土地全都考虑在内，岭南的土地垦殖率仍然很低，依旧存在大片荒旷闲置的土地。所以地方官吏下车伊始的首要政务就是劝耕拓垦。

宋代在岭南地区实行拓垦政策，大致是从北宋中期前后开始的，这几乎是与湖南辰州梅山一带的开发同时进行的。嘉祐七年（1062年）广西转运使李师中"募民垦田"②。熙宁七年（1074年）桂州知州刘彝"募人耕旷土"③。元丰六年（1083年）康州知州"招集流民，自便请射"④。同年，琼州知州刘威也在朱崖军"招诱客户"，"住家耕作"⑤。大观三年（1109年）提举广西路常平使洪彦升"募民给地使耕"⑥。在各级官员的积极组织引导下，至北宋后期，土地开垦面积就已经有了大幅度增加。崇宁年间，广东路转运判官王觉曾因"垦辟农田几及万顷"而迁官⑦。南宋初年桂州垦田数达到了一万多顷⑧。而在元丰初年，整个广西路也不过垦田500多顷⑨，几十年内垦田数额有了明显的增长。尽管这种高速率增长，除了与移民大量垦荒直接相关外，也与一些少数民族部落归附为编户，统计时加入了这部分土地具有一定关系，但是新增辟的土地还是应当占有绝大多数的。尽管从总体上看，整个岭南的土地垦殖率仍然不高，直至宋末还有人说："岭外平原弥望，茅苇丛生。"⑩但经过有宋一代的辛勤开垦，岭南耕地面积有了大幅度扩展是不可否认的事实。

宋代岭南地方官员为发展农业生产所采取的另一项措施是推广内地先

---

① 根据《文献通考》卷四《田赋考》计算。
② 《续资治通鉴长编》卷一九七，嘉祐七年七月甲寅。
③ 《续资治通鉴长编》卷二五六，熙宁七年九月丁酉。
④ 《续资治通鉴长编》卷三三七，元丰六年七月辛未。
⑤ 《续资治通鉴长编》卷三三九，元丰六年九月癸丑。
⑥ 《宋会要辑稿·食货一之三〇》。
⑦ 《宋会要辑稿·食货一之三〇》。
⑧ 《建炎以来系年要录》卷二六，建炎元年八月辛酉。
⑨ 《文献通考》卷四《田赋考》。
⑩ [宋]李曾伯：《可斋续稿·后集》卷一二《静江劝农》。

进的农耕技术和农田管理方法。宋代岭南各地农业生产水平普遍低下，主要表现在如下几个方面：

首先，由于地广人稀，没有人口压力，土地利用严重不足。"为农者择沃土以耕，而于硗地不复用力。"①

其次，水利设施严重匮乏，被垦之田"必水泉冬夏常注之地"，"苟肤寸高仰，共弃而不顾"②。"水在田上节级溉注之，是为良田"，而若是"水在田下，虽咫尺不能辘轳使其逆上"。沿江田地本来土壤比较肥沃，而且也便于灌溉，却往往由于缺乏引水设施而使其与山地同样瘠薄③。

第三，耕作技术落后。岭南地区播种之前全无内地深耕粪种的流程，"不待破块即下种"④。或"田家卤莽，牛种仅能破块，播种之际就田点谷，更不移秧，其为费种莫甚焉。既种之后不耘不灌，任之于天地"⑤。"往往卤莽，一犁之后，无复用力。"⑥以刀耕火种为特点的畲田在岭南地区普遍盛行。如连州一带的畲田"团团漫山腹"，人们"上山烧卧木，下种暖灰中"⑦。"粤多田，牛被野，壤不待粪，种不甚耘，视其收若疏薄，计其积不可胜食，土广故也。"⑧此外，文献中还提到桂林"畲田过雨小溪浑"⑨，广州"五月畲田收火米"⑩。桂林、广州分别是广西、广东两路中自然条件最好、人口最为集中的地带，尚且存有畲田之风，那么其他自然、经济条件不如这里的州府，刀耕火种之习自然会更为盛行。譬如宜州安化一带，就是完全依赖"刀耕火种，以为粮"⑪。

第四，播种之后，疏惰于田间管理。往往"既种之后，旱不求水，涝

---

① 《舆地纪胜》卷九五《英德府》。
② ［宋］周去非：《岭外代答》卷三《外国门下》。
③ ［宋］陈傅良：《止斋文集》卷四一《跋灵润庙赐敕额》。
④ ［宋］周去非：《岭外代答》卷三《外国门下》。
⑤ ［宋］周去非：《岭外代答》卷八《花木门》。
⑥ ［宋］方大琮：《铁庵集》卷三三《广州甲辰劝农》。
⑦ 《舆地纪胜》卷九二《连州》。
⑧ ［宋］方大琮：《铁庵集》卷三三《广州丙午劝农》。
⑨ ［宋］陶弼：《邕州小集·题阳朔客舍》。
⑩ 《舆地纪胜》卷八九《广州》。
⑪ 《续资治通鉴长编》卷一二二，宝元元年十二月甲辰。

不疏决。既无粪壤，又不籽耘"，完全听命于天①。

上述落后的生产经营方式加上生产工具的简陋，使岭南地区的农业生产水平与内地存在很大差距。靠天吃饭的耕作方法，常导致作物"十年八九耕不获"②。因而组织引导人们摆脱落后的生产经营方式，也是各级地方官吏的重要事务，如洪适、李曾伯等人在岭南为官期间都作了很大努力③。

为改变岭南水利设施短缺的状况，宋代的地方官员主持修建了一些水利工程，其中比较著名的有琼州度灵塘与雷州大塘两项。度灵塘为北宋兴建，可"溉水田三百余顷"④。雷州大塘兴建于南宋中期⑤。琼州度灵塘和雷州大塘都是专门蓄水灌溉的农田水利工程，此外，著名的灵渠水利工程虽然是以航运为主要目的而修建的，但是在宋代往往也兼有灌溉之利，且"溉田甚广"⑥，北宋庆历、嘉祐以及南宋绍兴年间曾屡有修治⑦。宋代两广修建的各类水利工程，最有成就的要推惠州、循阳一带的渠道改造工程。循阳城四周原有环城水渠，年久失修，水溢为害，地方官吏虽曾作过一些努力，但成效都不大。南宋端平年间宋诩在循阳为官时，对渠道进行了全面的整修与改造。宋诩首先因地势"导水入池"，又将"池下之流修堤以捍之，又叠石为沟以出水"，集疏导与利用为一体。民间以往置木函于渠岸，引水灌田，岁久土崩堤溃，宋诩则创建石堤，使渠水之利成为长久之事⑧。上述水利工程为发展当地的农业生产都起到了积极促进作用。

经过守土之官的不断努力与劳动人民的辛勤劳动，岭南的农业生产在宋代有了一定进展，两广粮食的外运就是一个标志。宋代，尤其是南宋时

---

① [宋]周去非：《岭外代答》卷三《外国门下》。

② [宋]陈傅良：《止斋文集》卷四一《跋灵润庙赐敕额》。

③ [宋]洪适：《盘洲文集》卷二九《劝农文》。[宋]李曾伯：《可斋续稿·前集》卷一二《静江劝农文》。

④ 《宋史》卷九六《河渠志六》。

⑤ 《宋会要辑稿·食货八之一二》。

⑥ 《永乐大典》卷一〇四二一引[宋]张栻：《张南轩集·吏部侍郎李公（浩）墓志铭》。

⑦ [宋]秦晟：《重修黄口堤碑记》，见唐兆民编：《灵渠文献粹编》，中华书局，1982年10月。《续资治通鉴长编》卷一八八，嘉祐三年九月。又上引[宋]张栻撰李浩墓志铭。

⑧ [宋]赵汝献：《循阳五桥记》，载《嘉靖惠州府志》卷一六。

期，岭南一些自然条件较好的地方开始有了余粮，"田家自给以外，余悉粜去"，"富商以下价籴之，而舳舻衔尾，运之番禺，以罔市利"①。宋代广州为一大米市，广南东、西两路的米常集中于广州，由海道运至福建、浙江一带，如宋人所云："闽浙之间，盖亦尝取米于广。大抵皆海运，虽风涛时乎间作，然商舶涉者如常。"②

　　无疑，宋代岭南地区的农业有长足发展，但劳动力匮乏、生产经营方式落后这两个问题还没有得到根本的解决。同时，岭南一些地区的社会风习，对农业生产的发展也有所影响。洪适称岭南有些地区不是"以商贩而废农"，就是"以盗掠而废农"③。如猺人本以山种为生，但"天少雨，稑种不收，无所得食，则四出犯省地，求斗升以免死"④。经商之风在许多近海或临近交通要道的地区也很盛行，由于经商获利大大高于务农，以致影响到许多人惰于从事农耕，转而致力于商业，一些人甚至放弃农事，专营贸易，加剧了农业生产人力紧张的状况。如《舆地纪胜》载英德府："正产之家，得米则南下于广，籴买钞盐以取赢。其贫无为生者，则采山之奇产以货焉。"无论贫富，都善于经商赢利，就连居于海南岛上的黎人，也有些是"以贸香为业"⑤。至于岛上的汉人更有许多人专门"扶蕃蛮以取盗，交商贾以通货。不务本业，专事末游"⑥。无论从盗从商，都使部分劳动力脱离农业生产。

　　宋代，全国各地每个区域内发展进程都存在高下之别，唯有岭南，几乎整体处于农业开发的较低水平，尽管相继有移民进入岭南，并在官府的劝导下出现转机，但真正的改变还没有到来。

①　[宋]周去非：《岭外代答》卷四《风土门》。
②　[宋]李曾伯：《可斋续稿·后集》卷六《乞调兵船戍钦仍行海运之策》。
③　[宋]洪适：《盘洲文集》卷二九《劝农文》。
④　《文献通考》卷三二八《四裔考》。
⑤　[宋]赵汝适：《诸蕃志》卷下《海南》。
⑥　[宋]李石：《方舟集》卷一六《黎州劝农文》。

第九章　物种与土地

——宋代粮食作物的分布与轮作方式的变化

　　农作物种类与地理分布是农业地理研究的核心内容，而中国古代种植业又以粮食作物为主，因此这是本章的核心，也是宋代农业地理最需要讨论的问题。

　　宋代粮食作物种类很多，主要有小麦、大麦、水稻、粟、黍、菽、荞麦等作物。各种粮食作物对生态环境有不同要求，并随自然条件变化，形成各自的分布区域。总体来看，宋代粮食作物存在这样几类分布区：

　　1.北方小麦杂粮分布区：宋代北方四路的大部分辖境都属于这一区域，小麦、粟、黍、菽等旱地作物是主要粮食作物，作物的生长期及其环境的适宜性，导致小麦与杂粮的种植比例大致在1∶3至1∶4之间。杂粮中以粟对环境的适应性最强，因此种植面积也最广，特别是在土壤贫瘠的山区几乎形成了绝对优势。

　　2.南方水稻分布区：淮河以南气候条件与淮北迥异，大多数地区非常适宜水稻的生长，因此长期以来水稻成为广大南方的主要粮食作物。但南方地域广阔，各地自然条件与农业经营方式又有所不同，在水稻分布区之内，又可根据水稻与其他粮食作物的组合形式，分成若干亚区：（1）长江下游水稻小麦分布区。宋以前小麦在南方的种植面积有限，多数分布在水源不足的旱地丘陵，入宋以来随着水稻秧播技术成熟，小麦以与水稻轮作的形式，种植面积逐渐扩大，成为这一地区仅次于水稻的重要粮食作物，稻麦两种作物的组合构成了这一地区粮食作物分布主要特征。（2）闽、粤、桂、荆湖水稻分布区。这一地区地跨热带、亚热带，自然条件复杂，水稻种植虽有早、晚之别，但无论种植范围还是经济地位在区内都占主导地位。（3）南方山区及川峡稻麦杂粮分布区。这一粮食组合区面积最广，虽然区域内生产方式存在着很大差异，但稻、麦、杂粮几种粮食作物混杂性组合，却是这里共同的特征。

宋代疆域辽阔，自然条件与社会经济条件复杂多样，各地区作物结构差异性很大，从而形成适应于各地区不同特点的多种轮作方式：

1. 一年一熟春小麦杂粮分布区。主要分布于陕西、河东路北部，这里地势高亢，气候寒冷，热量条件不能满足宿麦（冬小麦）的过冬要求，农作物以春小麦和粟等一年一熟杂粮为主。

2. 两年三熟冬小麦杂粮区。这一区域包括河北全部及京东、京西、陕西、河东的一部分，与现代农作物两年三熟南界一致，秦岭—淮河一线是这一分布区的最南端。这是黄河流域主要农耕区，全区都位于暖温带的气候环境之中，粮食作物以冬小麦为中心，形成杂粮—冬小麦—杂粮两年三熟轮作制。

3. 一年两熟水稻小麦区。主要分布在两浙平原，入宋以来随着冬小麦种植区的扩展，水稻、小麦一年两熟成为这里主要的轮作形式。

4. 一年一熟水稻种植区。主要包括荆湖路、江南西路平原地带，这里虽处于亚热带地区，但劳动力匮乏，生产方式粗放，多种植一季水稻，很少与其他作物轮作。

5. 一年一熟杂粮、小麦、水稻区。这一地区范围最广，几乎包括了两浙、江东、江西的所有丘陵山区地带，随着各地自然条件不同，实行杂粮、小麦、水稻不同组合形式的一年一熟制。

6. 一年两熟水稻、杂粮、小麦区。这一轮作区主要位于成都平原，成都平原是西南地区自然条件最好，农业生产最先进的地区，这里的农作物一般以水稻与小麦、蔬菜及杂粮交相轮作，实行一年两熟制。梓州及兴元府一带也有一些地方实行一年两熟制轮作。

7.一年一熟杂粮区。主要包括川峡四路成都平原以外地带以及荆湖地区的丘陵山区，这一地区范围广大，自然条件多变，大多数地区农业生产方式粗放落后，有些山区还处在刀耕火种的落后阶段，农作物多以一年一熟杂粮为主。

8.一年两熟水稻、杂粮区。福建的平原地带及岭南是实行这一作物轮作形式的主要地区，这里地处热带及亚热带南部，气候炎热，一年四季均具备满足农作物正常生长的热量，水稻一年两熟是这里主要熟制。丘陵山区杂粮种植比例很高，许多地方杂粮亦可一年两熟。

各地农作物轮作制度之中，需要说明的是，南方各地，真正的一年两熟稻麦轮作只在两浙平原地带盛行，其他地方的轮作，或在水稻收获后种植生长期短的农作物，如豆类、蔬菜，或在水稻收获后让土地休闲，来年种植其他作物，更接近于轮耕。

第一节　宋代黄河中下游地区的粮食作物

粮食作物的地理分布深受环境影响，而气温和降水是决定地理分布的两项重要因素。黄河中下游区地处秦岭、淮河以北，雁门关、白沟河一线以南，全部位于暖温带范围之内。温度是作物生长发育的重要限制因素，暖温带地区的温度特征与积温状况使农作物可以实行两年三熟制。受地形影响，气温较低的北部山区实行一年一熟制，平原地区一般实行两年三熟制。

降水条件则是农作物生长发育的另一项限制因素，黄河中下游地区大部分处在半湿润、半干旱地区，降水量有限，与雨量充沛的江南地区显然不同。因此秦岭—淮河一线也是中国水田农业与旱作农业的分界线，古代亦然。此线以南，水田农业占绝对优势。此线以北，水田明显减少，水稻主要分布在低洼易涝的背河洼地、河川滩地以及灌溉条件较好的山麓冲积扇地带。黄河中下游地区包括山东丘陵、黄淮海平原、黄土高原等地形单元，虽然不同地形区自然条件各不相同，但所种植的粮食作物以旱地作物为主是其共同特色。

一、宋代黄河中下游地区小麦的地理分布

小麦是本地区有代表性的旱地作物，种植范围遍及北方四路，各路主要种植冬小麦，北部地带也有一部分春小麦。冬小麦在多数地区为轮作倒茬的中心作物，一般实行冬小麦—秋粮两年三熟轮作制。

（一）河北东、西两路

宋代河北东、西两路以平原为主，冬小麦种植范围很广。苏轼曾说过："都城以北，燕蓟之南……麦将槁而禾未生。"[①]虽然讲的是灾荒，但也透露出小麦的种植范围遍及"都城以北，燕蓟之南"的整个河北这一信息。河北的种麦范围虽广，但从自然条件的适宜性来看，太行山山前各州则是最适宜种麦的地区。如本书第四章所述，太行山山前各州的农业生产环境不同于河北北部泊塘水淀区及东部黄泛区，这里土壤肥沃，水分条件好，农耕历史悠久，既是河北主要小麦产区，也是重要的粮食生产基地。因此，有关这一地区种麦情况的记载也最多。譬如《宋史·五行志》作为灾异祥瑞之兆，曾记载了许多种麦地点，而太行山山前各州更是屡受称道。由于这一带是小麦的主要产区，位于邢、赵二州的广平监退牧还农后，立刻被开辟为粮田，共得地7 500顷，每年向国家交纳粟87 500余石，小麦31 300余石[②]。广平监本为牧监，退牧还农后，即种麦种粟，可以想见在这一带麦、粟应是重要的粮食作物。同黄河中下游大多数地区一样，河北也以种植冬小麦为主。苏轼在谈到河北、京东一带的种麦情况时曾说："今又不雨，自秋至冬，方数千里，麦不入土。"[③]自秋至冬，正是冬小麦的播种季节。包拯也曾说过："臣前年夏间，因送伴北使回，见河北麦价贱。"[④]夏季麦熟，显然是冬小麦成熟的季节。司马光出使河北，在诗

---

① [宋]苏轼：《东坡后集》卷三《北岳祈雨文》。
② [宋]包拯：《包拯集》卷七《请将邢洺州牧马地给予人户依旧耕佃一》。
③ [宋]苏轼：《苏东坡集·奏议》卷五《论河北京东盗贼状》。
④ [宋]包拯：《包拯集》卷七《请出内库钱帛往逐路籴粮草》。

中说："桑麦青青四月初。"①这仍是冬小麦生长的季节特征。贺铸在磁州滏阳县为官时，逢春旱麦枯，赋诗祈雨，诗中有"少缓麦租期，庶将秋稼补"之句②，诗中的意思十分清楚，麦子收了，但不够还租，希望田主等秋稼收获，一并补齐。秋稼之前收获的，自然是秋种夏收的冬小麦。宋代河北全部位于暖温带范围内，热量条件能够满足冬小麦越冬需要，所以小麦种植应以冬小麦为主。但在个别地区，因荒歉贻误农时，间或也种春麦。如熙宁七年（1074年）冀州一带"夏秋不稔"，农多缺食，只好改种小春小麦，就是一例③。

（二）京东路、京西路

京东、京西两路地处黄河中下游地区，也是全国主要小麦产区。这里同样实行以冬小麦为中心的小麦、杂粮轮作制。对此欧阳修说过："京东自去冬无雨雪，麦不生苗，已及暮春，粟未布种。"④这是指冬小麦的越冬，与来年春天粟类杂粮的布种。苏辙所讲的"种麦获豆不失其时"⑤，则是冬小麦播种与秋粮收获的情景。小麦在河南各州种植范围很广，各类文献多有记载。济州有南李堰、濮州有马陵泊，经疏治得良田4 000余顷，夏秋民间耕种获菽、麦3万余石⑥。郓州"风雪伤麦"⑦。徐州"地宜宿麦，一熟而饱数岁"⑧。南京"奥维兹夏，牟麦小熟"⑨。"腊中平地雪盈尺，嵩隗山田麦尚干。"⑩陈州"劝农深入四郊春……谷雨轻笼锄麦人"⑪。青州"富饶足鱼盐，饱暖遍牟麦"⑫。"向来河洛久愆阳……麦田濡叶未金

① ［宋］司马光：《传家集》卷九《再使河北》。
② ［宋］贺铸：《庆湖遗老诗集》卷二《喜雨》。
③ 《续资治通鉴长编》卷二五八，熙宁七年十二月壬辰。
④ ［宋］欧阳修：《欧阳修全集·奏议》卷二《论修河第一状》。
⑤ ［宋］苏辙：《栾城集》卷二六《南京祈祷文》。
⑥ 《宋会要辑稿·食货一之二九》。
⑦ 《宋史》卷六二《五行志下》。
⑧ ［宋］苏轼：《苏东坡集·奏议》卷五《论河北京东盗贼状》。
⑨ ［宋］苏辙：《栾城集》卷二六《南京祈晴青辞》。
⑩ ［宋］苏辙：《栾城集》卷二《上元前雪三绝句》。
⑪ ［宋］王禹偁：《小畜集》卷七《和陈州田舍人留别》。
⑫ ［宋］郭祥正：《青山续集》卷三《青州作》。

黄。"①单州"垄麦未秀，村民尚饥"②。密州"今岁秋旱，种麦不得"③。颍州"大麦过期当半熟，小麦未晚犹十分"④。蔡州"二麦并已成熟……麦苗有一茎二穗或三穗，其多有至五穗者"⑤。汝州"桑阳盖地牛羊困，麦秀漫山鸟雀肥"⑥。亳州真源县"菽麦再实"⑦。齐州"自秋徂冬迄此春莫，菽粟不登，麦不得种"⑧。蔡州新息"风里麦苗连地起"⑨。此外，《宋史·五行志》中也记载了河南小麦的灾异祥瑞之状。"尉氏县有麦两岐"，"泗州献瑞麦"，"唐州献瑞麦"，"陈州瑞麦一茎二十穗"，"应天府小麦一本二百穗"等等，小麦种植遍及京东、西两路。

若对京东、西两路进行比较，从《文献通考》所载元丰年间京东、京西两路夏税总额可以看出，京东地区要高于京西地区。夏税缴纳时间一般定在五、六月冬小麦成熟以后，主要的纳税物品是小麦，因此从纳税总额中可以看出小麦的总产量。元丰年间京东路夏税总额为155万多，京西路为144万多，两地相差约11万，显然京东多于京西。

（三）河东与秦凤、永兴军路

河东与秦凤、永兴军路地处黄土高原，高原上沟谷纵横，土壤瘠薄，不甚利于小麦的生长。虽然各地均种有小麦，但主要种植区集中在自然条件较好的关中平原以及汾河谷地。据《宋史·真宗本纪》记载："〔大中祥符八年〕诏京兆、河中府、陕、同、华、虢等州贷贫民麦种。"⑩可见从京兆府向东，经同、华等州，一直到河中府都是小麦的种植区。〔宋史·五行志〕则提到宝鸡种麦之事，凤翔守土之臣的祈文中有"唯雨旸常以讫

① ［宋］司马光：《传家集》卷一〇《和公择喜雪》。
② ［宋］王禹偁：《小畜集》卷二一《单州谢上表》。
③ ［宋］苏轼：《苏东坡集·奏议》卷五《论河北京东盗贼状》。
④ ［宋］苏辙：《栾城集》卷一《春无雷》。
⑤ ［宋］秦观：《淮海集》卷三六《代蔡州进瑞麦图状》。
⑥ ［宋］陈渊：《默堂集》卷二《汝州道中呈遵道》。
⑦ 《续资治通鉴长编》卷八一，大中祥符六年十月丁卯。
⑧ ［宋］苏辙：《栾城集》卷二六《齐州祈雨雪文二首》。
⑨ ［宋］黄庭坚：《山谷外集》卷一三《新息渡淮》。
⑩ 《宋史》卷八《真宗纪三》。

我黍、稷、禾、菽、麦"之句①。在耀州官吏的祈雨文中也可以看到"麦槁在田，禾种未入"的词句②。整个关中平原从东到西都种有小麦。小麦在这里不但种植面积大，而且产量不低，故宋初有"朝廷岁仰关中谷麦以给用"之说③。此外河东路汾河谷地土壤肥沃，灌溉便利，既是太行山以西的重要产粮区，也是小麦主产区。

关中与汾河谷地之外，其他地区也零星种有小麦，种植面积虽不大，延伸范围却很广。位于麟、府一带的窟野河河西之地，就是因为"平壤肥沃宜粟麦"，而被西夏人盗耕④。而北宋疆土的西部边境秦凤、熙河一带，历史上就曾是著名的产麦区，如祁山，虽然当年诸葛亮率兵北伐，为就食其麦而出兵祁山，已事隔千年，但"鸦噪山田忙种麦"的景象却依然如故⑤。小麦的种植区从关中一直西延至凉州，宋人诗中有"岂知洮河宜种稻，此去凉州皆白麦"的诗句⑥。此外，在与西夏相邻的泾原、环庆、鄜延诸路都有小麦的种植⑦。

河东小麦种植也很普遍。早在北宋初年，太祖率军平定北汉时，就曾屯兵上党，"夏取其麦，秋取其禾"，以供军粮⑧。而河东北边种麦地区可直抵宋辽交界地带，欧阳修奉使河东至宁化军时说过："本军地寒，民不种麦。"⑨宁化军位于宋辽交界处，虽然欧阳修在宁化军没看到种麦，但不能由此断定河东路北部不种麦。欧阳修本人就又讲过："河东禁并边地，不许人耕，而私籴北界麦、粟为兵储，最为大患。"⑩这段记载说明辽国境内是种有小麦的，宁化军之北的辽国没有因为地寒而影响小麦种植，而河东北部却因地寒不种小麦，在道理上是讲不通的。况且《宋史·五行志》

---

① [宋]苏轼：《东坡全集》卷九八《凤翔醮土火星青词》。
② [宋]毕仲游：《西台集》卷一二《耀州祭诸庙祈雨文》。
③ 《宋史》卷二七四《侯赟传》。
④ 《续资治通鉴长编》卷一八五，嘉祐二年五月庚辰。
⑤ [宋]吴泳：《鹤林集》卷二《祁山歌上制师闻敌退清水县作》。
⑥ [宋]刘攽：《彭城集》卷八《熙州行》。
⑦ 《续资治通鉴长编》卷二五五，熙宁七年八月丙子。
⑧ 《续资治通鉴长编》卷一〇，开宝二年闰五月壬子。
⑨ [宋]欧阳修：《欧阳修全集·奉使河东奏草》"乞减配卖银五万两状"。
⑩ 《宋史》卷一七五《食货志上三》。

还有"府州有麦两岐"的记载，比宁化军靠北的府州也种有小麦，同样证明河东沿边地带不是不宜种麦，只不过是少见罢了。而且从欧阳修所云"边地不许人耕"的情况来看，当地小麦种植稀少，也和政府的边地政策具有密切关系。同样秦凤、永兴军所在的陕西植麦区也一直延伸到边地，宋人庄绰云："陕西沿边地苦塞，种麦周岁始熟，以故黏齿不可食。"[①]陕西沿边在无定河流域，河谷地带种麦可以引水灌溉。

秦凤、永兴军与河东路地处黄土高原，气温较同纬度平原低，北部地区冬季尤其寒冷，这对冬小麦安全越冬十分不利。春小麦则不同，春季播种，其生长期正好避过了严冬，自然就成为这些地区最适宜种植的麦类作物，这两路北部种植的小麦都属于春小麦。据上文所引庄绰对于陕西边地种麦情况的论述，从小麦的生长周期和食性两方面来看，无疑陕西北部沿边地带是春小麦种植区。而西部熙河一带，"夏田种麦，秋田种粟豆"[②]，还应该是冬麦区。冬小麦与春小麦种植区的分界线也是农作物两年三熟区与一年一熟区的分界线。而决定哪一个地区实行什么样熟制的关键因素是热量条件，在地形条件基本一致的情况下，同纬度地区所实行的熟制不应有太大差别。根据这样的道理，可将陕西北部的春小麦种植区向东延伸至河东，正好通过汾州一线。清光绪《山西通志》中记述清代这一地区的小麦种植情况说："汾州北诸属，春分为种，处暑后收，名春麦。汾州南诸属，白露前种，芒种后收，名宿麦。"[③]明确地将冬、春小麦的分布界线划在了汾州。汾州以南为冬麦区，汾州以北则为春麦区，这与上面所推测的宋代的情况完全吻合。由此看来，宋代河东路春小麦种植区基本上在汾州一线以北，应是符合实际情况的。上述分界线是就整个河东地区所划定的基本界限，在汾河谷地等一些温度条件好的地区，冬小麦的种植还要向北推移一些。譬如从欧阳修奉使河东时就忻、代一带纳税情况所讲的"已是

---

① ［宋］庄绰：《鸡肋编》卷上。
② 《续资治通鉴长编》卷二七〇，熙宁八年十一月庚辰。
③ 光绪《山西通志》卷四七《物产》。

图9-1 宋代冬小麦与两年三熟制分布界限

麦熟夏税起纳，民间岂复更有白米输官"这句话来看[1]，忻、代一带仍有冬小麦种植（图9-1）。

小麦对于土壤条件要求较高，其地理分布也选择在环境较好的平原与河谷地带，因此在旱地作物中分布并非最广。

二、宋代黄河中下游地区粟、菽等杂粮的地理分布

粟、菽是北方传统秋粮作物，经济价值不在小麦之下。粟就是谷子，菽即豆类作物。以粮食品质衡量，粟、菽等杂粮低于小麦，但其产量较高，对环境条件要求不十分严格，尤其是粟具有耐旱耐瘠、稳产保收的特点，因此具有特殊的经济地位。黄河中下游地区位于暖温带之内，两年三

---

① ［宋］欧阳修：《欧阳修全集·奉使河东奏草》"倚阁忻州和籴米麦状"。

熟制是区内部分地区实行的农作物基本熟制，以小麦为中心的麦、粟、菽轮作，是两年三熟制地区的主要轮作方式。这种轮作方式使粟、菽等杂粮分布区与小麦分布区大致保持一致。除此之外，那些不适宜种植小麦的贫瘠山区，却可以因地制宜种植粟这样的耐旱耐瘠作物，因此粟的适应范围较小麦广阔。

（一）河北东、西两路

河北东、西两路杂粮以粟、豆为主，主要分布在小麦轮作地区，即太行山山前各州。前文曾述及包拯说广平监退牧还农后，随即种粟种麦，并每年向朝廷交纳粟 87 500 余石，小麦 31 300 余石。这一事件反映了粟、麦是这一地区普遍种植的农作物，因此新的农田一经出现，就马上种植粟和麦。除麦、粟轮作区外，粟还分布在其他区。河北虽地处平原，地形差异不大，但河患、盐碱等自然因素的影响，使环境复杂起来。由于粟等杂粮对环境适应性强，那些不适宜小麦生长的地区，杂粮往往可以正常生长，因此其种植面积比小麦要大，"都城以北，燕蓟之南"的整个河北应该无处不有。河北平原每当秋收之际，"东家载豆如山岳，西舍割禾无处著"[1]，一派秋稼成熟的繁忙景象。德、博二州一带，人称"地惟沃饶，菽、粟易敛"[2]。可见菽、粟都是当地最基本的农作物。

《文献通考》所载元丰年间河北路夏秋税之比例，可以进一步还原农作物的种植比例。夏税的主要纳税物是夏粮，即小麦；而秋税的主要纳税物是各种杂粮。元丰年间河北路夏税为 1 393 983，秋税为 7 758 107。夏税仅为秋税的五分之一，固然杂粮单产高于小麦，但杂粮种植区远远大于小麦也是一个显而易见的事实。

杂粮作物中，荞麦生长期短，往往作为荒歉时的救急作物种植。为此，河北各州也常种植荞麦，如"秋瓜抱子母，荞麦亦已华"，就是当年

---

[1]　[宋]赵鼎臣：《竹隐畸士集》卷三《河间令尹》。
[2]　[宋]范仲淹：《范文正集》卷一三《资政殿大学士礼部尚书赠太子太师谥忠献范公墓志铭》。

晁补之在棣州留下的诗句①。

（二）京东路、京西路

粟、菽同是京东、京西两路主要杂粮作物。麦、粟、菽轮作的特点，使粟、菽的种植区域往往与小麦保持一致。京东是小麦的主要种植区，自然也种粟、菽。欧阳修说过："京东自去冬无雨雪，麦不生苗，已及暮春，粟未布种。"②这段记载讲的正是麦、粟轮作的情景。麦、粟轮作区外，自然条件较差的山区瘠地，同样可以种粟，对此欧阳修也曾有过记述："自邓至汝阴，道出田间，由矩欣桥而西，秋稼甚盛。"③这里所说的秋稼，无疑是粟、菽等各种杂粮。王安石也曾在诗文中提到唐、邓一带在缺乏灌溉的条件下，大量种植粟等杂粮的情况④。京西多山土瘠的自然条件，小麦生长困难，粟等作物却可以正常生长，故京西地区杂粮的种植范围比京东广。如宋人诗中讲洛阳一带"村落桑榆晚，田家禾黍秋"⑤。汝州"水既害我菽，蝗又食我粟"⑥。这些诗文，都记述了京西粟等杂粮的分布状况。《文献通考》所记载的元丰年间京东、京西两路秋税总额也反映了这一问题。元丰年间京东秋税为 1 445 021，京西为 2 622 938，与夏税额相反，京东比京西少 1 157 917，这也证实了由于自然条件的差异，京东、京西两地小麦和杂粮的种植范围迥然不同。

菽作为杂粮之一，由于具有固氮作用，往往成为作物轮作的重要参与者。菽不仅与小麦轮作，也与其他作物轮作。苏辙曾祈愿当地"种麦获豆不失其时"⑦，这正是麦、菽轮作，冬麦播种与豆子收获的情景。此外，《宋会要辑稿》中也有关于济州、濮洲一带麦、菽轮作的记载："昨来夏秋，民间耕种所取菽、麦约三二百万余石。"⑧苏轼也有这样的记述："自

① [宋]晁补之：《鸡肋集》卷五《北京水后往棣州试进士》。
② [宋]欧阳修：《欧阳修全集·奏议》卷二《论修河第一状》。
③ [宋]欧阳修：《欧阳修全集·书简》卷七《与谢舍人》。
④ [宋]王安石：《临川先生文集》卷三八《新田诗》序。
⑤ [宋]邵雍：《击壤集》卷三《游洛川初出厚载门》。
⑥ [宋]梅尧臣：《宛陵集》卷七《田家语》。
⑦ [宋]苏辙：《栾城集》卷二六《南京祈祷文》。
⑧ 《宋会要辑稿·食货一之三〇》。

秋不雨，霜露杀菽，黄穈、黑黍不满园，麦田未耕，狼顾相目。"①苏辙年老解职居于颍川乡间时，许多诗篇都提到当地种菽的情况。其《秋稼》一诗中写道："雨晴秋稼如云屯，豆没鸡兔禾没人。"②其他诗中也有"谷豆入高廪"③，"施甘泽之滋禾菽"之类的句子④。刘攽在诗中也写过："山城带嵩高……豆苗落为箕，藜秀乘冬温。"⑤宋人关于京东路种植菽豆的诗文还有许多，如密州"谷将槁而菽不得"⑥，海州"悠悠小蝶飞豆花，垒垒秋蔓悬寒瓜"⑦，兖州"飞蝗所至，不食禾苗，唯豆叶殆尽"⑧。

　　菽豆在京东、京西两路各地普遍都有种植，但各地的种植量大小也还有所差异。从各地输往京师的漕粮种类可以看出，由广济、惠民两条运河输往京师的百余万石漕粮中，唯经由惠民河的有二十万石菽，而惠民河漕粮又主要来自"陈、颍、许、蔡、光、寿六州"⑨，这六州除光、寿二州在淮南外，其余四州都集中在京西路，可见这一地区菽的种植是占有突出地位的。

　　（三）河东与秦凤、永兴军路

　　河东与秦凤、永兴军路的杂粮，除了在冬小麦分布区实行轮作外，北部沿边地带种植范围也很广。

　　河东北部其他州军主要种粟等杂粮。《续资治通鉴长编》中记载元丰六年（1083年）六月，岚、石等州的军民流移至岢岚军耕垦，为当地官府发遣还乡，流民垦求说因"久雨全损秋田，故暂来就种一夏苗麦，乞限一月，毕田事"，即回乡。此时正值六月，既不是冬小麦，也不是春小麦的播种期，流民垦求种植的只能是荞麦，荞麦的成熟期短，正是救灾的最佳

① ［宋］苏轼:《苏东坡集·祝文》卷二《密州祭常山文五首》。
② ［宋］苏辙:《栾城三集》卷二《秋稼》。
③ ［宋］苏辙:《栾城三集》卷三《腊雪次迟韵》。
④ ［宋］苏辙:《栾城集》卷三四《诸宫观罢散谢雨道场米表》。
⑤ ［宋］刘攽:《彭城集》卷三《久旱》。
⑥ ［宋］翟汝文:《忠惠集》卷一〇《密州祈雨文》。
⑦ ［宋］张耒:《柯山集》卷一一《海州道中》。
⑧ 《续资治通鉴长编》卷八七，大中祥符九年六月癸丑。
⑨ 《宋史》卷一七五《食货志上三》。

作物。河东特别是丘陵山区，种植荞麦也很有传统，陆游有诗句云："但见古河东，荞麦如铺雪。"①描写的就是河东荞麦花开时的景象。清涧城位于黄河西岸，宋代在此筑城时，当事者认为清涧"左可致河东之粟，右可固延安之势"②。可见河东北部州军主要种粟，自给以外，余者又输往陕西。

秦凤、永兴军路与河东北部地高气寒，农作物只能保证一年一熟，这些地区除少量种春小麦外，主要种植杂粮，尤其是粟类作物，边地新垦土地更是如此。元丰八年（1085年）守边士兵在麟、府、吴堡之间的木瓜原进行屯垦，收禾粟、荞麦18 000石③。金明寨位于延安西40里，是延夏通道上一个重要堡寨，金明西北有浑州川，川尾有桥子谷，水土平沃，"狄青将万人筑招安寨于谷旁，募民耕垦，得粟甚多"④。崇宁年间钱即知庆州，筑安边城、归德堡，垦地万顷，"岁得粟数十万"⑤。《宋史·郑仅传》也提到"镇戎、德顺收谷十余万"之事⑥。镇戎、德顺二军不但开辟大片良田，还在平夏、通峡、镇戎、西安四塞分别置四粮仓，"置刍粟五百万"⑦。边地的屯垦使原来十分短缺的军粮基本得到满足。陕西转运使游师雄曾论之曰："往者边土不耕，仰给于内，今积粟已多，军食自足。"⑧在这一评估垦边作用的言论中，也道出了粟是边地的主要粮食作物。除中原地区常种的杂粮外，熙河、兰湟一带还种有青稞，是居住在这一带的蕃族的主要粮食品种⑨。

三、宋代黄河中下游地区水稻的地理分布

水稻是中国本土驯化的农作物，不仅栽培历史悠久，且是产量高的重

---

① [宋]陈景沂:《全芳备祖·后集·农桑部·麦》。
② [宋]范仲淹:《范文正公文集》卷一三《东染院使种君墓志铭》。
③ 《宋会要辑稿·食货六三之四七》。
④ [宋]曾巩:《隆平集》卷五。
⑤ 《宋史》卷三一七《钱即传》。
⑥ 《宋史》卷三五三《郑仅传》。
⑦ 《宋史》卷二五三《折德扆传》。
⑧ 《宋史》卷三三二《游师雄传》。
⑨ 《宋史》卷一七五《食货志上三》。

要粮食作物。由于自然条件的限制，长江以南成为水稻的主要产区，黄河流域只在灌溉条件便利的地带种植水稻。北方稻田的地理分布具有这样两个特点：第一，栽种地区有限，总面积小；第二，稻田多呈点状、线状分布在低洼地区及河湖周围。由于这样的分布特点，水稻在北方的经济地位远不如小麦、杂粮重要。

（一）河北东、西两路

北宋时期河北种稻地点虽多，但主要分布在北部塘泊附近及黄河、漳河、滹沱河等河川地带。

宋代为了阻止契丹铁骑南下，在河北北部宋辽交界处，利用原来的地形，挖掘了一系列塘泊池淀。据《武经总要》记载，这些塘泊东起沧州，西至保州，东西长约500里。最初这些塘泊的主要作用是限阻戎马，直至真宗时沧州临津令黄茂上言利用沿边塘泊种稻之后，这里才开始种植水稻。根据黄茂的建议，真宗委派何承矩主持种稻事宜，并"发诸州戍兵万八千人给其役之"。"由是顺安以东，濒于海，广袤数百里悉为稻田"[1]。继黄茂、何承矩之后，靠近塘泊各州相继引水种稻。如《长编》载有保州"可寻旧田屯分水河，沿河种稻"[2]。定州城北园有大池，谓之海子，"〔沈〕括与〔薛〕向议展海子直抵西城中山王冢，悉为稻田"[3]。沈括《梦溪笔谈》亦载："展海子直抵西城中山王冢，悉为稻田。引新河水注之，清波弥浸数里，颇类江乡矣。"[4]可见稻田范围颇为可观。

太行山山前冲积扇地带是河北平原上又一处水稻分布区。从自然条件看，冲积扇平原水分条件好，又有漳河、滹沱河等数条河流留下的冲积淤土，水土平沃，十分利于水稻的生长。宋人称"怀、保二郡傍山，可以植稻。定武、唐河抵瀛、莫间，可兴水田"[5]。这实际上说到了两处水稻适宜区，一处是太行山山前冲积扇上的怀、保二州，另一处是河北平原上塘

①　《宋会要辑稿·食货四之一》。
②　《续资治通鉴长编》卷二六〇，熙宁八年二月辛卯。
③　《续资治通鉴长编》卷二六七，熙宁八年八月癸巳。
④　[宋]沈括：《梦溪笔谈》卷二四。
⑤　《宋史》卷三二三《郭咨传》。

泊分布较多的瀛、莫等州。而怀、保二州，怀州在太行山东麓的最南端，保州在最北端，二地既然都宜于水稻种植，那么太行山东麓处于二州之间的其他各州，当然也应适于种稻。事实也果然如此，景祐初，朝廷"遣尚书职方员外郎沈厚载出怀、卫、磁、相、邢、洺、镇、赵等州，教民种水田"①，可见几乎太行山前各州，均可种植水稻。在太行山前各地中，怀州的水稻种植尤为兴盛。由于其地"得太行障其后，故寒稍杀"，气候更为适宜，所以水稻种植比较广泛，与相邻的河南孟州并有"小江南"之称②。除以上两处主要种稻区之外，沧州一带也种有水稻，《续资治通鉴长编》记有："熙宁七年正月，程昉等奏沧州增修西流河堤，引黄河水淤田种稻。"③这段记载说明，至宋中期这里也开始种稻。

至宋代，北方种稻已有数千年历史，但水稻不是北方的优势作物，因此没有形成固定的稻作区和稳固的种稻习惯，水稻生产时断时续，极不稳定。北宋时期，河北种稻范围虽广，但兴起时间不长，沿边塘泊约在真宗时期开始种稻，太行山东麓冲积扇地带也是在这时"教民种水田"。这说明前代种稻与此相隔久远，当地人对种水稻已颇为陌生了。至仁宗时期，种稻才逐渐通行起来。但当时河北路外受契丹威胁，内有水旱灾害，种稻"在河北者，虽有其实，而岁入无几，利在蓄水以限戎马而已"④，实际经济效益很不理想。

（二）京东、京西两路

京东、京西两路的水稻种植区分布很广，其中汴河沿岸最为重要。

汴河沿岸是一片较大的水稻分布区。熙宁二年（1069年）提举开封府界常平等事林英首倡在汴河沿岸种稻，他说："沿〔汴〕河两岸沃壤千里……观其地势利于行水，最宜稻田。欲望于汴河两岸稍置斗门，泄其余水，分为支渠，乃引京索河及二十六陂水以灌之，则环畿甸间岁可以得谷

---

① 《宋史》卷一七三《食货志上一》。
② ［宋］周密：《癸辛杂识别集·汴渠杂事》。
③ 《续资治通鉴长编》卷二四九，熙宁七年正月甲子。
④ 《宋史》卷一七六《食货志上四》。

数百万以给兵食。"①但这个建议招致一部分人反对,苏轼认为:"汴水浊流,自生民以来,不以种稻。"②司马光则说:"至于欲计亩率钱雇人充役,决汴水以种稻,及浇溉民田,及欲泄三十六陂水,募人耕佃,若此之类,不可悉数。道路之人共所非笑,而条例司自以为离奇之策,书以授常平使者,必欲行之天下,恐其兴作之不已,皆如青苗为害于民也。"③尽管横遭非议,水稻仍以它较高的产量,吸引着人们放弃原来的旱作生产方式而开修水田,播布稻秧。《续资治通鉴长编》载:"熙宁八年五月乙酉,右班殿直勾当修内司杨琰言,开封、陈留、咸平三县种稻,乞于陈留县界旧汴河下口,因新旧二堤之间修筑水塘。"④《宋会要辑稿》也记载了北宋中后期在京畿一带括一万二千余顷地入稻田务之事⑤。沿汴河附近种植水稻终成事实。

在汴河沿岸种稻的同时,蔡河也被人们修浚疏治,陈、许、颍、寿各地"俾数百里地变为稻田"⑥。而颍州一带因秋雨大作,就留下了"稻阻刈收,麦妨敷播"的记载⑦。

京西唐、邓、许、汝等州是另一处水稻分布区。这一地区早在两汉、魏晋时期就已经开始种植水稻。唐末五代受战乱影响,人民大多逃亡,田土荒芜。宋开国以后,为了解决京畿地区所需的粮食,多次募人至京西进行垦殖。随着生产恢复,水稻的种植面积逐渐扩大。对此《广陵文集》中曾有如下记载:"家始来唐〔州〕,唐多旷土",经过人们"辟污莱,均灌溉","壤化膏腴,民饶粳稻"⑧。至北宋中期,水稻已遍布京西各州,成为当地很普遍的农作物。因此熙宁三年(1070年),许州长社等县牧马草

---

① 《宋会要辑稿·食货七之二》。
② 《宋史》卷三三八《苏轼传》。
③ [宋]司马光:《司马温公文集》卷四一《乞罢条例司请平使疏》。
④ 《续资治通鉴长编》卷二六四,熙宁八年五月乙酉。
⑤ 《宋史》卷一七三《食货志上一》。
⑥ 《宋会要辑稿·食货七之二一》。
⑦ [宋]陆佃:《陶山集》卷一三《颍川祈晴祝文》。
⑧ [宋]王令:《广陵文集》附录《节妇夫人吴氏墓志铭》。

地转牧为农之后，随即利用邢山、溟河、石限等水种植水稻[1]，水稻分布地域很广。而汝州一带则是京西重要的植稻区，人称"汝阴土沃民众，有鱼稻之饶"[2]，而且"水泉鱼稻之美，甲于近甸"，以致士大夫"言卜居者莫不先之"[3]。因此，朝廷在这里设置了"稻田务"。"稻田务"的范围不只限于汝州，而是"南暨襄、唐，西及渑池，北逾大河"[4]。虽然在这样大范围的"稻田务"内全部种稻是不可能的，但这一区域内自然条件适宜的地方应该都不乏小片种稻区。梅尧臣在诗中就描述了西京洛阳"白水照茅屋，清风生稻花"的田园风光[5]。

京东齐鲁之地受地形限制，大面积种稻的地区不多，稻田多零星分布在河川平原上。济南一带就是这样一处种稻区，这里地势平坦，河泉遍布，自然条件十分利于水稻的生长。因此这里水稻的产量几与杂粮相侔[6]。此外，位于沂州境内的芙蓉湖，溉田千顷，沿湖盛产稻谷，古称"琅邪之稻"[7]。临济一带也种有水稻，文人在诗中留下了"春深杨叶闹，雨足稻花香"之句[8]。

（三）河东与秦凤、永兴军路

河东与秦凤、永兴军路位于黄土高原，气候干燥，雨量不足，适于种植水稻的地区有限，稻田更多局限于河川地带。

河东稻田主要分布于汾河谷地，其中尤以晋祠稻最为有名。宋代诗人的许多篇章都对汾河谷地和晋祠的稻田作过歌咏，如梅尧臣在诗中曾赞叹太行山下汾河谷地，秋来收获稻谷的情景，将汾曲的稻田与吴越南阳相比："频官吴越饱粳稻，况住南阳多水田。北登太行入汾曲，正获秅稏秋

---

① 《宋会要辑稿·食货七之二一》。
② [宋]苏辙：《栾城集》卷三〇《崔公度知颍州》。
③ [宋]苏颂：《苏魏公文集》卷六一《少府监致仕王尹墓志铭》。
④ 《宋史》卷一七四《食货志上二》。
⑤ [宋]梅尧臣：《宛陵集》卷一《田家》。
⑥ [宋]苏辙：《栾城集》卷七《寄济南守李公择》。
⑦ 至元《齐乘》卷二《沭水》。
⑧ [宋]吕颐浩：《忠穆集》卷七《怀临济旧居四首》。

风前。"①范仲淹也赞叹晋祠附近"千家溉禾稻，满目江乡田"②。又如欧阳修在《吟晋祠》一诗中也以"晋水今入并州里，稻花漠漠浇平田"这样的诗句描写了太原一带的稻田③。

陕西关中平原也是水稻分布区，这里土地平衍，又有三白渠等数条水渠穿行而过④，自然条件十分宜于水稻生长。唐代这里就已经是北方著名的水稻生产区了，在八百里秦川上，南山下樊川一带的稻田尤其著名。入宋以来除原有的稻田外，新的稻田又在那些荒弃的私家庄园和堙废的陂池上开辟出来，稻田面积又有所扩大⑤。文人在诗中对樊川水稻多有吟咏，如"杜曲田皆亩一金，源发清泉随种稻"⑥，"高秋最忆樊川景，稻穗初黄柿叶红"⑦。

关中平原外，在边地自然条件较好的地方，人们都在尽可能地推广水稻这种高产作物。薛奎知秦州时，曾"教民水耕"⑧，保安军设有稻田务⑨，"兰州通远军沿边水陆田"也曾募人充当弓箭手⑩，显然这些地带都种有水稻。在秦凤、永兴军沿边推广种植水稻的过程中，起作用最大的是官府的鼓励。天圣四年（1026年）应监察御史王沿之请，当配罪人，凡习水种者，并徙边地⑪。熙宁五年（1072年）神宗皇帝又诏令淮南、两浙、江南、荆湖、成都府、梓州路，如有"谙晓耕种稻田农民，犯罪该刺配者，除强盗情理凶恶及合配本州、邻州、沙门岛人外，并刺配熙州"⑫。这一诏令的下达，对西北沿边推广种稻起了极大的促进作用，以致时人感

---

① ［宋］梅尧臣：《宛陵集》卷五六《送谢师厚太博通判汾州》。
② ［宋］范仲淹：《范文正集》卷二《晋祠泉》。
③ ［宋］欧阳修：《欧阳文忠公集》卷二《吟晋祠》。
④ ［宋］文同：《丹渊集》卷三六《屯田郎中石君墓志铭》。
⑤ ［元］骆天骧：《类编长安志》卷九《胜游》。
⑥ ［宋］刘攽：《彭城集》卷一五《长安城南》。
⑦ ［宋］寇准：《忠愍集》卷下《忆樊川》。
⑧ 《宋史》卷二八六《薛奎传》。
⑨ 《续资治通鉴长编》卷七七，大中祥符五年正月癸未。
⑩ 《宋会要辑稿·兵四之一三》。
⑪ 《宋会要辑稿·食货七之九》。
⑫ 《续资治通鉴长编》卷二三九，熙宁五年十月甲辰。

叹"岂知洮河宜种稻,北去凉州皆白麦"[①],稻麦并种也成了西边一景。

由于自然条件的限制,北方水稻没能像麦、粟那样,成为主要粮食作物,但仍具有一定种植规模和范围,这是因为北宋中期社会经济逐渐繁盛,农田水利相应有所发展,为种植水稻提供了有利条件,同时随着军队数额不断增加,也迫切需要种植高产作物,以解决粮食供应的不足。军队数额增加,在北方戍边的南方士兵比例也相应增大,对发展水稻种植也应起到一定推动作用。如利用河北沿边塘泊种稻,就与泉州籍的黄茂倡言有关。在这些因素的共同作用下,北方水田农业有了一定发展。

综上所述,北宋时期黄河中下游地区实行两年三熟麦粟轮作制,小麦是轮作的中心作物。但粟等杂粮因对环境的适应性强,分布面积最广,根据《文献通考·田赋考》中所载元丰年间北方各路夏秋纳税总额进行推算,粟等杂粮的产量在黄河中下游地区粮食总产量中约占75%,小麦仅占25%左右。水稻因自然条件限制,种植面积有限,其产量在本区粮食总产量中所占比例甚微。

第二节　宋代东南地区的粮食作物

宋代东南地区的粮食作物主要有水稻以及小麦、粟、豆、麻、荞麦等旱地作物,其中水稻是人们最喜食的重要作物,广泛分布在各地。小麦、粟等旱地作物,宋以前主要分布在丘陵山区,入宋以后,平原地带种植范围逐渐扩大,特别是实行一年两熟水旱轮作制后,进一步促进了旱地作物的推广。

一、宋代冬小麦在东南地区的推广及其地理分布

宋代冬小麦在东南地区的扩展,与一年两熟稻麦轮作制相伴而行。一年两熟稻麦轮作这一复种形式的出现,是改变中国农业种植制度的一件大

---

① [宋]刘攽:《彭城集》卷八《熙州行》。

事，也是推动中国古代经济重心南移的关键。

（一）一年两熟稻麦轮作制与冬小麦种植范围扩大

今天中国南方，小麦是仅次于水稻的重要粮食作物，但在历史上由于小麦生长习性与生理机制的限制，长久以来一直是北方盛行的农作物，直至西晋时期江南才开始出现麦作。此后东晋南朝时期随着中原人民的南渡，有面食习俗的人口逐渐增加，小麦得到了进一步的推广。但这一时期仅是小麦在江南推广种植的肇始时期，不仅种植范围有限，而且多数分布在水源不足的丘陵岗阜。

人们大范围向江南地区推广种植小麦是在宋代，特别是南宋时期。这一时期江南大多数地区已经广泛采取了水稻秧播技术，这就为实现稻麦两熟制，扩大小麦种植范围，在时间与空间上创造了条件。从表面看，插秧技术仅是水稻的种植方式问题，实际上水稻播种方式不一样，在大田的占地时间也不同，秧播缩短了水稻在大田的占地时间，进而使获稻后复种小麦成为可能。水稻秧播技术出现之前，采用直播种植方式。据《齐民要术》记载，水稻直播"三月种者为上时，四月上旬为中时，中旬为下时"，而收获期则是霜降，即阴历九月下旬[1]。从贾思勰的记载看，水稻直播最迟在四月中旬播种，而收获期则在九月下旬。小麦的播种期正好在水稻收获期之前，收获期却在水稻播种期之后，因此不可能在水稻收获后种植小麦。

水稻改为秧播后情况就不同了，"浸种二月初，插秧四月中。小舟载秧把，往来疾于鸿"[2]。水稻的育秧是在二月初，这时虽正是小麦的生长期，然而育秧在苗圃中进行，稻麦不存在用地之争。四月末、五月初是农家最忙的时候，"处处稻分秧，家家麦上场"[3]，小麦上场，水稻插秧都在这时进行。五月水稻插秧，八月就可以收获了，俗称"八月登粳稻"[4]。

---

[1] ［北魏］贾思勰：《齐民要术》卷二《水稻》。

[2] ［宋］陆游：《剑南诗稿》卷二九《夏四月渴雨恐害布种代乡邻作播种歌》。

[3] ［宋］陆游：《剑南诗稿》卷二七《五月一日作》。

[4] ［宋］周南：《山房集》卷一《借蹑中过书坞归二十韵》。

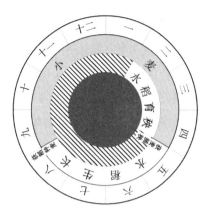

图9-2 稻麦轮作示意图

小麦的播种正好在水稻的收获之后，"八月社前，即可种麦"①。水稻改为秧播后，水稻在大田的生长期为五至八月，小麦为八月至次年五月，稻麦两种作物在时间与空间上，正好填补了彼此的空白。故水稻秧播技术是促使小麦种植区从原来的坡地、旱地移向平原的重要因素。

水稻育秧移栽技术出现在唐以前，至唐中期各种记载开始多起来。唐代诗人张籍在诗中写道："江南热旱天气毒，雨中移秧颜色鲜。"②描写了插秧时的景况。杜甫则在诗中描写了插秧以后，加灌田水的情景："六月青稻多，千畦碧泉乱，插秧适云已，引溜加溉灌。"③这两首诗的写作地点均位于长江流域，可见至唐中期，长江流域各地已较普遍地采用了秧播技术。

秧播技术的出现，并不意味着已经实现了稻麦两熟制。单纯水田耕作与稻麦复种，在农耕技艺、土壤保养方式上都有许多不同之处，这仍需一定时期的探索。从唐代文献记载来看，明确记载稻麦复种制的只有《蛮书》一处，书中写道："从曲靖以南，滇池以西，土俗唯业水田……水田

---

① ［宋］陈旉：《农书》卷上。
② ［唐］张籍：《江村行》，载《全唐诗》卷三八二。
③ ［唐］杜甫：《行官张望补稻畦水归》，载《全唐诗》卷二二一。

每年一熟，从八月获稻至十一月十二月之交，便于稻田种大麦，三四月即熟，收大麦后，还种粳稻。"这也是关于稻麦两熟制最早的记载。虽然这时云南已经实行了稻麦两熟制，但并不能由此推断江南也存在同样的耕作方式，这是因为云南与江南有着明显不同的雨量季节变化规律。从十一月至四月，云南全区均为干季，这时云量稀少、日照丰富，气温较高，降水不多，从而明显构成干季气候特点[①]。干季的出现，解决了许多由水田改旱地而带来的耕作技艺上的麻烦，因而云南是有可能率先采用稻麦两熟制的。江南与云南不同的是四季都有雨水浇淋，从现代气候资料来看，上海秋冬两季降水量占全年总量的34.9%，九江占30.5%，南昌占25.1%，南京占0.5%[②]。在这种降水季节分配规律下，由水田转旱地的耕作技艺就要复杂得多，江南要经过一段时间的摸索，才能在生产中实施水旱轮作的耕作制度，因而江南实行稻麦耕作方式要比云南滞后一些。从文献记载看，北宋时期江南有些地区，已经实行了稻麦两熟制，如朱长文在《吴郡图经续记》中就记述了"刈麦种禾，一岁再熟"的现象，只是这时稻麦轮作尚未成为普遍推广的种植制度，因而小麦的种植范围仍很有限。

北宋初期有人对太宗皇帝讲道："江北之民杂植诸谷，江南专种粳稻。"[③]仍然肯定了南方专种水田而不事旱作的事实。针对这种情况，为了防备水旱之灾，太宗皇帝诏令"江南、两浙、荆湖、岭南、福建诸州长吏，劝民益种诸谷，民乏粟、麦、黍、豆种者，于淮北州郡给之；江北诸州亦令就水广种粳稻，并免其租"[④]。从太宗皇帝的这道诏令来看，东南诸路麦类作物不但不是常见之物，种子还要渡淮而取。咸平三年（1000年）泰州知州田锡的文疏中也证实了这一事实。那一年冬春少雨，有杭州差人至泰州会问公事，田锡问道江南雨水怎样，来者答入春以来就没落雨。田锡马上想到，此时正逢小麦灌浆需水，既少雨水"麦苗应损"。但

---

① 中国科学院地理所等编：《中国自然地理》，科学出版社，1985年。
② 中国科学院地理所等编：《中国自然地理》，科学出版社，1985年。
③ 《宋史》卷一七三《食货志上一》。
④ 《宋史》卷一七三《食货志上一》。

对方却说那里种麦稀少①，又一次证实了宋初江南麦类作物种植并不普遍这一事实。以上两条记载讲的都是北宋初期的情况，时至北宋中期，东南少麦的情况并没有明显改观。元祐年间苏轼在杭州为官，这时已属北宋中后期，但从他的奏文中看到的仍是"种麦绝少"的记载。苏轼反复讲"浙中无麦，须七月初乃见新谷"②。"两浙水乡，种麦绝少，来岁之熟，指秋为期。"③可见这时小麦仍不是平原地带常见的作物。在广泛推广稻麦两熟制之前，小麦只种在旱地及高亢岗地，平原多为稻作区，小麦的种植范围极有限，故有"种麦绝少"的现象。

小麦在南方大规模种植与稻麦两熟制的全面推广是在南宋时期。南宋时期促进稻麦两熟制在南方全面推广的直接因素，是北方人口大量南下。"建炎之后，江、浙、湖、湘、闽、广，西北流寓之人遍满。"④"淮民避兵，扶老携幼，渡江而南无虑数十百万人。"⑤南渡的中原人在江浙一带的平原州郡最为集中，临安就是这样一处。临安即北宋杭州，自建炎绍兴年间，临安三经兵火，"户口所存才十二三"，土著人口大量丧生于战火中。土著人口虽然减少，大量北方移民却涌入临安。"西北人以驻跸之地辐凑骈集，数倍土著"，富室大贾往往是北人⑥。南宋时期的临安城，北方人不但超于土著人数倍，而且多为权势之家。这些以面食为主的中原人大量南渡，大大促进了麦类作物的种植与稻麦两熟制的推广。绍兴初年，由于骤然增加大量以面食为主的北方人，以致小麦供不应求，一斛麦竟达一万二千钱⑦。中原人南下后，小麦价钱增高的同时，宋人还记载说当时"佃户输租，只有秋课，种麦之利，独归客户"，因而"农获其利，倍于种稻"。这一切都刺激了农民种麦的积极性，"于是竞种春稼，极目不减淮北"⑧。

① 《续资治通鉴长编》卷四六,咸平三年三月丁未。
② [宋]苏轼:《东坡续集》卷一一《上吕仆射论浙西灾伤书》。
③ [宋]苏轼:《苏东坡集·奏议》卷六《乞赈济浙西七州状》。
④ [宋]庄绰:《鸡肋编》卷上。
⑤ [宋]杜范:《清献集》卷八《便民五事奏札》。
⑥ 《建炎以来系年要录》卷一七三,绍兴二十六年七月丁巳。
⑦ [宋]庄绰:《鸡肋编》卷上。
⑧ [宋]庄绰:《鸡肋编》卷上。

图9-3　插秧（《耕织图》，清·陈枚绘）。插秧即将稻秧移栽至农田，插秧后的稻秧有行有距。

北方人从好食出发，南方人从经济利益出发，竞相种麦，而官府则从防灾备患的角度出发，鼓励农民种麦。仅见于记载的，南宋时期朝廷就有三次劝民种麦之事。乾道七年（1171年）孝宗皇帝诏令江东西、湖南北、淮东西路帅、漕臣劝民广植小麦。淳熙七年（1180年）孝宗皇帝再次诏令"两浙、江、淮、湖南、京西路帅、漕臣督守令劝民种麦，务要增广"①。嘉定八年（1215年），宁宗又下诏，令"两浙、江、淮路，谕民杂种粟、麦、

———————
①　《宋史》卷一七三《食货志上一》。

麻、豆"①。

在朝野的共同推动之下，南宋时期小麦的种植范围，逐渐由原来的坡地、旱地、高亢岗地扩展到平原地带。但南方平原水乡的主要农作物是水稻，小麦绝不会代替水稻而独占田土。因而小麦在平原地带的推广，只能在稻麦两熟制下，与水稻进行轮作，进而不断延伸种植范围。所以小麦种植范围的扩大与稻麦两熟制的推广，是相辅相成的两件事。正因为这样，南宋时期随着小麦种植范围的扩大，稻麦两熟制也成为南方普遍实行的种植方式。每年四五月间到处可以见到"起麦秧稻田"的繁忙景象②。这在宋代士人的诗文中留下了许多记载，"五月江吴麦秀寒，移秧披絮尚衣单"③。"九郡报来都雨足，播秧收麦喜村村。"④"处处稻分秧，家家麦上场。"⑤这些诗句描写的都是插秧收麦的热闹场面。南方种麦越来越广，以致宋人赵鼎在以"泊柴家湾风物宛如北上"为题的一诗中吟道："雨过平田陇麦青，春深桑柘暖烟生。"⑥几乎将遍地麦浪的江南，当作北方老家（图9-3）。

两宋时期，南方随着水稻与小麦等旱地作物的轮作复种不断发展，同水旱轮作相适应的耕作体系也逐渐形成。水田与旱作是对水分条件有不同要求的两种耕种方式，从水田变为旱作，关键在于排水。当时人们在水稻收获后，在稻畦旁起垄作纵沟，再贯通纵沟作横沟，纵横相连以利排水。从旱作变为水田的关键则在于整地灌水。小麦收获后，耕翻土地，精耕细耙，将田面平整为平畦是布种前的重要整地工作。水稻生产的主要限制因素为水的适量供给，在这一方面宋人也有一套完善措施。当时在稻秧入田后，通过勤灌浅灌，使田面保持一定深度的水层⑦。由于宋代在南方施行了一整套完善的水旱轮作耕作体系，使原来在南方很少种植的小麦得以普

① 《宋史》卷三九《宁宗纪三》。
② ［宋］曹勋：《松隐集》卷二一《山居杂诗》。
③ ［宋］范成大：《石湖诗集·夏日田园杂兴十二绝》。
④ ［宋］杨万里：《夏日杂兴》，载《景定建康志》卷三七。
⑤ ［宋］陆游：《剑南诗稿》卷二七《五月一日作》。
⑥ ［宋］赵鼎：《忠正德文集》卷六《泊柴家湾风物宛如北上》。
⑦ 唐启宇：《中国农史稿》，农业出版社，1985年。

遍推广。

随着麦类作物的渐行推广，面食也随之倡行。北方人聚集的临安，面食种类不下汴梁。仅蒸制食品就有五十多种，其中大包子、荷叶饼、大学馒头、烧饼、春饼、千层饼、羊肉馒头等都是典型的北方面食[①]。临安城内不但有许多流寓至此的食厨仍拣旧业，如李婆婆羹、南瓦子张家团子等[②]，而且当地人开张的食店也"多是效学京师人"，北宋时汴梁别有南食店，"以备江南往来士大夫"不便北食。南渡以后"饮食混淆，无南北之分"，面食也渐渐被人们所接受[③]。

需要指出的是，麦类食品的地位虽在不断提高，却并不意味着它可以与稻米比肩，在南方人的食品结构中，稻米仍是主要食物。由于南方广泛推广种植小麦的时间并不长，许多人还没有掌握面食复杂的操作过程，往往如同稻米一样处理麦类食品，带壳整粒蒸煮为食，其口感自然在稻米之下，被人们视为粗粮。《夷坚志》中就有这样一个故事，江东信州有不孝之媳谢毛妻，每日给婆婆吃麦饭，而自食粳饭，后受佛法所报，变而为牛[④]。这个故事一方面说明麦类作物已大量种植，以致麦饭成为农家食物，另一方面也说明稻米的地位远在小麦之上。

稻麦两熟制的实现，既需要与之相适应的耕作技艺，也需要一定的气候条件。现代地理学认为秦岭—淮河一线是中国农作物一年两熟种植制度的北界。宋代的情况与此基本吻合，一年两熟制的区域一直延伸到淮南。北宋人陆佃谪守海州时，在文章中就清楚地记载了当地"麦禾之再熟"的现象[⑤]。绍兴年间，官府在淮南设立官庄，募人垦荒，官文中明确规定："岁收谷麦两熟，欲只理一熟，如稻田又种麦，仍只理稻，其麦佃户得收。"[⑥]为了鼓励前来淮南垦荒农民的积极性，无论水旱田官府只理一熟，

---

① ［宋］周密：《武林旧事》卷六《诸市》。
② ［宋］灌圃耐得翁：《都城纪胜》。
③ ［宋］吴自牧：《梦粱录》卷一六《面食店》。
④ ［宋］洪迈：《夷坚志》丙，卷八《谢七妻》。
⑤ ［宋］陆佃：《陶山集》卷一三《海州到任谢二府启》。
⑥ 《宋会要辑稿·食货三之三》。

可见一年两熟种植制度也在淮南推行。渡淮以北，热量条件逐渐降低，在宋人记载中，两年三熟是这里主要的种植制度，因此宋代淮河一线仍然是农作物种植制度的重要分界线。

（二）冬小麦在东南地区的地理分布

宋代小麦在南方的种植区域是逐渐扩展的，以宋室南渡为界，可分为前后两个阶段。前期即北宋时期，小麦主要分布在长江以北以及江南的丘陵山区，对此宋代文献中有大量记载。王安石的著名诗篇《后元丰行》，是他第一次罢官南下时，描述途中所见之作。写诗时，诗人虽在钟山[①]，即今南京附近，诗中所描绘的却是归途所经淮南的太平盛世景象。诗中写道："麦行千里不见土，连山没云皆种黍。"[②]形象地描绘了淮南遍地麦浪的情景。几乎与此同时，苏轼由颍州前往扬州赴任，沿途"过濠、寿、楚、泗等州，所至麻麦如云"[③]，与王安石所见相同。北宋淮南的小麦种植很广，除沿淮诸州外，沿江州军也大量种植，贺铸在和州留下的诗中说："寒麦田畴雪糁花，旧潮洲渚水吞沙。"[④]苏轼任黄州团练副使时也有"垄上麦头昂，林间桑子落"的诗句[⑤]。熙宁年间郑侠任光州司法参军时，曾因秋冬亢旱，入春又不雨，而担忧麦苗受旱[⑥]。

北宋时期，虽然江南平原地带很少种麦，但山区却很盛行。浙东处州"粟麦倍稔"[⑦]。江东徽州"陇麦已争秀"[⑧]。福建汀州"麦秋场圃面颜光"[⑨]。这些州都位于典型的丘陵山区，看来当时小麦在这里都是重要的农作物。

在小麦向南方传播的后期即南宋时期，小麦的种植范围逐渐从江北向

① [宋]李壁：《王荆公诗注》卷一。
② [宋]王安石：《临川文集》卷一《后元丰行》。
③ [宋]苏轼：《东坡全集》卷六一《论积欠六事并乞检会应诏四事一处行下状》。
④ [宋]贺铸：《庆湖遗老诗集》卷七《乌江北道中赋》。
⑤ [宋]苏轼：《东坡全集》卷一二《五禽言》。
⑥ 《续资治通鉴长编》卷二五二，熙宁七年四月癸酉。
⑦ [宋]杨亿：《武夷新集》卷一五《奏雨状》。
⑧ [宋]汪藻：《浮溪集》卷二九《徽州班春古严寺呈诸僚友》。
⑨ [宋]李新：《跨鳌集》卷七《铜鼓道中所见》。

江南扩展；从丘陵山区向平原扩展，使原来种麦稀少的平原地带，到处可以见到"起麦秧稻田"的繁忙景象。至南宋中后期，小麦已经成为东南各州都有种植的农作物。北宋时期曾被苏轼称为"无麦"的两浙地区，南宋时期州州种麦。温州"弥川布垄，其苗蒙蒙，无不种之麦矣"①。明州"丰年满路笑歌声，蚕麦俱收谷价平"②。饶州"荞麦吐花胜宿麦"③。这时因小麦已是各州必种的作物之一，当位于太湖平原上的苏、湖、秀三州受水患，"无以输秋苗"的时候，官府竟改令以麦相代④。小麦不但在浙中普遍种植，当地人民还培育了许多适宜南方水土的品种，如早白麦、松蒲麦就是盛行于越州等地的早熟品种⑤。

　　与两浙的情况相同，在文献中同样可以找到南宋时期其他地区种麦的记载。这时的福建泉州"有黍、有禾、有麦、有菽"⑥。建宁府"有水源者艺稻，无水源者播麦"⑦。文人们描绘各地种麦的诗句更多，如江南西路吉州"且看麦垄摇青浪"⑧，袁州"大麦登场小麦黄"⑨，福建路福州"身穿麦秀雉雏娇"⑩。随着小麦经济地位的提高与种植范围的扩大，在各地官府文告以及令守文书中，越来越多地提到与小麦种植有关的各种事宜。如朱熹在文中就讲到南康军"兹幸得雨，可种二麦"⑪，真德秀则记载了太平州百姓一百多人因自冬无雨雪，麦苗干死，请官府蠲免夏租秋税之事⑫。《宋史·五行志》中以灾异、祥瑞之兆记载了许多地方的农作物种类，其中婺州、台州、赣州、临江军、南安军、建昌军等处，不是因献瑞

① [宋]吴泳：《鹤林集》卷三九《温州劝农文》。
② [宋]陆游：《剑南诗稿》卷一八《明州》。
③ [宋]赵蕃：《淳熙稿》卷一七《投王饶州日勤四首》。
④ 《宋史》卷三七三《洪皓传》。
⑤ [宋]施宿：《嘉泰会稽志》卷一七《草部》。
⑥ [宋]真德秀：《西山文集》卷四〇《劝农文》。
⑦ [宋]韩元吉：《南涧甲乙稿》卷一八《建宁府劝农文》。
⑧ [宋]王庭：《庐溪文集》卷四〇《安福县厅上梁文》。
⑨ [宋]孙觌：《鸿庆居士集》卷三《分宜道中》。
⑩ [宋]戴复古：《石屏诗集》卷五《古田县行览呈刘无竞》。
⑪ [宋]朱熹：《晦庵集》卷六《劝谕趁时请种麦榜》。
⑫ [宋]真德秀：《西山文集》卷六《奏乞蠲阁夏税秋苗》。

麦，就是因"久旱，无麦苗"而被载入其中。而《夷坚志》中也多次讲到食麦之事，如前引信州谢七妻"不孝于姑，每饭以麦"，就是一例。此外筠州邹氏杀犬食麦，也是一例①。所有这些材料，加上南宋时期各方志中的记载，可以全面反映南宋时期南方各地小麦的种植情况。这时的东南诸州，大多种小麦，不种小麦的仅是像抚州那样的少数州郡，所以黄震在抚州为官时，反复劝民种麦，对"天下百姓皆种麦，而本州独不种"的现象深以为怪②。

南宋时期东南各地小麦分布与北宋时期比较，有了大幅度扩展，北宋时期多分布在江北以及江南的丘陵山区，南宋则进入平原地带。

二、宋代东南地区水稻品种及其地理分布

水稻是南方最重要的粮食作物，不仅种植范围遍及东南各州，而且因各地自然条件的变化而形成不同品种。

（一）东南地区水稻的地理分布

有关水稻在东南各地的种植情况，宋代文献中留下了许多记载。如淮南路黄州"鱼稻薪炭颇贱"③，寿州"正是出米之地"④，通州"鱼稻饶足"⑤，盱眙军"田稻丰饶"⑥，舒州有"粳稻之饶"⑦。江南西路抚州"民饱稻鱼"⑧，洪州"田宜粳稌"⑨，虔州"农事屡登稻粱积"⑩。江南东路饶州有"鱼稻之饶"⑪，池州"原野稻田多"⑫。福建路建宁府"有水

---

① ［宋］洪迈：《夷坚志》丁，卷二《邹家犬》。
② ［宋］黄震：《黄氏日抄》卷七八《咸淳七年中秋劝种麦文》。
③ ［宋］苏轼：《东坡全集》卷七五《与章子厚》。
④ ［宋］宋祁：《景文集》卷二八《乞开治漊河》。
⑤ 《舆地纪胜》卷四一《通州》。
⑥ 《舆地纪胜》卷四四《盱眙军》。
⑦ 《舆地纪胜》卷四六《淮西提刑司》。
⑧ ［宋］谢薖：《竹友集》卷八《狄守祠堂记》。
⑨ ［宋］曾巩：《元丰类稿》卷一九《洪州东门记》。
⑩ ［宋］赵抃：《清献集》卷一《将至太和寄蔡仲慥太博》。
⑪ 《舆地纪胜》卷二三《饶州》。
⑫ ［宋］王质：《雪山集》卷一三《青阳道中二首》。

源者艺稻，无水源者播麦"①。

同样，由于水稻是南方重要的粮食作物，在宋代文献中也有许多关于各地水稻丰歉的记载，如苏轼在文中写道："苏、湖、常、秀皆水，民就高田秧稻，以待水退。"②元祐年间淮南转运副使赵偁因楚、海、泗、宿、亳五州水灾，请朝廷于他处收籴稻种，"以备五州来春布种"③。绍熙年间，因天旱官府蠲免庐州百姓所贷稻种④。咸平二年（999年）处州奏报稻再熟⑤。程珌在文中说到衢、婺等州家家收蓄粪壤，故土膏肥美，稻根耐旱⑥。

此外在宋人诗词中，也有许多关于各地稻米的记载。如福州"潮田种稻重收谷"⑦，汀州"田塍收水妇翁忙"⑧，信州"农夫秧稻满畦水"⑨，宣州"田秧浸绿白鹭立"⑩，临江军"稻云烘日更连天"⑪，扬州"麦如栉发稻立椎"⑫。所有这些记载，说明水稻不仅是东南各地的主要粮食作物，且有水之处便有种植。

（二）东南地区水稻的主要品种及其传播

水稻是喜湿、喜温的作物，南方高温多雨、河湖密布的自然条件，适宜水稻生长。南方水乡，人们恃稻为生，水稻既是这里最主要的农作物，也是人们最喜食的粮食品种。至两宋时期，东南地区已经有数千年的稻作历史，人们在长期的生产实践中，根据各地的环境特点和生活需求培育了许多水稻品种。这些水稻品种，都在一些方面显示着各自的优势。

---

① [宋]韩元吉：《甲乙稿》卷一八《建宁府劝种麦文》。
② [宋]苏轼：《东坡全集》卷七六《上执政乞度牒赈济因修廨宇书》。
③ 《续资治通鉴长编》卷三九二，元祐元年十一月壬午。
④ 《宋史》卷一七一《食货志上一》。
⑤ 《续资治通鉴长编》卷四五，咸平二年冬十月癸酉。
⑥ [宋]程珌：《洺水集》卷一九《壬申富阳劝农》。
⑦ [宋]徐经孙：《矩山存稿》卷四《福山即景》。
⑧ [宋]李新：《跨鳌集》卷七《铜鼓道中所见》。
⑨ [宋]张嵲：《紫微集》卷一〇《自礼贤还鹅湖望山顶飞流有作》。
⑩ [宋]梅尧臣：《宛陵集》卷一七《送宣州签判马屯田兼寄知州邵司勋》。
⑪ [宋]张孝祥：《于湖集》卷七《入清江界地名九段田沃壤百里黄云际天他处未有也》。
⑫ [宋]晁补之：《鸡肋集》卷一三《东坡先生移守广陵以诗往迎先生》。

各类水稻品种之中，如果以稻种的品质而论，大致分为三类，即籼、粳、糯，从籼至糯，淀粉含量增多，黏度依次加强。这三类稻种之中，每类之中又包括许多品种，其中，籼稻有大白归生、小白归生、红归生、桃花红、冷水白、肥田籼、笔头白、早十白、中归生、晚归生等。这些品种针对不同自然环境，都形成了各自的适应特征。如桃花红就是一种耐瘠性很强的品种，因而主要种植在山区土壤瘠薄地带，在徽州一带尤其有名①。粳稻有大粟黄、小粟黄、芦黄、珠子稻、乌须稻、婺州青、叶里青、斧脑白、赤艺稻、九里香、马头红、沙田白、寒青等，其中芦黄因产量特别高，又有"富不觉"之称。赤艺稻则因早熟易成，则被称为"六十日"②。糯稻有青秆、羊脂、白矮、牛虫糯、交秋糯、金钗糯③、流水糯、白糯、黄糯、麻糯、荔枝糯、乌盐糯④、陈糯、杜交糯、乌丝糯、归女糯、金州糯、定陈糯、宣州糯、佛手糯等⑤。

如果以稻谷的成熟期而论，主要分为早稻、晚稻两类，每一类之内，又有许多品种。其中早熟种有六十日占城、随犁归、便粮⑥、红莲稻、香稻、再熟稻、乌野稻、雪里拣、白野稻、赶麦长、问西风等⑦。晚熟种有晚占城、白菱、金黍、冷水香、黄矮、银城⑧、白香、白菫等⑨。

这些稻种对环境的适应性各自不同，有的稻种仅具有地区意义，有的则成为各地普遍种植的品种。其中占城稻的种植区最广，占城稻外种植区域较广的还有红莲稻、金城粳等。红莲稻的种植历史很久，早在唐代红莲稻就常出现在士人的诗文中，成为咏赞的对象⑩。入宋以后，红莲稻以其

① [宋]罗愿：《淳熙新安志》卷二《谷粟》。
② [宋]罗愿：《淳熙新安志》卷二《谷粟》。
③ [宋]罗愿：《淳熙新安志》卷二《谷粟》。
④ [宋]陈耆卿：《嘉定赤城志》卷三六《风土门一》。
⑤ [宋]凌万顷：《淳祐玉峰志》卷下《土产》。
⑥ [宋]陈耆卿：《嘉定赤城志》卷三六《风土门一》。
⑦ [宋]凌万顷：《淳祐玉峰志》卷下《土产》。
⑧ [宋]梁克家：《淳熙三山志》卷四一《土俗类三》。
⑨ [宋]陈耆卿：《嘉定赤城志》卷三六《风土门一》。
⑩ [宋]龚明之：《中吴纪闻》卷一《红莲稻》。

早熟，且品质优秀，在各地广为种植，从现存记载来看，在越州①、杭州②、苏州③、秀州④等地尤为盛行。糯稻中的金城稻种植最广，南起福建沿海平原⑤，经浙东明州、越州⑥，至太湖平原上的苏州⑦、秀州都是金城稻的分布地⑧。以早熟见长的六十日，在温、台沿海平原⑨，以及太湖平原都可种植⑩。以谷味甘香著名的九里香则是山区平原都可种植的品种，江东徽州⑪，浙东明州⑫、越州⑬都种有这一品种。

　　宋代劳动人民既注重培育良种，也注重引进优良稻种。稻种的传播可分为两个途径。其中之一是国内互相传播。国内各个地区都有独具特性的优良品种，那些产量高、品质好、适应性强的品种，自然被广泛传播。如剡籼本为越州剡县一带培育的品种，却在台州广为种植⑭。婺州青本出自浙东婺州，也在江东徽州落地生根⑮。泰州红原产淮东泰州，这时已是越州常见的品种⑯。同样原产睦州的睦州红也传到了太湖平原⑰。

　　传播稻种的另一条途径，是由海外引进良种。宋代先进的航海技术与发达的对外贸易，使对外交流的内容与频度都有所增加，许多优良稻种，就是在这种交流中被引进中国。如九华山一带著名的黄粒稻，粒肥、味

① ［宋］施宿：《嘉泰会稽志》卷一七《草部》。
② ［宋］潜说友：《咸淳临安志》卷五八《风土》。
③ ［宋］鲍廉：《宝祐琴川志》卷九《叙产》。
④ ［宋］常棠：《海盐澉水志》卷上《物产门》。
⑤ ［宋］梁克家：《淳熙三山志》卷四一《土俗类三》。
⑥ ［宋］罗濬：《宝庆四明志》卷四《叙产》。
⑦ ［宋］鲍廉：《宝祐琴川志》卷九《叙产》。
⑧ ［宋］常棠：《海盐澉水志》卷上《物产门》。
⑨ ［宋］陈耆卿：《嘉定赤城志》卷三六《风土门一》。
⑩ ［宋］常棠：《海盐澉水志》卷上《物产门》。
⑪ ［宋］罗愿：《淳熙新安志》卷二《谷粟》。
⑫ ［宋］罗濬：《宝庆四明志》卷四《叙产》。
⑬ ［宋］施宿：《嘉泰会稽志》卷一七《草部》。
⑭ ［宋］陈耆卿：《嘉定赤城志》卷三六《风土门一》。
⑮ ［宋］罗愿：《淳熙新安志》卷二《谷粟》。
⑯ ［宋］施宿：《嘉泰会稽志》卷一七《草部》。
⑰ ［宋］凌万顷：《淳祐玉峰志》卷下《土产》。

香，相传是从新罗引种而来①。著名的金钗稻也是自海外引进的②。所以宋人说："稻品之最奇，自海上以漂来分。"③

在由海外引进的稻种之中，种植范围最广，对农业生产、人民生活影响最大的是占城稻。"占城，相传其种自占城国来"④，大概在北宋初已传入福建。大中祥符五年（1012年）真宗皇帝遣使至福建取占城稻三万斛，分给江、淮、两浙路为种⑤。占城稻是籼类稻中的一种，最大的优点是不择地而生。中国种植水稻的历史悠久，但占城稻不择地而生的特点，却为大范围地推广与普及种植提供了条件。因此占城稻的引进，为宋代的农业生产带来了巨大变化，许多往日不种稻，或少种稻的地区，都扩展为植稻区。此外，占城稻本为早熟品种，引入中国后，在劳动人民的培育、改良下，在早占城之外，又发展了晚占城⑥、红占城、寒占城等品种⑦。由于这些长处，占城稻在江、淮、两浙以及福建各地广为传播，有的地区甚至代替了原有的稻种，而成为当地盛行的品种。如江西洪州管下"十分内七分并是早占米，只有三二分布种大禾"⑧。江州也以"郡境产占谷"著称⑨。占城稻以其耐瘠、耐旱的特点，在水源条件不好的丘陵山区推广最畅，而在土壤肥沃、灌溉便利的太湖平原，种植比例就相形较低。

（三）粳稻与籼稻的分布

粳稻与籼稻是水稻的两大种类，宋人习惯称之为小禾、大禾，或小米、大米。大禾谷就是粳稻，粒大而有芒；小禾谷即籼稻，亦称山稻，粒小而谷无芒，故有大小之称⑩。徽州人也称"籼为小米，粳为大米"⑪。籼

---

① [宋]陈严：《九华诗集·黄粒稻》。
② [宋]张淏：《宝庆会稽续志》卷八《越问》。
③ [宋]张淏：《宝庆会稽续志》卷八《越问》。
④ [宋]梁克家：《淳熙三山志》卷四一《土俗类三》。
⑤ 《续资治通鉴长编》卷七七，大中祥符五年五月戊辰。
⑥ [宋]梁克家：《淳熙三山志》卷四一《土俗类三》。
⑦ [宋]施宿：《嘉泰会稽志》卷一七《草部》。
⑧ [宋]李纲：《梁溪集》卷一〇六《申省乞施行籴纳晚米状》。
⑨ [宋]真德秀：《西山文集》卷四四《谯殿撰墓志铭》。
⑩ [宋]舒璘：《舒文靖公集》卷下《与陈仓论常平》。
⑪ [宋]罗愿：《淳熙新安志》卷二《谷粟》。

稻与粳稻除在米粒大小、品味优劣上有别，产量及对土壤的适应性也不同。粳稻产量低，得米少，但口感好，在许多生产条件差的地方，除输官纳税外，"非上户不得而食"。籼稻出米多，为大多数地区中产以下日常所食。粳稻对土壤条件的要求很高，"非膏腴之田不可种"，因此丘陵山区以及土壤硗瘠的地方，都不适宜粳稻的生长。籼稻则"不问肥瘠皆可种"[①]，因此，籼稻虽品味为次，但产量高，适应性强，成为各地普遍种植的稻种。

籼稻早熟，粳稻晚熟。明人黄省曾对此有明确论述："稻之小者，谓之籼，种之熟也早，故曰早稻。粳之熟也晚，故曰晚稻。"[②]由于籼稻与粳稻成熟期不同，因而早熟与晚熟是划分两者分布区的重要标志。

粳稻的种植区很有限，大多分布在平原地带。其中太湖平原是粳稻的主要分布区之一。《宝祐琴川志》称："吴地宜粳稻，玉粒香甜为天下甲。"[③]太湖平原的粳稻不但品味好，而且种植范围广，宋人曹勋说："浙西纯种晚秋禾。"[④]曾在湖州为官的王炎也谈到湖州"管内多系晚田，少有早稻"[⑤]。晚田就是粳稻，太湖平原的水稻种类，粳稻占绝大多数。有关晚稻，即粳稻的种植状况，在宋人的诗文中留下了许多记载，范成大在《刈麦行》一诗中生动地描写了刈麦、插秧植晚稻的情景："梅花开时我种麦，桃李花飞麦丛碧。多病经旬不出门，东陂已作黄云色。腰镰刈熟趁晴归，明朝雨来麦沾泥。犁田待雨插晚稻，朝出移秧夜食麦。"[⑥]晚稻五月插秧，入秋才能成熟。"今天快活好重阳，无风无雨稻粱熟"[⑦]，说的就是九月重阳稻谷成熟，无风无雨正好收割。在劳动人民长期的精耕细作之下，太湖平原已被改造成一片肥田沃土，最适宜粳稻的生长。

东南地区除太湖平原外，淮南是又一处粳稻种植比例较高的地区。

---

① ［宋］舒璘：《舒文靖公集》卷下《与陈仓论常平》。
② ［明］黄省曾：《理生玉镜稻品》卷一。
③ ［宋］鲍廉：《宝祐琴川志》卷九《叙产》。
④ ［宋］曹勋：《松隐集》卷二〇《浙西刈禾以高竹叉在水田中望之如群驼》。
⑤ ［宋］王炎：《双溪类稿》卷二三《申省论马料札子》。
⑥ ［宋］范成大：《石湖诗集》卷一一《刈麦行》。
⑦ ［宋］吴毅夫：《寄丁丞相》，载《开庆四明志》卷九。

"淮南东西路平原旷野，皆天下之沃壤"①，为粳稻的生长提供了良好的自然条件，因而这里粳稻种植比例也较高。南宋乾道九年（1173年）十一月，江南东路安抚使奉命收籴粳米，但江东诸州"尽是籼禾、小米"，无奈只得"差官往淮南收籴"，可见在各路之中淮南产粳米之盛②。"淮南夏早收，晚秧亦含风"③，"积雨涨陂塘，田塍插晚秧"④，这些诗文，描写的都是夏初淮南插晚秧的情景。此外，庐州"粳稻纷纷载酒船"⑤，舒州有"粳稻之饶"⑥，泰州"香粳炊熟泰州红"⑦，这些记载，更直接反映了各地的粳稻种植情况。以上所举各州分处淮南东西南北不同位置，从中足以看出粳稻是淮南各地种植较广的水稻品种。

东南地区除以上两处粳稻种植比例较高外，江东、浙东、福建、江西各地粳稻的种植量都较小。浙东越州"晚稻居十分之四"⑧，至台州晚稻的种植比例就更小了，"仅当早稻十之一二"⑨。江西大多数地方的情况与此相似，唯抚州、吉州种粳稻偏多，如抚州"乐安、宜黄两县管下多不种早禾，率待九、十月间，方始得熟"⑩。"庐陵小邦，尤称沃衍，一千里之壤地，粳稻连云。"⑪这两州之外，余者多以种早稻为主。如南康军所辖三县中，"唯有建昌一县，晚田数多"，而星子、都昌二县多是早田⑫。江州"郡境产占谷"，很少种植粳稻⑬。而洪州"管下乡民所种稻田，十分内七分并是早占米，只有三二分布种大禾"⑭。福建位置偏南，气候暖热，稻

---

① ［宋］吕颐浩：《忠穆集》卷二《论经理淮甸》。
② 《宋会要辑稿·食货四〇》。
③ ［宋］晁补之：《鸡肋集》卷四《饮酒二十首同苏翰林先生次韵追和陶渊明之十七》。
④ ［宋］贺铸：《庆湖遗老诗集》卷二《高望道中》。
⑤ ［宋］王安石：《临川集》卷二四《安丰张令修芍陂诗》。
⑥ 《舆地纪胜》卷四六《淮南西路》。
⑦ 《舆地纪胜》卷四〇《泰州》。
⑧ ［宋］洪适：《盘洲文集》卷四六《奏水潦札子》。
⑨ ［宋］朱熹：《晦庵集》卷一八《奏巡历至台州奉行事件状》。
⑩ ［宋］黄震：《黄氏日抄》卷七八《劝勉宜黄乐安两县赈粜未可结局榜》。
⑪ ［宋］李正民：《大隐集》卷五《吴运使启》。
⑫ ［宋］朱熹：《晦庵集》卷二六《与颜提举札子》。
⑬ ［宋］真德秀：《西山文集》卷四四《谯殿撰墓志铭》。
⑭ ［宋］李纲：《梁溪集》卷一〇六《申省乞施行籴纳晚米状》。

谷一年可两熟，"其熟于夏五六月者曰早禾，冬十月曰晚禾"①；由于两熟很普遍，故宋人形容福闽只要"早禾既获，晚禾既坚"，就"可谓乐岁"②。福建虽种有早晚两季稻，但这里的晚稻仍属籼稻，由于土壤贫瘠，"若粳与秫即一熟"③，两熟之稻中没有一季为粳，因此粳稻的种植量反而很少。

丘陵山区的自然条件往往不及平原地带，粳稻的种植量更小，如江东徽州"大率宜籼而甚不宜粳"④。临安新城县则"山田多种小米，绝无粳稻"⑤。其他同类地区也都大率如此。

三、宋代东南地区粟、豆、荞麦的地理分布

南方水乡，凡有水利可资的地方，一般都种水稻，而东南地区不仅存在平原水乡，也拥有大片的丘陵山区，因此粟、豆、荞麦这类旱地作物有广大的种植空间。旱地作物除广泛种植在丘陵山区，还分布在平原上的坡陇岗阜以及其他不便水利的地带。

（一）粟类作物的地理分布

粟的种类很多，在它的名目之下，几乎包括现今称之为穈、谷、黍的所有作物。仅以名称而论，有毛粟、望粳粟、糯粟、罂子粟⑥、狗尾粟⑦、白粱粟⑧、羊角粟、百箭粟、椎头糯粟、白秆粟、烟脂糯粟、灰粟等⑨。若以成熟期而论，主要分为早晚两种，"早粟二月中种，夏熟"，"晚粟五月种，秋熟"⑩。以粟的品质而论，也可分为两类，崇祯《宁海县志》中讲得很明白，"粟有籼、糯两种"，籼、糯本来是黏性不同的稻米名称，"籼

① 《永乐大典》卷五三四三引《三阳志》。
② ［宋］方大琮：《铁庵方公文集》卷三〇《将邑丙戌秋劝种麦》。
③ 《永乐大典》卷五三四三引《三阳志》。
④ ［宋］罗愿：《淳熙新安志》卷二《谷粟》。
⑤ 《宋会要辑稿·食货七〇之一〇九》。
⑥ ［宋］罗愿：《淳熙新安志》卷二《谷粟》。
⑦ ［宋］潜说友：《咸淳临安志》卷五八《风土》。
⑧ ［宋］谈钥：《嘉泰吴兴志》卷二〇《物产》。
⑨ ［宋］施宿：《嘉泰会稽志》卷一七《草部》。
⑩ ［宋］施宿：《嘉泰会稽志》卷一七《草部》。

瘠而糯腴"①，此处不过借以区别黏性不同的两类粟罢了。

南方人多地少，寸土值金，不便种植水稻的岗阜，往往就隙安排了旱地作物。陈旉就这样说过：圩田堤"敧斜坡迤之处，可种蔬、茹、麻、麦、粟、豆，而傍亦可种桑、牧牛"②。陆游自江南入蜀赴任，沿运河北行，在苏州浒墅一带看到"夹河皆长岗高垄，多陆种菽、粟"③，这是平原岗阜地带种植旱地作物的一例。在山多地少的福建，人们更珍惜有限的水利田，唯"其无水之地"才"可以种粟麦"④。沙田本为大江冲淤而成的田土，人们在这里也同样本着有水植稻、无水种旱的原则，在沙田起催小麦、稻米、丝，在沙地则起催豆、麦、丝麻⑤。南宋时期在江淮一带实行屯田，每亩水田纳米一斗，陆田则赋豆、麦五升⑥，战火锋镝之中，人们也没有忘记水陆田的作物种植差异。

旱地作物在平原地带的种植量是有限的，但丘陵山区的情况就不同了。虽然南方人习于食稻，在能引水灌溉的梯田上，仍能看到"岭阪上皆禾田，层层而上至顶"⑦，以及"种稻到山顶，栽松侵日边"⑧这样山上种稻的现象，但受自然条件限制，发展山地水田毕竟不便，因此丘陵山区主要种植的是旱地作物。在各种旱地作物之中，除小麦外，种植量大的就是粟、豆、麻、荞麦等。由于粟、豆等作物择地性不强，因而山区不可种麦之处，往往种植粟、豆⑨。在闽浙一带山区"田硬宜豆，山畬宜粟"⑩，已经成为规律。江淮一带丘陵山区的自然条件虽比闽浙地区要好一些，但正如宋人诗中所反映的，淮南路黄州"耕破岭上云，凿开岩下月，种我十亩

① ［宋］罗愿：《淳熙新安志》卷二《谷粟》。
② ［宋］陈旉：《农书》卷上。
③ ［宋］陆游：《入蜀记》。
④ ［宋］韩元吉：《南涧甲乙稿》卷一八《又劝农文》。
⑤ 《建炎以来朝野杂记》卷一五《淮浙江东沙田芦场本末》。
⑥ 《建炎以来朝野杂记》卷一六《屯田》。
⑦ ［宋］范成大：《骖鸾录》。
⑧ ［宋］王十朋：《梅溪后集》卷一七《入长溪境》。
⑨ ［宋］韩元吉：《南涧甲乙稿》卷一八《又劝农文》。
⑩ ［宋］真德秀：《西山文集》卷四〇《再守泉州劝农文》。

粟，中有薇与蕨"①，"连山没云皆种粟"②。农作物因地形而安排种类的方式却是一样的。

由于粟等旱地作物除零星分布在坡垄旱地外，主要种植在丘陵山区，平原上的人们很少以此为食物，故宋代有"齐人艺粟，越无粟，齐人食粟笑越人无以生"之说③。这样的说法虽不符合实际，但平原地带很少种粟却是事实。南宋初年，宋将成闵率军追击南犯金兵至江边，金人弃甲北去，所弃"粟米山积，诸军多仰以给，惟闵军多浙人，素不食粟，死者甚众"④。浙人没有食粟的习惯，竟致饿死，可见平原地带粟的种植量之少。

（二）豆类作物的地理分布

豆的种类更多，以颜色而论，就有乌豆、白豆、青豆、褐豆、赤豆、绿豆、茶绿豆、黄豆、紫豆等，而又以大小不同分为大黑、大紫、大白、大黄、大青、大褐、白小、赤小、小紫、小黑等多种名目⑤。各种豆类作物因其食性不同，而有不同的食用方式。如黑豆是制作豆豉的佳品，油绿豆最宜制粉，尾秋豆则与稻米同煮为最佳⑥，羊角豆、扁豆、江豆、刀鞘豆、蚕豆豆荚长而大，是典型的菜食豆⑦。人们一般都把这种豆作为蔬菜，种在篱落间⑧。赵蕃诗中"篱落未经霜，林园尚吐芳，豆花连豆角，榴朵映榴房"⑨，描绘的就是农家篱落间爬满豆秧的情景。赤小豆是煮粥的佳品，"出碓新粳明玉粒，落丛小豆枫叶赤"⑩，粳米红豆煮成的粥，不但好吃，而且盛传"豆粥能驱晚瘴寒"⑪，于是豆粥更成常食之餐。特别是腊

---

① ［宋］沈辽：《云巢编》卷四《初耕东坡》。
② ［宋］王安石：《临川文集》卷一《后元丰行》。
③ ［宋］许景衡：《横塘集》卷一八《送左经臣序》。
④ 《宋史》卷三七〇《成闵传》。
⑤ ［宋］施宿：《嘉泰会稽志》卷一七《草部》；［宋］潜说友：《咸淳临安志》卷五八《风土》；［宋］罗愿：《淳熙新安志》卷二《谷粟》。
⑥ ［宋］罗愿：《淳熙新安志》卷二《谷粟》。
⑦ ［宋］施宿：《嘉泰会稽志》卷一七《草部》。
⑧ ［宋］梁克家：《淳熙三山志》卷四一《土俗类》三。
⑨ ［宋］赵蕃：《淳熙稿》卷八《万安道中二首》。
⑩ ［宋］惠洪：《石门文字禅》卷一《豆粥》。
⑪ ［宋］黄庭坚：《山谷集》卷一〇《答李任道谢分豆粥》。

月二十五，家家都以吃粥为俗，范成大"家家腊月二十五，浙米如珠和豆煮"①，诗中所描写的就是这一习俗。

豆类作物的用途很广，既可以作佐餐之物，也可以当作蔬菜，同时也是粮食，可以解饥渡荒，因而也成为东南各地广为种植的旱地作物之一。与粟相同，豆类作物也多分布在平原上的坡垄岗阜与丘陵山区。如前所引，陈旉在《农书》中记述了江南圩田堤侧种植粟、豆等旱地作物的情景。有了这样的用地规划后，"圩田稻子输官粮，高田豆角初上场"②，就成了极自然的事了。丘陵山区的人们一般按照"高者种粟，低者种豆"的原则，安排豆、粟等作物的种植区域③。"南山曾种豆，碎荚落风雨"④，"缘塍豆欲实，编篱槿才花"⑤，这些诗句，都是诗人描述山中种豆的情景。

（三）荞麦的地理分布

在宋人方志中，都将荞麦放在麦类作物中，与小麦、大麦视作同类。事实上在植物分类学中，两者属于完全不同门类的植物。小麦、大麦均属禾本科植物，而荞麦则属于蓼科。中国种植的荞麦主要有两种，一为甜荞麦，红茎，花色淡红，坚果无翅，各地都有栽培；二为苦荞麦，白茎，花青白，小坚果有翅，多在高寒地带栽培。宋代东南各地种植的属于甜荞麦，即普通荞麦。这种荞麦喜温暖，但又能抗秋寒低温，适应各种土壤与粗放栽培，生长期很短，一般"七月种，九月熟"⑥，所以它是一种很好的救荒作物。凶年民饥，早熟作物失于农时，官府往往督劝农家"及早耕犁，布种荞麦、二麦之属"⑦。有时人们为了救急，甚至于"麦垄间杂下荞子，麦苗未长，而荞已刈"⑧。

---

① ［宋］范成大：《石湖诗集》卷三〇《口数粥行》。
② ［宋］舒岳祥：《阆风集》卷二《禾神曲》。
③ ［宋］韩元吉：《南涧甲乙稿》卷一八《建宁府劝农文》。
④ ［宋］梅尧臣：《宛陵集》卷四《田家》。
⑤ ［宋］邓深：《大隐居士集》卷上《车城道中》。
⑥ ［宋］施宿：《嘉泰会稽志》卷一七《草部》。
⑦ ［宋］朱熹：《晦庵集》卷一七《奏巡历沿路灾伤事理状》。
⑧ ［宋］施宿：《嘉泰会稽志》卷一七《草部》。

由于荞麦有上述适应性强、发育快的特点，种植范围也非常广。陆游诗中就有"城南城北如铺雪，原野家家种荞麦"之句①。赵蕃在鄱阳湖畔的饶州也留下了"荞麦吐花胜宿麦，山田小旱熟湖田"的诗句②。江宁令张伯子则在诗中描述了荞麦熟于秋霜之季的情形，"刺藤迎日子先红，荞麦得霜花渐老"③。

四、宋代东南地区的农作物种植制度

农作物种植制度指作物布局、轮作与连作、种植方式的总称，一项种植制度的形成，不仅反映农业生产自身的发展状况，其背后则涉及土地、人口、农业技术等多重社会因素，是在多重因素支撑下的产物。

根据宋人记载，东南地区主要农作物的生长期如下：

麻（大麻）　正月种，五、六月收

油麻，早麻　三月种，七、八月收

晚麻　五月中种，九月收

豆　四月种，七月收④

早粟　二月种，夏收

晚粟　五月种，秋收

荞麦　七月种，九月收⑤

小麦　八月种，五月收

晚稻　五月插秧，八月收⑥

早稻　三月插秧，六、七月收⑦

---

① ［宋］陆游：《剑南诗稿》卷一九《荞麦初熟刈者满野喜而有作》。

② ［宋］赵蕃：《淳熙稿》卷一七《投王饶州日勤四首》。

③ ［宋］张伯子：《视旱田赋》，载《景定建康志》卷三七。

④ 以上农作物生长期见［宋］陈旉：《农书》卷上。

⑤ 以上农作物生长期见［宋］施宿：《嘉泰会稽志》卷一七《草部》。

⑥ 冬小麦与晚稻生长期详见本节论述与所引相关宋代文献记载。

⑦ ［宋］吕颐浩：《忠穆集》卷二《论经理淮甸》中载："劝率乡村于三月间多种早禾，六七月间成熟。"

农作物的种植制度，是人们在长期生产实践中，根据各种农作物的生长期，因农时、尽地利而进行的合理安排。由于农作物的成熟期有夏秋之分，因而宋代东南地区盛行的主要轮作倒茬制度是实行以水稻为中心的稻麦或稻稻一年两熟制。

稻麦轮作一年两熟是江南地区最盛行的复种制度，前文已详析，此处不再赘述。稻麦两熟制中，由于小麦的成熟期在四月中至五月初，起麦后再进行稻作，只能插晚秧，才合农时。晚禾收割以后，有时直接整地耕翻，为小麦的播种做准备。有时为了倒茬，晚禾之后，直接种冬菜，曹勋所作"晚禾亦云竟，冬菜碧相连，收割不闲手，垄亩无空阡"的诗句[①]，描写的就是晚禾已获、冬菜相继的情景。

清人李彦章就水稻生长期，引元代《吴门事类》将江浙一带水稻分为早、中、晚三类："《吴门事类》曰，吴俗以春分节后种，大暑节后刈者为早稻；芒种节后及夏至节种，白露节后刈者为中稻；夏至节后十日内种，至寒露节后刈者为晚稻。"[②]这里提及的中稻，宋代基本属于晚稻。早禾的成熟期比晚禾要提前一个多月，一般三月插秧，六、七月收获。早禾成熟后，距小麦的播种期还有两个月的时间，有时要赶种一季蔬菜。浙东等地的小麦往往可迟至九月播种，于是九月"刈荞而种麦"[③]，指的就是荞麦与小麦的连作。

江西一路所种的稻谷中，"十分内七分并是早占米，只有三二分布种大禾"[④]。从宋人记载来看，这里的早、晚稻成熟期大约只差一个月。"早稻栽已成，晚田耕未遍"[⑤]；"早禾已秀半且实，晚禾已作早禾长"[⑥]；"早禾饱熟收山场，晚禾硕茂青吐芒"[⑦]。从这些早、晚稻从插秧到收获时间

---

① [宋]曹勋：《松隐集》卷二一《山居杂诗》。
② [清]李彦章：《江南催耕课稻编》，载《榕园全集》。
③ [宋]施宿：《嘉泰会稽志》卷一七《草部》。
④ [宋]李纲：《梁溪集》卷一〇六《申省乞施行籴纳晚米状》。
⑤ [宋]赵蕃：《淳熙稿》卷二《栽田行》。
⑥ [宋]赵蕃：《章泉稿》卷一《抚州城外作》。
⑦ [宋]张守：《毗陵集》卷一四《丰岁行》。

差异的诗文中，可以清楚地看出，早晚稻生长期前后只差一个月左右，即上文所述三月插秧之早稻，与五月插秧之晚稻。因此早、晚稻并非实行的是稻稻两熟制，只是根据土壤条件的优劣，而安排早、晚两类品种罢了。"北乡田少尽茅冈，早禾有种何妨种"①，说的就是瘠地种早禾并无大妨，而晚大禾对自然条件要求较严，需要肥田沃土，自然要被安排在平原地带。这样在早、晚禾栽种之前、收获之后与之进行轮作的作物，有冬小麦或蔬菜等。有些地区获稻之后，也出现土地旷而不稼的情况，实行一年一熟，其中江南西路就是一例："豫章则襟江带湖，湖田多，山田少，禾大小一收……豫章所种占米为多，有八十占，有百占，有百二十占，率数月以待，获而自余三时，则舍稼不务，皆旷土，皆游民也。"②

福建沿海平原主要实行稻稻两熟制，即如宋人所言："濒海之稻岁两获。"③水稻连作虽然在耕作上可以免去排水曝地、开渠作沟等劳动，但连作的弊端也很多。主要是土壤中水稻所需的同类矿物营养物质被吸收消耗得多，补给投入得少，因而使土壤肥力逐年降低，影响土壤后劲。其次是常年连作，残留在稻田内的水稻病原菌及水稻根茎、枝叶的害虫会逐年积累，造成后作水稻的病虫危害，导致产量降低。再则就是一块土地常年积水，不利于土壤理化性能向良性发展，因缺乏日晒通气，从而也会影响土壤结构和肥力。如果土壤深层的质地是属于含盐碱性的，常年渍水则会使耕地由盐渍化变为盐碱地。正由于水稻连作有这样的弊病，福建实行水稻连作的地区，有时出现"田或两收，号再有秋，其实甚薄，不如一获"的现象④。

旱地与丘陵山区的种植制度比较复杂，由于自然条件较差，一般多以一年一熟旱作为主。如福建山多地少，平原种稻，"无水之地"才"可以种粟麦"⑤。其他地方虽不这样绝对，但也多在"山原陆地，种粟、麦、

---

①　[宋]许纶：《涉斋集》一五《劝农口号十首》。
②　[宋]吴泳：《鹤林集》卷三九《隆兴府劝农文》。
③　[宋]卫泾：《后乐集》卷一九《福州劝农文》。
④　[宋]刘爚：《云庄集》卷七《福州劝农》。
⑤　[宋]韩元吉：《南涧甲乙稿》卷一八《又劝农文》。

麻、豆"①。南方人素有食稻的习惯，在自然条件稍好的地方，仍要植稻。处州就是这样一个地方，这里"山越之俗，陆种甚微，所仰者水田，所食者粳稻"②。可是山区自然条件差，"山越之乡，多乏膏腴之产，火耕水耨"③。火耕水耨是一种原始的直播法，其流程是在播种前，烧掉野草，然后灌水并除掉后来生长的杂草④。这是与秧播水稻完全不同的种植方式。《齐民要术》记载，直播水稻四月种，九月熟，大田用地时间持续五个月，因此一年只能种一季。宋代处州一带的山区，仍实行"火耕水耨"的耕作方法，说明这种生产方式在山区还有一定地位，同时也说明山区种稻多为一熟。杨亿《贺再熟稻表》一文中也讲道："今年人户所种早稻，自秋初刈后……"⑤一般早稻多为三月种，六、七月熟，而六、七月正值盛夏，处州早稻却为秋初收刈，生长期比一般水稻长两个月。由此可以证明，处州一带确实仍在实行直播植稻方式。山区植稻一获，并不仅限于处州，福建各州也同样"负山之田岁一收"⑥。

宋代是东南地区农作物种植制度形成新体系的时代。这是以一年两熟稻麦轮作为前提的种植制度，农民在从事这项劳动中也许并未意识到其中的意义，但正是这一种植制度的出现，不仅改变了东南地区的农作物结构，也为这一地区经济发展营造了超于其他地区的基础。

第三节　宋代荆湖与西南地区的粮食作物及其地理分布

稻、麦是两种重要的粮食作物，在各地粮食作物的总种植量中占大部分，所以宋人云："圣经所重，惟麦与禾。"⑦宋以前稻、麦两种作物在荆

---

① ［宋］朱熹：《晦庵集》卷九九《劝农文》。
② ［宋］杨亿：《武夷新集》卷一五《奏雨状》。
③ ［宋］杨亿：《武夷新集》卷一二《贺再熟稻表》。
④ ［日］西嶋定生：《中国经济史研究》，农业出版社，1984年。
⑤ ［宋］杨亿：《武夷新集》卷一二《贺再熟稻表》。
⑥ ［宋］卫泾：《后乐集》卷一九《福州劝农文》。
⑦ ［宋］刘爚：《云庄集》卷二《诸庙祈雨》。

蜀地区就已普遍种植，水稻的种植历史尤其悠久，早在先秦时期，这里就以"饭稻羹鱼"而见称于史①。小麦最迟至六朝时期，即已成为通行的粮食作物了。南朝萧梁时的宗懔世代生活在江陵，他撰写的《荆楚岁时记》中记载夏至日"取菊为灰，以止小麦蠹"，总结了荆楚地区防止小麦虫蛀的办法。可见这时小麦在荆楚一带已经有了相当一段种植历史了，人们不但掌握了它的生产规律，而且也有了一定的管理经验。在此之前，麦类作物已进入四川盆地，据《华阳国志》记载，西晋永宁元年（301年），前往四川围剿流民的官军统领罗尚，曾在绵竹一带屯军，并"扬言种麦"。军旅惶惶，战暇种麦，显然这时植麦对于来自于各地的兵士并不陌生，且麦类作物就已经成为这一带通常的粮食作物了，否则罗尚不会有此命令。爰及宋代，荆、蜀地区种麦植稻都各自有了不短的历史，成为经济地位最高的两种农作物。

由于稻麦这两种作物的生长习性并不一样，在水利条件较好的平原地带水稻为中心作物，在高亢陆田小麦就成为中心作物，"有水皆秧稻，有陆皆种麦"，分别形成了以水稻为中心的水田种植系统，以及以小麦为中心的陆地种植系统。

荆湖与西南地区地域范围广大，地形复杂，在不同的自然条件下，农作物种植种类是不同的，因而形成了地区性的农作物组合形式与优势作物。

一、宋代荆湖与西南地区平原农作物

平原凭借地势平坦、灌溉便利等条件，成为发展农业生产最理想的地带，西南与荆湖地区同样如此，但由于地区开发程度不一致，各个平原地区之间，农业生产发展水平仍然存在不平衡，进而影响到农作物的品种结构。成都平原与洞庭湖平原的开发程度就不同，成都平原农业生产明显处于高水平发展阶段，而洞庭湖平原却相对落后，因此在农作物的品种结构

---

① 《史记》卷一二九《货殖列传》。

上，也显示出不同的组合形式。

（一）成都平原及西南地区河谷盆地粮食作物

成都平原是西南地区农业生产发展程度最高的地方，可与东南地区比肩。水稻由直播改为秧播，这个重大变革大约在唐前期即已实现，至中唐以后秧播技术已经被人们熟练掌握，成为水田耕作中唯一盛行的耕作技艺。我们在唐诗中看到："插秧适云已，引溜加溉灌"①；"水种新插秧，山田正烧畲"②。秧播技术的出现，解决了水稻播种期与麦类作物收获期之间的矛盾，从而为水旱轮作、稻麦复种在时空分配上创造了条件。至于宋代成都平原是否出现稻麦两熟制，仍需进行讨论。宋代成都平原人口较前代更为集中，土地与人口之间的矛盾也更加突出。人们"得平地若顷许，爱惜摩抚，分沟裂畦，耕种荫植于其间"③。为了不误农时，蜀中农民二月即开始育秧④，大麦三月中收获，小麦须至四月初熟⑤，因而四月收麦秧稻，是一年中最忙的时节。我们在宋代文献中看到，小麦收获与水稻插秧，在农时上可以相互衔接，但并没有稻麦轮作的直接记载，因此并不能就此形成结论。

四川盆地的水热条件虽十分利于种稻，但多山的地形与粗放落后的耕作方式，限制了水稻的分布。除成都平原及其附近地区植稻外，一些河流谷地也种有水稻，如简州⑥、涪州、梁山军、重庆一带就是这样⑦。其他地方主要以旱地作物为主。

汉中盆地是川峡四路中，除成都平原以外，水稻种植量比较大的地区，特别是兴元府附近一般以水田为主。由于这里"地势卑湿"，排水条件又不理想，麦、粟、麻、菽等旱地作物往往为"浸湿所害"，所以一般

---

① ［唐］杜甫：《行官张望补稻畦水归》，载《全唐诗》卷二二一。
② ［唐］岑参：《与鲜于庶子自梓州成都少尹自襄城通行至利州道中作》，载《全唐诗》卷一九八。
③ ［宋］文同：《丹渊集》卷二三《武信杜氏南园记》。
④ ［宋］苏轼：《东坡集》卷三一《眉州远景楼记》。
⑤ ［宋］汪应辰：《文定集》卷四《御札再问蜀中旱歉》。
⑥ 《舆地纪胜》卷一四五《简州》。
⑦ 《舆地纪胜》卷一七四《涪州》。

不实行水旱轮作制①，无论水稻还是小麦都以一季作物为主。绍兴十九年（1149年）洋州知州宋莘巡行农情时，见四郊"稻田尚有荒而不治者"，怪而问之，当地百姓言"留以种麦"。洋州位于汉中盆地东缘，地处亚热带北部，其热量条件完全可以满足稻麦两熟的生长要求，本应采取稻、麦轮作，获得两季收成，故宋莘不无遗憾地说："种稻而后种麦未晚也，果留其田以种麦，使变成荒芜，则一年之事废矣。"②可见种植或稻或麦一季作物，是当地实行的主要种植制度。

（二）荆湖平原地带粮食作物

宋代位于江汉平原腹心地带的云梦泽水体还没有退去，能够发展农业生产的地带主要处于云梦泽的边缘地带。正是这样的原因，荆湖地区长江北岸卑湿多水，并生长有茂密的芦苇，南宋时期陆游入蜀赴任，沿途见到"陂泽深阻，虎狼出没，未明而行，则挽卒多为所害"③。范成大由蜀归吴，见到鄂西一带仍是"湖泺荥芦，不复人迹"④。在这种自然条件下，人口与劳动力都不充足，尽管宋人罗愿在《鄂州劝农文》中督劝人们"四月取麦插秧"⑤，但没有文献证明这里实现稻麦轮作。由于劳动力不足，大多"陆田只种麦、豆、麻、粟或蒔蔬栽菜，不复种禾，水田乃种禾"⑥，陆田与水田的界限是很分明的。

受自然条件影响，水稻是荆湖地区平原地带主要的农作物。"荆湖南北路……土宜稻"⑦，"湘田是处可获稻"⑧，"地虽荆湖稻为乡"⑨，这些诗文，都传递了当地广泛种植水稻的信息。水稻之中又以早稻为多，即使像地处洞庭湖平原的潭州"虽名产米之地"，也是"早稻倍多，晚米甚

---

① 《宋会要辑稿·食货六三之一二〇》。
② 陈显元：《陕西洋县南宋劝农文碑再考释》，载《农业考古》1990年第2期。
③ ［宋］陆游：《入蜀记》。
④ ［宋］范成大：《吴船录》卷下。
⑤ ［宋］罗愿：《鄂州小集》卷一《鄂州劝农文》。
⑥ ［宋］陆九渊：《象山集》卷一六《与章德茂书》。
⑦ 《宋史》卷八八《地理志四》。
⑧ ［宋］廖行之：《省斋集》卷一《两郊即事三首》。
⑨ ［宋］赵蕃：《乾道稿》卷下《喜晴》。

少"①,"潭之风土,多种早稻,其视晚禾居什之七"。早稻约占全州稻谷种植的70%②。与水田相比,旱地的利用率很低,往往"虽有陆地,不桑不蚕,不麻不绩"③,因而各种旱地作物的种植量很小,特别是小麦种植量尤其少。荆湖地区的植麦历史虽不短,但平原地带卑湿多水的环境限制了小麦的发展,使许多地方很少植麦。如潭州直至南宋时期,真德秀至此为官时,才令民种麦④,但由于平原水乡排水不利,效果并不理想,故宋人说:"湖南一路唯衡、永等数郡宜麦,余皆文具。"⑤可见位于湘江下游洞庭湖平原南缘的潭州是不宜种麦的,两湖平原上的其他州府,情况也大致相类。正由于这样的原因,"楚俗秋来也劝耕"⑥,就成了十分稀罕的事情。

二、宋代西南、荆湖地区丘陵山区粮食作物

丘陵山地是西南、荆湖两区主要的地貌类型,这些地区自然条件险恶,耕作艰辛,加之人口稀少,交通闭塞,因而农业生产经营方式一般粗放落后,农作物以旱地作物为主。

(一)以广种薄收、粗放经营为主的山区

处于这种农业生产经营方式之下的丘陵山区范围很广,除去长江沿线各州,几乎都属于这类山区。宋人袁说友在诗中写道:"蜀田百里无陂池,山头垄亩如画棋。平时忧旱不忧水,秋水十日忧雨垂。"⑦从这首诗中可以看出这样几个问题:第一,诗中虽然没有明确说明是蜀中何地,但这里已出现了梯田。第二,由于已经修成梯田,因而在小雨的淋漓下,不会造成灾害,反而在无雨时,因"百里无陂池",无从灌溉,反倒为忧,当然小

---

① [宋]真德秀:《西山文集》卷一七《回申尚书省乞裁减和籴数状》。
② [宋]真德秀:《西山文集》卷一〇《申朝省借拨和籴米状》。
③ [宋]王炎:《双溪类稿》卷一九《上林鄂州》。
④ [宋]黄震:《黄氏日抄》卷七八《咸淳九年春劝农文》。
⑤ 《宋史》卷一七三《食货志上一》。
⑥ [宋]史弥宁:《友林乙稿·丁丑岁中秋日劝农于城南得五绝句》。
⑦ [宋]袁说友:《东塘集》卷二《祷祈喜以甲子日得晴》。

雨虽不足以对农业生产构成威胁，但秋天的连阴雨就不能不让人忧虑了。修建梯田，往往是山区劳动力比较多、自然条件比较好的地方，这样的地方却仍然既无灌溉条件，又无蓄水设施，农业生产的丰歉基本悬命于天。

像京西南路房州、金州这样"山险硗确之地"，自然会出现一逢水旱"畦畛龟坼，溪涧绝流，农时将穷"的景象①。山区自然条件险恶，在水旱灾害面前，正常的旱地作物尚难维持，故很少有余力开发水田，因而山区很少植稻。如荆湖北路辰州"山畲陆田独多，水田独少"②。京西南路"金房土瘠无稻田"③。梓州路"潼、遂、果、合诸郡绝少稻田"④。山区的自然条件使麦、粟等旱地作物成为主要粮食作物，如夔州路黔州"全仰麦粟二种以养人民"⑤，京西南路郢州"土饶粟麦"⑥，梓州路遂州"刘麦千平垄，横槎一小溪，梓花红绽碎，粟穗绿垂低"⑦。陆游在《入蜀记》中也写道："自离黄州，地形渐高，多种菽、粟、荞麦之属。"

山区的种植制度比较复杂，宋代荆、蜀丘陵山区人口稀少，一般不实行复种制度，但在一季作物不能保熟的情况下，一些条年较好的地方也实行麦、粟两熟制。如刘学箕在金、房二州留下的诗文中就写道："麦穗不吐人不忧，粟田再种秋可收。"⑧可见当地往往因小麦收成不理想，而再种一季粟。实行麦、粟两熟制的情况下，小麦就成为中心作物。在各类旱地粮食作物中，小麦不但可以接短继乏，而且食性也较好，因而很受农家的欢迎。固然，蜀中"田土无不种麦"⑨，荆湖平原地带水乡不便旱作，但丘陵山区仍广为种植。

① [宋]陈造：《江湖长翁集》卷二五《上涮剑洞龙书》。
② [宋]曹彦约：《昌谷集》卷一一《辰州议刀弩手及土军利害札子》。
③ [宋]刘学箕：《方是闲居士小稿》卷上《早耕早布》。
④ 《建炎以来系年要录》卷一四一，绍兴十一年九月庚戌。
⑤ [宋]阳枋：《字溪集》卷二《与绍庆太守论时政书》。
⑥ 《方舆胜览》卷三三《郢州》。
⑦ [宋]范成大：《石湖诗集》卷一六《小溪县》。
⑧ [宋]刘学箕：《方是闲居士小稿》卷上《早耕早布》。
⑨ [宋]汪应辰：《文定集》卷四《御札再问蜀中旱歉》。

（二）以刀耕火种为主的山区

属于这种农业生产经营方式的山区，主要分布在长江沿线及荆湖地区南部。刀耕火种是最原始的耕作方式，在它的生产过程中，只有三个环节，即烧畬、播种、收获。因而在这种耕作方式下，种植的作物种类，多是耐瘠、耐旱的旱地作物。范成大说峡民"食三物以终年，虽平生不识粳稻，而未尝苦饥"①。所谓三物，就是麦、粟、豆三种旱地作物，这是峡民们主要种植的作物。在这些作物中，又以粟最耐贫瘠，因而居于山区的蛮族种植量尤多，以致有"蛮地饶粟"之说②。

此外，芋对于山区人民也很重要，成都知府陆诜说过："川峡四路与内地不同，刀耕火种，民食常不足，至种芋充饥。"③芋属于块根茎类植物，地下根茎贮存了大量淀粉，可以作为蔬菜，也可以代替粮食渡饥荒岁月。范成大在《劳畬耕》诗序中写道："春种麦豆，作饼饵以渡，夏秋则粟熟矣。"诗中也有这样的描写："麦穗黄剪剪，豆苗绿芊芊。饼饵了长夏，更迟秋粟繁。"④由此看来江峡一带似乎实行了复种制度，这种所谓复种，实际是峡民们休耕、撂荒的一种形式，并不是真正的一年两熟制。由范成大诗文中可以看出，小麦与粟等成熟期不同的作物，并没有出现在同一块地上。这样安排作物既可以达到休耕以恢复地力的目的，也可以保证在一年不同时期内都可获得粮食。

由上所述，可将西南、荆湖地区主要粮食作物的地理分布大致勾画出来，麦、粟、豆等旱地作物在川峡四路普遍种植，荆湖地区仅限于山区与平原陆田中。水稻对自然条件的要求较严，主要分布在平原及河川谷地，随着人们耕作技艺的提高与生产技术的交流，南宋时期在山区，甚至落后山区也星星点点出现了水田。

---

① ［宋］范成大：《石湖诗集》卷一六《劳畬耕》。
② 《宋史》卷二八三《丁谓传》。
③ 《续资治通鉴长编》卷二一四，熙宁三年八月辛巳。
④ ［宋］范成大：《石湖诗集》卷一六《劳畬耕》。

第四节 宋代岭南地区的粮食作物与种植制度

水稻、粟、豆、芋是岭南地区普遍种植的农作物，而水稻又是种植历史悠久，分布范围最广的一种。

一、宋代岭南地区的粮食作物

岭南地区炎热多雨的气候适宜水稻生长，但宋代这里的人口有限，劳动力缺乏，同时也缺乏相应的农田水利设施建设，因此只能在河谷平原土壤和自然条件最好的地方种植水稻。由于劳动力短缺，一般顺着自然地势引水入田灌溉，若是自然条件稍有不济，则"苟肤寸高仰，共弃而不顾"[1]，很少有相应的设施能汲引江水，灌溉江河两岸稍高一些的地方。没有灌溉，自然也就没有种植水稻的条件。宋代岭南的水稻种植虽然受到劳动力短缺的很大限制，可是其分布地域却仍很广泛，因为各州府都会有一些适宜耕作水田的地方。陈尧叟在广西任转运使时，称岭南地利之博者，首推水稻[2]，这就充分反映了水稻种植在岭南粮食生产中的重要性。

史籍中关于岭南种稻的记载有很多，几乎遍布各地。如广南东路德庆府"食稻与鱼"[3]，潮州"稻再熟"[4]，南恩州"其地下湿宜稻"[5]。广南西路象州"民富鱼稻"[6]，贵州"民以水田为业"[7]，钦州"种水田桑麻为业"[8]，琼州"男子耕农种禾稻"[9]，宜州"其田有水田"[10]。上述州府中的稻田是各族人民普遍种植的，并非汉人所专有。如生活在海南岛上的黎

---

① ［宋］周去非：《岭外代答》卷三《外国门下》。
② 《续资治通鉴长编》卷四三，咸平元年七月壬戌。
③ 《舆地纪胜》卷一〇一《德庆府》。
④ 《舆地纪胜》卷一〇〇《潮州》。
⑤ 《方舆胜览》卷三七《南恩州》。
⑥ 《舆地纪胜》卷一〇五《象州》。
⑦ 《舆地纪胜》卷一一一《贵州》。
⑧ 《舆地纪胜》卷一一九《钦州》。
⑨ 《舆地纪胜》卷一二四《琼州》。
⑩ ［宋］曾巩：《隆平集》卷一八。

人就是以"粳稌"为主要农作物①；以"耕山"为生的猺人，也在山谷中难得的平地上开垦有少部分稻田②。

岭南粮食作物中，次于水稻的是粟、豆、芋等作物。芋是一种适应性很强的作物，两广各地普遍适宜种植，在岭南人的生活中有着很重要的意义，居民往往"资之以为粮"③，各地都经常食用。在其他粮食作物的种植量不敷果腹的地方，尤其要倚重薯芋。如生活在海南岛上的黎人就是"所种粳稌不足于食，乃以薯芋杂米作粥糜"④，有些时候甚至"顿顿食薯芋"⑤。

在种植水稻不便的山地和高地，人们往往种植粟、豆等旱地作物，从北部山地中的猺人到海南岛上，两广各地普遍种植粟、豆等旱地杂粮。"猺人耕山为生"，除在个别山间谷地条件较好的地方开有很少量的水田外，绝大部分作物都是旱地杂粮，故"以粟、豆、芋魁充粮"⑥。在岭南腹地广州与惠州交界处的罗浮山中居有许多道士，他们在山中就是靠"石耕畬种"，"凿山种豆"以尽其天年的⑦。海南岛俗不种麦，"唯粟以接禾稻"⑧，粟的种植更为广泛。

唐代岭南还没有引种小麦，因此直到唐末仍有人认为"广州地热，种麦则苗而不实"⑨。岭南种麦是从宋代开始的。北宋初年，陈尧佐曾出任惠州知州，他初到惠州时，当地人尚不知种麦为何事。陈尧佐在惠州上任后，始"教民种麦"，向当地人传授小麦种植方法。自此以后，惠州之民"种麦者众矣"⑩，小麦有所种植。岭南其他一些地区后来相继种麦，是否也是受陈尧佐这一倡导影响，不得而知。不过惠州种麦，确实自此之后，

---

① ［宋］赵汝适：《诸蕃志》卷下《海南》。
② ［宋］周去非：《岭外代答》卷三《外国门下》。
③ ［宋］李光：《庄简集》卷一六《儋耳庙碑》。
④ ［宋］赵汝适：《诸蕃志》卷下《海南》。
⑤ ［宋］苏轼：《东坡全集》卷二四《闻子由瘦儋耳至难得肉食》。
⑥ ［宋］周去非：《岭外代答》卷三《外国门下》。
⑦ ［宋］陈元晋：《渔墅类稿》卷八《罗浮山多有道人》。
⑧ ［宋］李光：《庄简集》卷五《秋夜有怀》。
⑨ ［唐］刘恂：《岭表录异》卷中。
⑩ ［宋］郑侠：《西塘集》卷三《惠州太守陈文惠公祠堂记》。

颇为兴盛。北宋中期，苏轼在惠州游览博罗香积寺时，即曾见到"夹道皆美田，麦禾甚茂"①。由于小麦在宋代刚刚传入岭南，因而在岭南的种植还并不普遍。

宋人记载岭南种麦的文献，除了惠州之外，还涉及连州、桂林等地。如吕本中在连州有诗云："今年饱新麦，忧虑则未已。"②范成大在桂林也有诗云："秀麦一番冷，送梅三日霖。"③可见连、桂二地是种有小麦的。如前所述，连、桂二州在北宋时期人口密度都在20人/平方公里以上，是内地移民的主要聚居处。惠州当时的人口密度虽然不如连、桂二州大，但每平方公里也达14.1人，在岭南各州中排名第十，而且它南临广州，北临潮、循二州，交通便利，土地平衍，也应居有许多内地移民。宋代岭南种植小麦的记载出现在连、桂、惠这些内地移民分布较多的地方，说明小麦在岭南的种植推广，与内地移民的分布有很大关系。可以推测，在内地移民分布集中的其他一些州府，也会种有小麦。除此之外，北宋大中祥符六年（1013年）在广西邕州也出现过麦秀瑞应④。邕州境内已尽是羁縻州峒，即使有小麦种植，也不会有多大面积。今云南地区很早就种植小麦，唐人樊绰《蛮书》有清楚记载，邕州西邻南诏大理，这里的小麦种植很可能受到了西边的影响。虽然岭南小麦的具体分布地域还不能很清楚地划定，但有一点是可以肯定的，宋代小麦的分布南界，已经越过了北回归线，苏轼见到麦田夹道的惠州博罗县，已在北回归线以南。

二、宋代岭南地区的种植制度

岭南地处南亚热带与热带两类气候区，长夏无冬，农作物一年四季都可以生长。周去非在《岭外代答》中说："〔岭南〕地暖，故无月不种，无月不收。"水稻根据种植早晚不同，可以分为许多种。"正二月种者曰早

---

① ［宋］苏轼：《东坡后集》卷五《游博罗香积寺》。
② ［宋］吕本中：《东莱集》卷一二《连州行衙水阁望溪西诸山》。
③ ［宋］范成大：《石湖诗集》卷一四《宜斋雨中》。
④ 《宋史》卷六二《五行志》。

禾，至四月五月收。三月四月种曰晚早禾，至六月七月收。五月六月种曰晚禾，至八月九月收。而钦阳七峒中七八月始种早禾，九十月始种晚禾，十一月十二月又种，名曰月禾。"①或早或晚，随时播种。水稻的生长期为四个月左右，如果水热条件许可，一年可以种三季。

岭南的气候条件无疑可以满足三季水稻生长所需要的热量，大多数地区的水分条件也适宜种稻，这为实行一年三熟制提供了前提条件。但农作物的熟制一方面受制于气候条件，另一方面也与社会因素有着重大关系。在一年中每增种一次农作物，都要使人们付出巨大的劳动。尽可能增加复种次数，这只是人多地狭，人们为了提高土地利用率而采用的做法。然而岭南地区"地广人稀"②，"土旷民惰"③，而且一些地区还"地多鱼盐，民易为生"④。整个岭南只有闲旷的土地没人耕种，却不愁土地上所产的粮食养活不了人，根本没有像江浙一带那样突出的人地矛盾，因而绝大多数地区没有必要，也没有那样多的劳动力来实行一年三熟制，在劳动力允许的地方以两熟为主。如《舆地纪胜》记载潮州"稻再熟"⑤，就是一个实例。苏过更明确地指出：两广"稻岁再熟。富者寡求，贫者易足"⑥。珠江三角洲人口比较集中的地带，能够实行一年两熟。但岭南大多数地方，劳动力短缺，农业技术落后，均以一年一熟制为主。

海南岛及雷州半岛部分地区气候独特，每年有五六个月明显的干季，在此期间适宜于旱作而不利于水稻的生长，可以实行稻、粟轮作，更为合理地利用这里的气候资源，使稻、粟各得其宜，进而形成不同于其他地方的轮作制度。但同样的问题是，海南劳动力更为短缺，稻、粟轮作未必是一年两熟，一年一熟同样是这里通常的种植制度。

宋代南北方、平原与山区，农业生产条件存在明显的差异，根据环境

① ［宋］周去非：《岭外代答》卷八《花木门》。
② 《方舆胜览》卷三五《英德府》。［宋］曾巩：《元丰类稿》卷四二《司封郎中孔君墓志铭》。
③ 《方舆胜览》卷三六《梅州》。
④ ［宋］许应龙：《东涧集》卷一三《初至潮州劝农文》。
⑤ 《舆地纪胜》卷一〇〇《潮州》。
⑥ ［宋］苏过：《斜川集》卷六《志隐》。

图9-4　宋代粮食作物分区图

安排农作物，全国可分为六大粮食作物分布区，即北方谷子杂粮区、黄河中下游谷子小麦区、东南水稻小麦杂粮区、长江中下游水稻杂粮区、川峡四路水稻杂粮区、岭南水稻薯芋区，每一区域，与自然环境相对应，拥有各自的优势农作物（图9-4）。

第十章　桑麻茶果

——宋代主要经济作物的地理分布

经济作物与粮食作物为种植业的两大组成部分，也是人民生活的衣食之源。经济作物包括的种类很广，其中桑、麻等纤维类作物，为生活必需品，意义尤为重大。

第一节　宋代蚕桑业的地理分布

农桑为天下之大本，鼓励耕桑是历代通行的政策。北宋立国之始，即沿承前朝旧例，重新颁行了课民种树、桑枣半之的命令，并同时作了广植桑枣、垦辟荒田者赏，伐桑枣为薪者罪之的规定。在此项规定中，处罚措施尤其严厉，"剥桑三工以上，为首者死，从者流三千里；不满三工者减死配役，从者徒三年"①。类似这样的奖罚条令，有宋一代历朝都不断颁行，对促进蚕桑业的发展起到了很大的推动作用。

宋代蚕桑业分布范围很广，在《太平寰宇记》《元丰九域志》以及《宋史·地理志》"土贡"一栏中，详细记载了宋代各州府的主要物产，凡被列入此项记载的，都是当地代表性的物产，不是以数量见长，就是以品质花色著称。各类丝织品是土贡的主要内容，因而这项记载不仅反映了各地丝织品的主要种类，而且从中可以看出桑蚕业地理分布的大势。根据这

---

① 《宋史》卷一七三《食货志上一》。

三种宋代地理总志"土贡"一项的记载，可见北方的蚕桑业主要集中在太行山一线以东，太行山以西属于永兴军路的关中平原、蒲州以及河东的保德军、岢岚军、宁化军等处也零星分布。南方分布比较普遍，除海南岛及个别偏僻山区外，几乎都是蚕桑的分布区（图10-1）。

图 10-1 宋代桑、麻分布图（底图为《中国历史地图集》）

一、宋代黄河中下游地区的蚕桑业

黄河中下游地区有悠久的植桑历史，唐代以前这里一直是中国最大的蚕桑分布区，与蚕桑生产相伴而生的丝织业，尤其以工艺先进、产品精美而见称于史。河北、河南、山东都是著名的产桑地，其中河北妇人的"锦绣罗绮之工"尤其精良，远胜过江南①。中唐以后，随着中国古代经济重心的南移，长江中下游地区的蚕桑业逐渐崛起，但黄河中下游地区的蚕桑业仍然保持着相当的实力。

入宋以来，黄河中下游地区的蚕桑业，主要分布在河北东、西两路以及京东、京西两路。地理总志所载各州的土贡中，大河南北各州几乎都以丝织品作为贡物。而位于太行山以西的永兴军、秦凤路与河东路就不同了，永兴军路的丝织品主要出自关中平原各州及蒲州；河东则只有汾州、威胜军、宁化军、平定军、岢岚军、保德军六地有丝织品充为贡品。这些地理总志"土贡"一栏，只反映了蚕桑业地理分布的概况，事实上蚕桑分布区比以丝织品纳贡的州郡要广。如河东是一个植桑历史悠久的地区，唐代以丝织品纳贡的州郡还很多②，至宋代保留下来的植桑地不应仅限于上述六处，如梅尧臣赴河东途经泽州时，曾留下"桑上啄椹食，林下窥果熟"这样的诗句③，可见泽州一带虽将丝织品列为贡品，但蚕桑业仍还存在。太行山以西的蚕桑业虽不像地理总志"土贡"中所载的那样少，但种植范围不普遍也是事实。

真正具有经济意义的蚕桑生产地，仍在太行山以东地区，宋代文人行经这些地方时，留下了不少描述桑柘之盛的诗句。如汝州"村间桑柘春，川阔牛羊暮"④；河阳"梨枣知秋晚，桑麻验俗淳"⑤；开封"枣花篡口桑

① [隋]颜之推：《颜氏家训》卷一《治家》。
② 史念海：《黄河流域蚕桑事业盛衰的变迁》，载《河山集》，生活·读书·新知三联书店，1963年。
③ [宋]梅尧臣：《宛陵集》卷二二《寄题刘仲叟泽州园亭》。
④ [宋]韩维：《南阳集》卷二《泛汝联句》。
⑤ [宋]宋庠：《元宪集》卷六《初憩河阳郡斋三首》。

叶肥，老蚕起眠雏雀起"[1]；潍州"茫茫四野潢污竭，郁郁万行桑柘新"[2]；棣州"数百里榆柳桑枣四望绵亘"[3]；洛阳"村落桑榆晚，田家禾黍秋"[4]；卫州"饮罢何以赠，桑条路傍绿"[5]；颍州"撷桑晓出露濡足，拾穗暮归尘满身"[6]。

　　在黄河中下游的蚕桑生产地中，以河北、京东两地最为突出，宋人称"河朔、山东养蚕之利，逾于稼穑"[7]。河朔即河北，山东则指京东一带，宋代这两地蚕桑业之富，同有"衣被天下"之称[8]。其中河北因"民富蚕桑"，而被与之相邻的契丹人称为"绫绢州"[9]。宋代北方的丝织品之精美，在当时仍居全国首位。北宋前期，"川绢二千一匹，河北、山东绢差贵三二百"[10]，这时河北、京东一带所产绢每匹要比川蜀贵二三百钱，可见这两地的丝织品质量高于川绢。北宋末年，输纳于金人的绢帛，主要以北方产品为主。靖康元年（1126年）金人攻下开封城，提出以金一百万锭、银五百万锭、帛一千万匹犒军，北宋朝廷为了如数应付这一千万匹绢帛，内藏"河北积岁贡赋为之扫地"，而"浙绢悉以轻疏退回"[11]。浙绢轻疏，质量也逊于河北绢。宋代曾在各地设有丝织品织造院，并根据各地的生产特色而规定不同种类的产品。当时这些管理所谓"纤丽之物"的机构，在全国各主要丝织品生产地共设有23处，其中16处位于北方[12]。而设在北方的又有80%分布在河北、京东两地，可见"衣被天下"之说是有根据的。这一切均说明，宋代黄河中下游地区蚕桑业凭着悠久的历史传统，

　　① ［宋］贺铸：《庆湖遗老诗集》卷七《辛未四月京师赋》。
　　② ［宋］司马光：《传家集》卷一三《送朱校理知潍州》。
　　③ 《续资治通鉴长编》卷二三五，熙宁五年七月辛卯。
　　④ ［宋］邵雍：《击壤集》卷三《游洛川初出厚载门》。
　　⑤ ［宋］梅尧臣：《宛陵集》卷二六《卫州通判赵中舍》。
　　⑥ ［宋］苏辙：《栾城三集》卷一《蚕麦二首》。
　　⑦ ［宋］庄绰：《鸡肋编》卷上。
　　⑧ ［宋］苏轼：《苏东坡集·外制》卷下《王荀龙知棣州》；《宋史》卷一七九《食货志下一》。
　　⑨ 《宋史》卷二九九《张洞传》。
　　⑩ 《续资治通鉴长编》卷五一六，元符二年闰九月甲戌。
　　⑪ 《三朝北盟会编》卷七二，靖康元年十二月十五日丙子。
　　⑫ 《宋史》卷一七五《食货志上三》。

仍然表现出十足的实力。

宋代黄河中下游地区的蚕桑业，拥有优良的技术传统，但影响蚕桑业发展的不利因素也已存在，其中自然灾害是首要因素。如庆历三年（1043年）京东、京西两路大雪不止，毁折桑柘无数①。黄河水患也对蚕桑业构成威胁，宋人贺铸在诗中写道："带沙畎亩几经淤，半死黄桑绕故墟。"②描写了水后桑田之惨状。干旱同样使蚕桑业受到破坏，大旱来临时"万顷无寸苗……桑叶虫蚀尽"③。旱后桑林遭劫，同样造成灾害。

自然灾害已使蚕桑业频遭损害，人为破坏且又时时有之。河北两路与辽相邻，常因对辽作战所兴的各种差役，而"使之蚕桑失时，种莳失节"，宋人王炎就指出了这种流弊④。宋初朝廷就曾制定了不得伐桑为薪的规定，北宋前期人们也确实还恪守不渝。如景德年间，两名虎翼军卒在天雄军村落伐桑枣为薪，就被处以军法⑤。但天长日久，人们逐渐不以为意。连有"衣被天下"之称的河北、京东"村人寒月，盗伐桑枝以为柴薪"的事也屡见不鲜⑥。此外为了防城、治河，急于用木料时，也常取之于桑柘。欧阳修曾记载了这样的事例，"河北、京东诸州军，见修防城器具，民间配率甚多。澶州、濮州地少林木，即今澶州之民无木植送纳，尽伐桑柘纳官"，这次伐桑，仅澶州一地就达三四十万株⑦。黄河泛滥，为了救急，更是无暇多顾。如韩群为河间令时，正值河溢，为增堤护城，命吏率兵五百伐木于近郊⑧。河北平原少林木，士兵于近郊伐到的木材，想必多数为桑柘。凡此种种，对蚕桑业的发展都造成很大障碍。

---

① ［宋］欧阳修：《欧阳修全集·奏议》卷七《论乞赈救饥民札子》。
② ［宋］贺铸：《庆湖遗老诗集》卷九《过澶魏被水民居》。
③ ［宋］郑獬：《郧溪集》卷二四《陈蔡旱》。
④ ［宋］王炎：《双溪类稿》卷二二《上宰执论造甲》。
⑤ 《续资治通鉴长编》卷五八，景德元年十二月辛卯。
⑥ ［宋］庄绰：《鸡肋编》卷上。
⑦ ［宋］欧阳修：《文忠集》卷一〇三《论乞止河北伐民桑柘札子》。
⑧ 《宋史》卷三一五《韩缜传》。

二、宋代东南地区的蚕桑业

唐以前中国政治、经济重心均在北方，唐宋以来随着经济重心南移，东南地区经济全面发展起来。《宋会要辑稿》记载了北宋中期全国各路所纳罗绫绢绸匹数及丝锦两数，根据这一记载列成表10-1[①]，从中可以看出，南北各地罗绫绢绸匹数最高的是两浙，丝锦斤两最高的也是两浙。整个东南地区的罗绫绢绸比黄河中下游区多18.6万多匹，丝锦多187.7万多两。这时东南地区丝织品的精美程度虽有许多不及北方之处，但在数量上却形成了绝对优势。

表10-1　北宋时期全国各路输纳丝绢数

路	罗绫绢绸（匹）	丝锦（两）	路	罗绫绢绸（匹）	丝锦（两）
开封府	50 223	170 633	两浙	778 125	2 004 800
京东	549 288	469 332	淮东	53 332	662 835
京西	322 845	571 343	淮西	52 457	452 595
河北	279 008	1 573 812	江东	445 947	1 198 244
河东	75 717	86	江西	105 563	344 784
陕西		1 327	福建	28 545	
总计	1 277 081	2 785 533	总计	1 463 969	4 663 258

北宋末年，金人南下，使北方蚕桑业受到了致命的摧残。金人所到之处焚荡一空，而桑柘被破坏之后，绝不是几年内可以生长起来的，这一切正如《宋会要辑稿》中所载淮河流域战后的情况："淮甸诸州累经兵火，贼马屯泊，良田为旷土，桑柘为薪樵。比岁民稍归业，渐耕垦，惟是桑柘全未栽植。"[②]而江南则因宋室南渡增加了大量的劳动力与技工，进而促使蚕桑业迅速发展起来。

---

① 《宋会要辑稿·食货六四》。
② 《宋会要辑稿·食货一之三七》。

南宋时期，立国江南，国家用度主要取给于东南，作为衣被之源的蚕桑业倍受重视。东南各地以太湖平原植桑最盛，这里"蚕一年八育"①，"杭、湖等州属县多以桑蚕为业"②。此外，"江东、江西之人，凡低山平原亦皆种植"。这里不但普遍植桑，而且用力甚精。"种桑者，每人一日只栽十株，务要锄掘深阔"，以保证桑根舒展③。陈旉《农书》也总结了种桑之法，他认为择滋润肥沃之地，深锄、粪壤最为重要，正因为这样，江浙一带多重于粪桑。

东南诸路普遍植桑，这在宋人诗文中留下了许多记载，如两浙路台州"采桑风雨无辞苦，指日缫成白雪丝"④；余杭"桑眼迷离应欠雨，麦须骚杀已禁风"⑤；严州"惟陆耕是力，惟蚕桑是务"⑥；处州"耕桑甚广，民少惰游"⑦；越州"有桑麻鱼稻藤竹箭之饶"⑧；江南西路抚州"其民乐于耕桑"⑨；淮南西路无为军"桑芽虬翅小，荻笋羵肩肥"⑩；福建路古田"语出桑阴鸠妇喜，身穿麦秀雉雏娇;"⑪福州"太平主相调元气，春在桑畦麦垄边"⑫。这些诗句，生动地描写了各地蚕桑的生长状况。

南宋时期是东南地区蚕桑业迅速发展的时期，《建炎以来朝野杂记》记载了南宋绍兴年间，东南各地输纳的罗绫绢绸数额⑬。将北宋与南宋两个时期东南各路输纳的丝织品列为一表进行对比（表10-2），从中可以看到南宋时期东南各路输纳的各类丝织品数额，已经有了很大提高。其中两浙路比北宋时期提高了61%，江东提高了52%，江西提高了23%。虽然两

---

① ［宋］吴泳：《鹤林集》卷三九《隆兴府劝农文》。
② ［宋］程俱：《北山集》卷三七《乞免秀州和绢奏状》。
③ ［宋］程珌：《洺水集》卷一九《壬申富阳劝农》。
④ ［宋］熊克：《劝农十首》，载《嘉定赤城志》卷三七。
⑤ ［宋］范成大：《石湖诗集》卷三《余杭道中》。
⑥ ［宋］董弅：《严陵集》卷九《均减严州丁税记》。
⑦ ［宋］杨亿：《武夷新集》卷一二《知处州谢到任表》。
⑧ ［宋］秦观：《淮海集》卷六《越州请立程给事祠堂状》。
⑨ 《舆地纪胜》卷二九《抚州》。
⑩ ［宋］王之道：《相山集》卷七《春日无为道中》。
⑪ ［宋］戴复古：《石屏诗集》卷五《古田县行览呈刘无意》。
⑫ ［宋］刘克庄：《后村集》卷八《劳农二首》。
⑬ 《建炎以来朝野杂记》甲集，卷一四《财赋》。

淮因战乱使蚕桑业受到破坏，输纳丝织品数额减少，福建缺失南宋时期记载，但整个东南地区南宋时期输纳各类丝织品仍比北宋多96万多匹，增加了66%左右。而这仅是南宋初期的情况，在南宋一百多年的历史进程中，东南地区的蚕桑业应该有更大的发展。

表10-2　宋代东南各路输纳丝织品数额

路	北宋	南宋
两浙	778 125	1 252 700
淮东	53 332	40 950
淮西	52 457	3 700
江东	445 947	680 000
江西	105 563	447 000
福建	28 545	

三、宋代西南与荆湖地区的蚕桑业

西南地区的蚕桑业以川蜀最为著名，这里的蚕桑业同样有着悠久的历史传统，并以生产精致丝织品而闻名全国。有"蜀中富饶，罗纨锦绮等物甲天下"之称[1]。蜀地所产丝织品在工艺上有许多独到之处，如《能改斋漫录》中记载，少卿章岵至蜀赴任，"持吴罗、湖绫至官，与川帛同染红。后还京师，经梅润，吴、湖之帛色皆渝变，惟蜀者如旧"。色泽鲜丽经久，是蜀锦一大特色。除了成都，川蜀其他一些地方的丝织品工艺亦很精绝。如"梓州织八丈阔幅绢献宫禁，前世织工所未能为也"[2]；绵州所产"巴西纱，一匹重二两，妇人制夏服，甚轻妙"[3]。

西南地区的丝织业偏重于川蜀，川蜀的丝织业又偏重于成都平原。丝

---

① 《宋史》卷二七六《樊知古传》。
② ［宋］张邦基：《墨庄漫录》卷二。
③ ［宋］吴曾：《能改斋漫录》卷一五《方物》。

织业的这种布局状况，与西南地区蚕桑业的地理分布基本吻合。宋人云："蜀地险隘多硗少衍，侧耕危获，田事孔难。惟成都、彭、汉，平原沃壤，桑麻满野。"①从这里向西，至邛、雅、黎等州，进入了吐蕃等民族聚居区，地高气寒，没有蚕桑业。向南至长江沿线，又进入了蛮汉混杂区，这一地带受少数民族生产方式影响，很少植桑，故泸州等地"地无桑麻"②，也更无丝织品可作贡赋了。

川东与利州路都分布有蚕桑业，但种植区域并不普遍。从宋代地理总志所载各州贡赋来看，利州路输纳丝织品的仅有利州、阆州、洋州以及兴元府。这一路以兴元府蚕桑业最发达，这里"壤土衍沃，堰埭棋布，桑、麻、粳稻之富，引望不及"③。除此之外，位于山区的州郡很少植桑，有的地方甚至全无桑柘。川东地区能够以丝织品纳贡的，也仅涪州、南平军、梁山军、咸淳府等处。而长江沿线诸州生产方式落后，很少植桑，如归州"郡少农桑"④，黔州等地"少有蚕丝，人多布"⑤。

荆湖地区除位于山区的州郡少有蚕桑，"民不蚕织"外⑥，其他地方均养蚕植桑。如鄂州"民间率艺桑，而税以缣"⑦；顺阳"桑柘共平陆"⑧；衡阳"桑下芜菁晚，高花出短篱"⑨；道州"其民朴野，惟农桑"⑩。这些记载表明从荆湖南、北路至京西南路，都有蚕桑。

四、宋代岭南地区的蚕桑业

岭南地区能够以丝织品纳贡的州郡很少，在宋代地理总志中，仅南雄州、循州、韶州三处贡有丝织品。除此还有一些植桑州郡的零星记载，如

---

① [宋]魏了翁：《鹤山集》卷一〇〇《汉州劝农文》。
② 《舆地纪胜》卷一五三《泸州》。
③ [宋]文同：《丹渊集》卷三四《奏为乞修兴元府城及添兵状》。
④ 《舆地纪胜》卷七四《归州》
⑤ 《舆地纪胜》卷一七六《黔州》。
⑥ 《宋史》卷三一四《范纯仁传》。
⑦ [宋]王得臣：《麈史》卷上。
⑧ [宋]张嵲：《紫微集》卷三《自顺阳至均房道》。
⑨ [宋]范成大：《石湖诗集》卷一三《衡阳道中》。
⑩ 《建炎以来系年要录》卷一八六，绍兴三十年九月壬午。

潮州"稻再熟而蚕五收"①，钦州"种水田桑麻为业"②。但总的来说，岭南蚕桑的分布并不普遍，许多州郡从不植桑养蚕。如容州"无蚕桑"③；象州"地无桑柘，民不事桑作"④；贵州"不产蚕丝"⑤；宾州"妇不识蚕，野不植桑"⑥；海南岛上的州军"妇人不事蚕桑"⑦。与蚕桑相比，岭南更盛于麻苎、吉贝等纤维作物，因而桑柘在这里的经济地位远不如内地那样重要。

宋代黄河下游河北、京东以及两浙、成都平原是全国主要的蚕桑业与丝织业生产地，无论质量还是数量都超过其他地区。

第二节　宋代麻类作物的地理分布

麻类作物的用途比丝织品要广得多。无论蚕的饲养，还是丝织品的制作，都需要一定的自然条件与技术支撑，其最终产品不以服务大众为目的，而主要服务对象为社会上层。麻类作物就不同了，不仅对于环境的适应性强，加工也比较大众化，其产品主要服务百姓。正是麻具有的大众化特征，使得但凡有农业生产的地方，就有麻类作物的种植，麻类作物的地理分布遍及整个南北各地。

麻类作物种类很多，宋代主要的麻类纤维作物有大麻、苎麻与葛麻。其中大麻又称枲，它的茎皮纤维可以作为织布的原料。麻布是古代最大众化的衣料，一般百姓都着麻布制作的衣服，故古称百姓为布衣。大麻的适应性很强，不论在干燥炎热地区或高寒地区都能生长，故遍及南北，凡不适宜种桑柘、苎麻的地区，几乎都种有大麻。苎麻是另一类麻类纤维作

---

① 《舆地纪胜》卷　〇〇《潮州》。
② 《舆地纪胜》卷一一九《钦州》。
③ 《舆地纪胜》卷一〇四《容州》。
④ 《舆地纪胜》卷一〇五《象州》。
⑤ 《舆地纪胜》卷一一一《贵州》。
⑥ 《舆地纪胜》卷一一五《宾州》。
⑦ [宋]赵汝适：《诸蕃志》卷下。

物，它的纤维细而柔和，织成的布亮白光滑，穿起来很凉爽，适宜于南方人夏天穿着，所以苎麻布又叫夏布。苎麻的生性与大麻不同，它喜温好湿，是短日性植物，适宜于热带与亚热带气候，因而苎麻的分布以南方为主。葛麻简称葛，从葛茎皮中可以提取纤维织成葛布，葛产地多在南方。

这仅是三种地理分布较广的麻类纤维作物，除此之外，见于宋代地理总志，作为贡赋的还有火麻、升麻、都落麻等名目，可见麻类纤维作物盛行于各地的种类很多。

麻类纤维作物的地理分布也比桑柘广，北方太行山以西植桑不多，却普遍种有麻类作物。如河东"寡桑柘而富麻苎"①，汾、岚、石、忻、晋、潞、蒲、绛、慈、隰、代等州，都有麻或麻织品作为贡赋。北宋中期河东输入朝廷的麻达15.1万多匹，居全国第一位②。地处陕西北部的银、坊、廓、邠、庆、原、泾、绥等州也都是产麻地，麻类纤维作物的种植区域比桑柘向西延伸了许多。南方山区不甚植桑的地带，也多种麻绩布，如黔州"少有蚕丝，人多布衣"③。房州一带"无丝帛"，故人们"衣裾尽是麻"④。与桑柘相比，岭南地区麻的种植范围就广泛多了，陈尧叟说这里"除耕水田外，地利之博者，惟麻苎"⑤。苎麻为多年生植物，"周岁之间"可"三收其苎，复因其本，十年不衰"，而麻"始离田畴，即可纺绩"⑥。由于苎麻有这样的便利之处，故岭南诸州几乎都普遍种植。

在蚕桑分布区内，麻仍然是重要的纤维类植物，同样受到人们的重视。陈旉在《农书》中介绍了桑麻共植的经验，他说："若桑圃近家，即可作墙篱，仍更疏植桑，令畦垄差阔，其下遍栽苎，因粪苎，即桑亦获肥益矣。"⑦人们不但重视麻类作物的种植，作物成熟后的加工，也成为农家

---

① 《宋史》卷八六《地理志二》。
② 《宋会要辑稿·食货六四》。
③ 《舆地纪胜》卷一七六《黔州》。
④ 《舆地纪胜》卷八六《房州》。
⑤ 《续资治通鉴长编》卷四三，咸平元年秋七月壬戌。
⑥ 《续资治通鉴长编》卷四三，咸平元年秋七月壬戌。
⑦ [宋]陈旉：《农书》卷下。

一年之中的重要农活，"九月涂仓绩布缕"，是这一月令中的必举农事①。陆游在入蜀赴任时，沿途见"妇人足踏水车，手犹绩麻不置"②。这段记载一方面展现了农家之辛苦，另一方面也反映了麻类作物加工之便利。

由于麻类作物适应性强，而且绩麻织布加工简易，所以不种桑柘的地方种麻，盛于植桑的地方也种麻，麻的地理分布几乎遍于各地。

第三节　宋代棉的种类与地理分布

宋代文献记载中棉的种类有两种，一种为树棉，另一种为草棉。草棉为一年生草本植物，即后世的棉花。

宋人方勺说："闽广多种木绵，树高七八尺，叶如柞，结实如大菱而色青，秋深即开，露白绵茸然，土人摘取去壳，以铁杖杆尽黑子，徐以小弓弹令纷起，然后纺绩为布，名曰吉贝。"③文中所言"木绵"为多年生木本棉。

宋代闽广虽都为产棉地，但广又胜于闽。由福建进入广东，沿海几乎都可见到木棉，刘克庄在《潮惠道中》一诗中写道："几树半天红似染，居人云是木棉花。"④闽广一带的妇人多采棉，织为吉贝。如广东新州一带，人们多衣"吉贝蕉布"⑤，而海南琼州、昌化、万安军的女子"自少小惟缉吉贝为生"⑥，她们还将彩丝与木棉织为军幕，五色斑斓，很受人喜爱，用来与内地交换物资⑦。木棉制品很多，除彩色军幕外，雷州、化州、廉州一带，还有匹幅长阔而洁白的慢吉贝，幅狭粗疏而色暗的粗吉贝等⑧。木棉不但可以织成吉贝，还可以揉作絮棉，以御冬寒。广西宾州

---

① [宋]罗愿：《鄂州小集》卷一《鄂州劝农》。
② [宋]陆游：《入蜀记》卷一。
③ [宋]方勺：《泊宅编》卷三。
④ [宋]刘克庄：《后村集》卷一二《潮惠道中》。
⑤ 《舆地纪胜》卷九七《新州》。
⑥ [宋]李光：《庄简集》卷一六《儋耳庙碑》。
⑦ 《建炎以来系年要录》卷一七八，绍兴三十年十二月戊申。
⑧ [宋]周去非：《岭外代答》卷六《器用门》。

"无大江以泄水气，民所居前后皆沮洳卑湿"，人们为御寒，往往"采木棉茅花揉作絮棉"[①]。居于山中的仡佬人，也"揉茅花絮布被"御寒[②]。木棉易取而多用，在岭南地区深受人们欢迎。

以上所有记载涉及的棉，都属于多年生木本棉，南宋晚期原产于印度的亚洲树棉逐渐从岭南地区传入长江流域，并在当地人的驯化改良中，培育为草棉，元代草棉即棉花在长江流域普遍推行。

第四节　宋代油料作物的种类与地理分布

油料作物的种类很多，食用与燃灯是其所榨油的主要用途。据宋人庄绰记载："油通四方可食与燃者，惟胡麻为上，俗呼脂麻……河东食大麻油，气臭，与苧子皆堪作雨衣。陕西又食杏仁、红蓝花子、蔓菁子油，亦以作灯。祖斑以蔓菁子薰目以致失明，今不闻为患。山东亦以苍耳子作油，此当治风有益。江湖少胡麻，多以桐油为灯……又有旁毗子油，其根即乌药，村落人家以作膏火，其烟尤臭，故城市罕用。乌柏子油如脂，可灌烛，广南皆用，处、婺州亦有。"[③]可食性油料作物主要有胡麻、大麻以及杏仁、红蓝花子、蔓菁子、苍耳子等；燃灯用油主要有桐油、旁毗子油、乌柏子油等。这些油料作物的产地不同，故使用地区也不同。如陕西食杏仁、红蓝花子、蔓菁子油，也同时用作灯油，而山东则食苍耳子油。南方多用桐油、乌柏子油燃灯，浙东处、婺等州以乌柏子油燃灯尤其普遍。宋人周密曾记载过陈谔捣油的故事，说的是文人陈谔出游途经婺州，"偶憩山家"，与山中老叟谈起仕途穷通，颇有省悟，此老叟遇陈谔时正在捣乌柏子作油[④]。

在各种油料作物中，"通四方可食与燃者，惟胡麻为上"，胡麻是宋代

---

① 《舆地纪胜》卷一一五《宾州》。
② [宋]朱辅：《溪蛮丛笑》。
③ [宋]庄绰：《鸡肋编》卷上。
④ [宋]周密《癸辛杂识续集》卷下《陈谔捣油》。

各地种植最广、经济价值最高的油料作物。胡麻亦称油麻①，或脂麻②，为一年生草本植物，种子富含油分，用胡麻榨出的油，就是人们喜爱食用的"香油"。宋代各地以胡麻油为食是很盛行的事，"胡麻压油油更香，油新饼美争先尝"③，就是宋人赞美胡麻油的诗句。用胡麻油制作而成的油饼，是人们最喜爱的食品之一，北宋京师汴梁就有张家油饼④、郑家油饼⑤等制饼名家。

最初胡麻种子为白色，经过长期的人工培育与选择，有许多变异发生。宋代胡麻籽有白、黑两种⑥，即白脂麻与黑脂麻，其中白籽出油多，种植范围也广。胡麻除在颜色上有黑白之别，播种时间又分为早、晚两种。胡麻性喜温暖，对土壤肥瘠的选择性并不强，因而南方的种植范围比北方要广。

由于胡麻是油料作物中经济意义最大的一种，罗愿在鄂州劝农时，将"三月区处油麻"，当作重要农事⑦。经过人们努力，宋代南方各地多种胡麻，"舍北作蔬圃……舍南种胡麻"⑧，"麻叶蓬蓬小麦肥，杨花风里杜鹃啼"⑨，已经成为农家田园中常见的景象。

第五节　宋代植茶业

中国植茶历史悠久，由于饮茶风气盛行，形成了一种独特的文化现象。茶文化伴随饮茶而兴起，中国饮茶始盛于四川，两晋时期江南也已形成风气。唐代中期以后，北方开始普遍盛行。及至宋代，各地饮茶之风更盛。

① ［宋］梁克家：《淳熙三山志》卷四一《土俗类三》。
② ［宋］庄绰：《鸡肋编》卷上。
③ ［宋］陆游：《剑南诗稿》卷一九《荞麦初熟刈者满野喜而有作》。
④ ［宋］孟元老：《东京梦华录》卷二《朱雀门外街巷》。
⑤ ［宋］孟元老：《东京梦华录》卷四《饼店》。
⑥ ［宋］梁克家：《淳熙三山志》卷四一《土俗类三》。
⑦ ［宋］罗愿：《鄂州小集》卷一《鄂州劝农文》。
⑧ ［宋］陆游：《剑南诗稿》卷三九《村舍杂书》。
⑨ ［宋］王之道：《相山集》卷一五《乌江道中闻杜鹃有感》。

图 10-2　宋代产茶地分布图（底图为《中国历史地图集》）

　　随着饮茶风气的传播，茶树的种植也逐渐在条件适宜地区扩展开来。随着茶的经济价值越来越大，茶叶自然成为宋代朝廷的重要财政收入来源之一。为了独占茶叶贸易的收入，朝廷还在部分地区实行了统管专卖政策，并在江淮地区设置了六榷务、十三山场，以便管理茶叶专卖事务。这六榷务分别设在荆南府、汉阳军、蕲州、无为军、真州和海州，收纳东南三十余州的茶叶。十三山场分别设在光州、寿州、庐州、黄州、舒州、蕲州等地[1]。可以想见，十三山场与向六榷务交纳茶叶的三十余州都应是茶

---

① ［宋］沈括：《梦溪笔谈》卷一二《官政》。

叶的集中产区。

　　茶叶是南方的重要经济作物，实际产茶地点比六榷务与十三场所囊括的地域要大得多。绍兴末年，"东南十路六十州二百四十二县"均为产茶之地，年产茶叶1 590余万斤。李心传在《建炎以来朝野杂记》中记载了这些茶叶产地①，现将其列为表10-3，以便稽览。除此之外，未被李心传记录的产茶地区还有很多，在其论述区域之外的有成都府路的彭、眉、邛、蜀、简、雅、绵、汉、嘉诸州；夔州路的涪州、渝州、南平军；利州路的巴州、兴元府；陕西的渭州；淮东的扬州、安州。在其所论"东南十路"范围内，也有福建的福州、漳州，淮西的和州，两广的封州、邕州、容州，都是设有茶场或以茶叶作为贡赋输纳朝廷的地方②，因而这些府州同样都是产区。由上述这些产茶地点可知，整个南方的大部分地区都生产茶叶，所以古人称茶为"南方之佳木"是很贴切的③（图10-2）。

表10-3　《建炎以来朝野杂记》东南十路产茶府州军表

路名	产茶府、州、军名	茶叶产量（万斤）
浙东	绍兴府、庆元府、温州、台州、衢州、婺州、处州	8.3
浙西	临安府、平江府、湖州、严州、常州	448.5
江东	宁国府、徽州、饶州、池州、信州、太平州、南康军、广德军	375.9
江西	隆兴府、赣州、吉州、袁州、抚州、江州、筠州、建昌军、兴国军、临江军、南安军	445.3
湖南	衡州、潭州、永州、邵州、全州、郴州、桂阳军、武冈军	113.5
湖北	江陵府、常德府、澧州、辰州、归州、峡州、鄂州、岳州、荆门军	90.6
福建	建宁府、汀州、南剑州、邵武军	98.2

　　①　[宋]李心传：《建炎以来朝野杂记》卷一四《总论东南茶》。
　　②　《太平寰宇记》，《元丰九域志》。
　　③　[唐]陆羽：《茶经》卷上。

路名	产茶府、州、军名	茶叶产量（万斤）
淮西	庐州、蕲州、舒州、安丰军	1.9
广东	南雄州、循州	0.3
广西	静江府、融州、浔州、宾州、昭州、郁林州	9.0

南方不但产茶地区广泛，而且茶叶品质优良。这是因为南方气候温和，空气湿润，尤其是丘陵山地经常云雾缭绕，这种湿润多雾的环境最适合茶树的生长。特别是山区阳坡，有阳光而少直射，抑制了茶叶纤维的发展，而高山紫外线却能促进芳香油的分泌。当云由浓到薄，阳光由弱转强时，茶树缓慢地进行光合作用，芽叶能较持久地保持柔嫩状态，由此导致茶素、芳香油和含氮化合物的增多，因而中国名茶产地多在云雾缭绕的高山。

福建山区是一个著名的产茶区，这里"厥植惟茶"[①]，茶叶种类很多，其中建茶最为著名，有"建安茶品甲于天下"之说。而在建茶之中，又"莫贵于龙凤"团茶，一斤价值黄金二两[②]。除此之外在各类名茶中，还有产于南剑州与建州的腊茶、两浙的草茶、江南西洪州的白芽等[③]。

川蜀饮茶历史悠久，名茶种类也很多。川蜀的"雅州之蒙顶、蜀州之眯江、邛州之火井、嘉州之中峰、彭州之棚口，汉州之杨村、绵州之兽目、利州之蜀村"都盛产茶叶。其中罗村之茶色绿而味甘美[④]。雅州蒙山多阴雨天，产茶极佳，味如建品[⑤]。此外，北宋末年，江南诸路也已经有了"日注、实峰、闵坑、双港、乌龙、雁荡、顾渚、双井、鸦山、岳麓、

---

① ［宋］宋子安：《东溪试茶录》。
② ［宋］欧阳修：《归田录》。
③ ［宋］欧阳修：《归田录》。
④ ［宋］范镇：《东斋记事》卷四。
⑤ ［宋］晁说之：《晁氏客语》。

天柱"等十数种名茶①。优质茶叶名目日渐繁多，都成了当地著名的特产。故当时有人说："淮浙之课在盐，江乡之利在茶。"②

宋代名茶产地，百姓往往以植茶为生，成为茶户。如"邛、蜀、彭、汉、绵、雅、洋等州，兴元府三泉县人户，多以种茶为生，有如五谷"③。潭州也有"茶园户乏食，请赈以官米"之事④。在北宋所设六榷茶务中，除汉阳军一务，其他五处都有潭州茶叶输纳，这是向六榷务纳茶的诸州中绝无仅有的⑤，足见潭州茶叶产量是很大的。茶园户的出现，对于促进制茶叶发展与茶叶地理分布的扩大都起了很大作用。宋代产茶地点明显比唐代增多，仅见于上文所述就有88处，而唐代《茶经》与《新唐书·地理志》共载产茶州郡44处，宋代比唐代正好多出一倍。

第六节　宋代主要果树品种及其地理分布

水果，无论人工栽培，还是野生驯化，一旦被农家操持就成为农业的一部分。

宋代水果种类很多，桃、李、杏、梨、柿、枣、林檎、樱桃、石榴等水果分布范围最广，具有广域性特征。这些水果不但广泛种植于北方，也同样盛行在江南诸州，从各宋代方志的记载来看，一直到福建都种有桃、李等水果，且有的地方种植范围很大。如《吹剑录外集》就载有浙东婺州倪伯骥家有林檎园二百亩⑥，这一数字为一家之产，是很可观的。

各类水果，品味不同，种类不一，唯枣的经济意义最大。北宋初年，朝廷即颁布了课民种树，桑、枣半之的命令，并同时规定能广植桑、枣，

---

① ［宋］刘弇：《龙云集》卷二八《策问》。
② ［宋］舒璘：《舒文靖文集》卷下《论茶盐》。
③ ［宋］吕陶：《净德集》卷三《奏为缴连先知彭州日三次论奏榷买川茶不便并条述今来利害事状》。
④ 《续资治通鉴长编》卷五九，景德二年四月乙巳。
⑤ ［宋］沈括：《梦溪笔谈》卷一二《官政》。
⑥ ［宋］俞文豹：《吹剑录外集》。

垦辟荒田者奖，伐桑枣为薪者罪之①。太平兴国七年（982年）朝廷令各地农师，"凡谷、麦、麻、豆、桑、枣果实、蔬菜之类，但堪济人，可以转教众多者"②。以后又屡次颁行这样的命令。在政府的重视与鼓励之下，枣的种植量越来越大。枣的特殊地位，与果实特点有关，枣子味甘质美，既是上好的水果，饥荒时还可以充作粮食，此外枣木还是制作农具的上好材料，因此枣树备受人们的重视。枣树分布很广，从宋人留下的诗文，可以看出其分布的大概范围。棣州"数百里，榆、柳、桑、枣，四望绵亘"③；京师"枣花纂纂桑叶肥"④；河阳"梨枣知秋晚"⑤；黄州"东原莳枣栗"⑥；金陵"枣熟菰香稻子垂"⑦；荆湖"枣畦桑垄但空陂"⑧；鄂州"鸡豚兼蓄，枣栗成林"⑨。从这些诗文可以看出，长江以北是枣最集中分布的地带。宋初，朝廷曾赐"西川行营将士枣"，因为这是"蜀土之所乏也"⑩，可见川蜀种植枣树的地方很少。枣的种植范围虽广，但在各地所产枣中，以河中府、绛州、蒲州一带及青州枣品质最高，"河中永洛出枣"⑪，好吃而产量高，蒲、绛二州所产之枣则被列入贡品之中。"青土饶嘉枣"⑫，青州枣历代都负有盛名，宋代仍为贡品。北宋中期，京东一带发生了王伦领导的士兵起义，一时道路阻隔，起义被镇压后，周紫芝首先感到高兴的是"明年御枣红千颗，又见青徐入贡来"⑬，可见青州枣在人们心中的地位是很高的。

虽然有许多温带水果也可以栽植在南方，但南方种植量最大的还是各

---

① 《宋史》卷一七三《食货志上一》。
② 《宋会要辑稿·食货一之一六》。
③ 《续资治通鉴长编》卷二三五，熙宁五年七月辛卯。
④ [宋]贺铸：《庆湖遗老诗集》卷七《席上呈钱德清辛卯四月京师赋》。
⑤ [宋]宋庠：《元宪集》卷六《初憩河阳郡斋三首》。
⑥ [宋]苏轼：《东坡全集》卷一二《东坡八首》。
⑦ [宋]苏洞：《泠然斋诗集》卷六《过金陵四首》。
⑧ [宋]陈造：《江湖长翁集》卷一九《汉江岸二首》。
⑨ [宋]罗愿：《鄂州小集》卷一《鄂州劝农》。
⑩ 《续资治通鉴长编》卷六一，乾德三年八月戊子。
⑪ [宋]苏轼：《东坡续集》卷五《与蒲廷利》。
⑫ [宋]梅尧臣：《宛陵集》卷四二《送杨辩青州司理》。
⑬ [宋]周紫芝：《太仓稊米集》卷一六《官军屡捷淮寇渐平》。

种亚热带、热带水果。宋代橘、橙、柚、枇杷、柑等亚热带水果已经广泛种于长江流域各地①，而荔枝、香蕉、甘蔗、椰子、龙眼、桂圆等热带水果则盛行于岭南各地②。这两大类水果之中，柑橘在长江流域种植最广。在宋代地理总志中，以柑橘为贡品的有越、衢、吉、洪、荆、夔、惠、梓、果、益、利等州，而柑橘的实际产地比这些州郡要广得多。在各地所产柑橘中，有不少优良品种，南宋人韩彦直著有《桔录》，他认为温州乳柑，亦称真柑，味似乳酪，特别是温州泥山之柑，"皮薄而味珍，脉不粘瓣，食不留滓，一颗之核才一二，间有全无者"，故被推为橘中之首。然而同时人陈景沂却认为台州黄岩柑橘更胜于温州。他说："韩但知乳桔出于泥山，独不知出于天台之黄岩也。出于泥山者固奇也，出于黄岩者天下之奇也。"③此外太湖洞庭山之柑橘，香味最为胜绝④。江西所产金橘以"香清味美"⑤，同样负有盛名。

　　岭南的水果种类虽多，而留给人们印象最深的是荔枝。宋代诗人在诗中写道："堆盘荔子如冰雪，惟此堪将北地夸。"⑥在那些谪居岭南的士人眼中，当时还是烟瘴之地的岭南，除了荔枝别无他物可取。荔枝是原产于中国的特有水果，为常绿乔木，高可达20米。果皮有鲜红、紫红、青绿及青白色，因而各地俗名甚多。宋代岭南、四川、福建、云南等地都有种植，其中四川主要分布在涪州、泸州、咸淳府、嘉定府、叙州、夔州、云安军等地⑦，此外，北宋成都附近也偶有种植⑧。荔枝本为热带水果，四川虽属亚热带地区，但四周高山的盆地地形，特别是北部秦、巴山地的阻挡，使冷空气很难进入盆地，因而盆地内部气温比同纬度其他地区要高，

①　见载于宋代各地地方志。
②　[宋]范成大：《桂海虞衡志·果》。
③　[宋]陈景沂：《全芳备祖后集·果部·柑》
④　[宋]赵彦卫：《云麓漫抄》卷二〇。
⑤　[宋]欧阳修：《归田录》卷二。
⑥　[宋]李光：《庄简集》卷五《丙寅元日偶出见桃李已离披海南风土之异不无感叹独追维三伏中荔枝之胜又江浙所不及也因并见于诗》。
⑦　见《舆地纪胜》各州军所载。
⑧　[宋]宋祁：《景文集》卷一〇《避暑江渎祠池》。

加之盆地内部小地形的变化，进而形成气温较高的小气候，而使荔枝得以生存。上述长江沿线诸州，就处于这样的地带。入蜀之人每每在江峡一带，见到"沿江荔子烂熟"①。蜀中荔枝以嘉州一带品质最好，有"嘉川荔子著芳名"之说②。

天下的荔枝又以福建所产最佳，人称"南闽荔枝名四方"③。福建荔枝产地主要集中在福州、兴化军、泉州及漳州四地。其中福州种植量很大，甚至有一家种上万株之事，而兴化军所产最为奇特④。岭南是种植荔枝最广的地带，"番禺地僻岚烟锁，万树累累产佳果"⑤，描写的就是岭南盛产荔枝的情景。岭南荔枝种植虽广，品质一般却不高，宋人评价说："广南州郡与夔、梓之间所出，大率早熟，肌肉薄而味甘酸，其精好者仅比东闽之下等。"⑥

水果生产，从属于农业，社会地位与粮食以及纤维作物不能相比，但颇具经济价值。桃、李、枣等水果地理分布具有广域性，南北方均有种植，而南方各地水果偏于地域性，尤其南方丘陵山区自然条件复杂，却成为多种水果的产地。就热量资源而言，岭南地区更具备优势，地域性的水果颇显优势。

---

① [宋]程公许：《沧州尘缶编》卷九《江涨有感》。
② [宋]范纯仁：《范忠宣集》卷三《以眉州绿荔枝寄吴仲庶有诗次韵》。
③ [宋]李纲：《梁溪集》卷一三《画荔枝图》。
④ [宋]蔡襄：《端明集》卷三五《荔枝谱》。
⑤ [宋]陈襄：《古灵集》卷二二《荔枝歌》。
⑥ [宋]蔡襄：《端明集》卷三五《荔枝谱》。

参考文献

傅筑夫：《中国封建社会经济史（五）》，人民出版社，1989年。

傅筑夫：《中国经济史论丛》，生活·读书·新知三联书店，1960年。

郭文韬等：《中国农业科技发展史略》，中国科学技术出版社，1988年。

冀朝鼎：《中国历史上的基本经济区与水利事业的发展》，朱诗鳌译，中国社会科学出版社，1981年。

李璠：《中国栽培作物发展史》，科学出版社，1984年。

梁加勉：《中国农业科学技术史稿》，农业出版社，1989年。

南京农学院：《中国农学史初稿》，科学出版社，1959年、1984年。

漆侠：《宋代经济史》，上海人民出版社，1987年。

全汉昇：《中国经济史研究》，新亚研究所出版，1976年。

沈宗瀚等：《中国农业史》，台湾商务印书馆，1977年。

史念海：《河山集》，生活·读书·新知三联书店，1960年。

唐启宇：《中国农史稿》，农业出版社，1985年。

唐启宇：《中国作物栽培史稿》，农业出版社，1986年。

西嶋定生：《中国经济史研究》，农业出版社，1984年。

中国科学院地理研究所：《中国农业地理总论》，科学出版社，1980年。

周藤吉之：《宋代经济史研究》，东京大学出版会，1962年。

义 务 教 育 教 科 书

英 语
ENGLISH

三年级

上册